LE GRAND LIVRE DES MÉTIERS

Actualisé par Laura Makary

l'Etudiant
ÉDITIONS

SOMMAIRE

PARTIE 3

ADMINISTRER ET CADRER

PAGE 179

PARTIE 4

CRÉER, ÉCRIRE ET DÉCOUVRIR

PAGE 241

PARTIE 5

SE CONSACRER AUX AUTRES

PAGE 327

INTRODUCTION

1

AU SECOURS, JE NE SAIS PAS CE QUE JE VEUX FAIRE PLUS TARD !

Peur de ne pas prendre la bonne décision, d'échouer, de se tromper de voie… Les inquiétudes sont nombreuses à l'heure du choix de son orientation. Voici quelques conseils, pour se détendre.

« Tu veux faire quoi plus tard ? », « Tu devrais faire tel métier ». Si ces injonctions ont tendance à stresser, c'est normal. Au collège, puis au lycée, et encore plus en année de terminale, les décisions à prendre sur son orientation ont de quoi inquiéter les premiers concernés. Et elles conduisent souvent à se remettre en question : « Suis-je normal ? », « Mes copains savent ce qu'ils veulent faire et pas moi, est-ce que c'est grave ? »

Première étape, donc : se rassurer, cela n'a rien de grave. S'engager dans un avenir précis et se projeter sur le très long terme dans un quotidien de travail lorsque l'on est adolescent n'est pas évident. D'ailleurs, même les parents se posent des questions : selon un sondage BVA en novembre 2019, 85 % des parents de collégiens et de lycéens voient l'orientation comme une source d'inquiétude. Alors, pas de culpabilisation ou d'anxiété à développer : se questionner, il n'y a rien de plus sain et de plus normal. Ce livre est là pour vous aider à trouver vos réponses.

À CHACUN SON RYTHME

Certains peuvent se remettre en question et se juger immature face à leurs hésitations. « Mais la maturité ne veut pas dire grand-chose ! Qui peut dire à quel moment on devient adulte ? C'est plutôt une inhibition à l'action, car, quand on interroge les jeunes sur leurs rêves, il en sort toujours quelque chose. C'est souvent la crainte de voir ses rêves sanctionnés par un échec qui fait que l'on s'interdit de désirer », souligne Sandrine Calmettes, pédopsychiatre et enseignante à l'École pratique des hautes études en psychopathologies. La peur de l'échec constitue en effet un véritable obstacle pour nombre de jeunes, qui se demandent s'ils visent trop haut ou pas assez, si telle filière leur correspond vraiment. À cause d'une vision idéalisée et rêvée de certaines professions, on zappe sans cesse d'une idée à l'autre, sans pouvoir se projeter réellement. Et inversement, cela peut être l'occasion de découvrir des métiers ou secteurs dont on ne soupçonnait pas l'intérêt ou les opportunités.

Face à tout cela, il est nécessaire d'accepter son propre rythme : peut-être faut-il un peu plus de temps pour trouver sa voie. Psychologue de l'Éducation nationale, Béatrice Langlois se veut rassurante : « En terminale, il est normal de ne pas savoir quel métier on fera plus tard. D'ailleurs, la majorité des jeunes ne le sait pas ! Certains ont des idées, mais elles peuvent être mouvantes. Seule la notion de choix d'étude est essentielle à ce stade. » Se déculpabiliser et prendre le temps de réfléchir sont donc des mantras à suivre pour vivre votre orientation en toute sérénité.

LE RÔLE DU PARENT

Les parents ont eux aussi un rôle délicat à jouer dans toute cette affaire. « Avant, les enfants subissaient l'injonction des parents : "tu devrais faire médecine, ingénieur, droit." Aujourd'hui, selon une étude HSBC de 2015, la majorité des parents veulent que les jeunes choisissent le métier qui leur plaît et soient heureux. C'est très positif, mais cette absence de confrontation et de repères peut aussi se révéler déstabilisante », relève Catherine Giraud, psychologue au relais étudiants-lycéens. Pousser son enfant vers une filière qu'il n'a pas voulue n'est pas non plus une solution. Un sondage BVA de 2019 souligne que 37 % des parents actuels n'ont pas choisi leurs études. Plus de la moitié des parents sondés regrettent leur orientation ou auraient aimé aller plus loin. La meilleure posture demeure donc celle d'accompagnant, de soutien. Le parent encourage à être actif dans la démarche de réflexion, donne des conseils, mais ne décide pas à la place de son fils ou de sa fille.

SUIVRE SES GOÛTS

Si l'on aime une matière au lycée, que l'on a envie d'approfondir, si l'on s'intéresse à un domaine en particulier, selon ses goûts et ses centres d'intérêt, cela peut être une piste à suivre. Posez-vous alors la question de savoir quelles études existent dans ce milieu ?

Beaucoup se penchent d'abord sur les débouchés. À une époque où l'on déclare de nombreuses filières « bouchées », cela ne doit pas être le premier critère de choix, estime Sandrine Calmettes. « Ne choisir qu'en fonction des compétences me paraît guidé par la crainte de l'échec. Et ne choisir qu'en fonction des possibilités de débouchés professionnels n'est pas non plus le *must*, surtout à une époque où l'emploi se raréfie. J'ai vu des étudiants réussir avec obstination là où on les décourageait d'aller. À mon sens, il vaut mieux se confronter à ses limites : rater ce que l'on désire, plutôt que de regretter de ne pas avoir suivi la voie que l'on souhaitait », conseille la pédopsychiatre.

Après tout, Thomas Pesquet n'était pas destiné à devenir astronaute ! « S'il avait fallu faire des paris, je n'aurais pas misé sur moi. Mes grands-parents étaient agriculteurs. Mes parents institutrice et professeur, aucun membre de ma famille n'avait le moindre lien avec le monde du spatial. Je me revois à 16 ans, face à une personne qui me demande ce que je veux faire dans la vie, et moi, je ne sais pas ! À cet âge, on n'a pas les armes pour savoir ce qui nous plaît à 100 % », se souvient-il, dans un entretien accordé au *Monde* en janvier 2019. Son conseil : « Déstresser ! Ce n'est pas une décision que vous allez prendre aujourd'hui qui va être valable pour toute la vie. En avançant, vous allez vous rendre compte qu'une multitude de bifurcations est possible. Vous pouvez être heureux dans différents métiers. Je conseille aux jeunes d'essayer beaucoup de choses différentes, il faut tout tenter et surtout oser. Le plus grand mécanisme d'obstacle à la réussite est l'autocensure. » Des arguments à avoir en tête au moment du choix de sa filière d'études.

2

COMMENT TROUVER MA VOIE ?

J'ai accepté l'idée que j'ai besoin d'un peu de temps. Maintenant, comment trouver la bonne filière, celle dans laquelle je réussirai à m'épanouir et à me diriger vers un métier qui me plaît ?

Voilà de bonnes et saines questions. Première option : vous avez déjà une idée de métier, ou même de domaine. Par exemple, l'aéronautique, la publicité, ou l'informatique. Vous vous imaginez professeur, avocat, journaliste… C'est un très bon premier pas pour décider de son orientation ! Ne reste plus qu'à se renseigner et à trouver le meilleur moyen d'atteindre cet objectif. Tout en ayant une vision réaliste, pour éviter d'être déçu et de tomber de haut…

ÊTRE INFORMÉ POUR BIEN CHOISIR

Pour cela, commencez par faire le tour de votre entourage. Chacun connaît quelqu'un, ou quelqu'un qui connaît quelqu'un, dans le domaine de ses rêves. Il peut s'agir d'un parent, d'un professeur, d'un cousin, d'un collègue de votre grand frère, d'un médecin de famille, du boulanger du quartier… N'hésitez pas non plus à contacter directement un professionnel de la ville : toquez à sa porte, envoyez un mail ou passez un coup de fil. En se montrant courtois et intéressé, il est tout à fait possible que cette personne prenne un peu de son temps pour vous raconter son métier, son quotidien et son parcours ! Et ce sont autant d'informations précieuses. Roseline le confirme. Responsable de la librairie Brentano's, à Paris, elle conseille de découvrir le milieu avant toute chose : « Il est tout à fait possible de commencer par des stages, au collège ou au lycée, ou d'aller tout simplement discuter avec son libraire de quartier, pour en savoir plus sur son métier et son quotidien ! » Un conseil applicable à tous les secteurs.

Les salons, conférences et journées portes ouvertes sont également de bons moyens pour faire des rencontres et découvrir de plus près un secteur. Et l'avantage est aussi que cela vous permet par la même occasion, de glaner des informations sur les études à suivre : faut-il passer par l'université ? Est-il préférable de viser un BTS ou un DUT ? Un CAP ? Des concours ou examens conditionnent-ils l'accès au métier ? Une école est-elle particulièrement reconnue dans ce milieu ? De quoi se donner plusieurs options : un plan A, celui de vos rêves, mais aussi un plan B, voire un plan C, pour se sécuriser pour la suite.

TROUVER SON DOMAINE

Deuxième option : je ne sais pas vraiment vers quoi m'orienter. D'accord. Mais en y réfléchissant bien, est-ce si certain ? Il y a forcément des matières que l'on préfère à d'autres. L'anglais, les mathématiques, la physique, l'histoire ? Et du côté de votre vie personnelle, en dehors des cours ? Quels sont vos passions, vos hobbies ? Êtes-vous plutôt sociable, ou plus solitaire ? Prendre le temps de réfléchir à ses qualités, ses défauts, ses envies, l'environnement qui pourrait vous plaire pour la suite, est important. « À 16 ans, on a de toute façon une connaissance des métiers assez réduite. Difficile de savoir par exemple à quelles professions mènent une fac de droit ou des études de philo ! Il faut aller à la découverte : multiplier les journées portes ouvertes, les salons, trouver de la documentation et visiter des sites utiles et fiables », suggère Béatrice Langlois, psychologue de l'Éducation nationale.

Julien s'est retrouvé dans cette situation. En première, il s'inquiète de n'avoir aucune idée pour la suite. Passionné de musique, mais incertain de pouvoir y travailler, le lycéen part en quête d'un métier qui l'intéressera, tout en lui laissant du temps pour son groupe de musique. « J'ai épluché les fiches métiers de l'Onisep, une par une, jusqu'à tomber sur le métier de sténotypiste. C'était parfait : j'aimais le français, c'est un métier entre le manuel et l'intellectuel, qui se pratique souvent en libéral, permettant donc d'organiser ses horaires comme on le souhaite », raconte-t-il. Concrètement, on fait appel à lui pour réaliser des comptes rendus précis de conférences, d'assemblées, ou de conseils d'administration, dans de grands groupes ou encore dans le secteur public. Après le bac, il postule à l'école Grandjean, la référence du milieu, où il passe quatre ans et apprend les techniques de notes, permettant de tout taper, au mot près. Résultat : il a tout de suite trouvé du travail, adore son métier… et peut s'organiser comme il le souhaite, pour libérer le temps nécessaire afin de s'adonner à sa passion !

Enfin, un rendez-vous avec un psychologue ou un coach spécialisé dans l'orientation peut être un moment clef pour certains. N'hésitez pas à en discuter avec vos parents, vos amis, des personnes de votre famille, voire un professeur.

Pour Thomas, c'est un échange avec la CPE de son collège qui a tout changé. Un peu perdu en troisième, il ne sait pas quoi faire. Or, il adore la photographie, qu'il pratique avec le vieil appareil argentique de son grand-père. « C'est ma CPE qui m'a conseillé de me renseigner sur le CAP photographe », se souvient-il. Et c'est grâce à cette formation qu'il a trouvé l'emploi qu'il exerce aujourd'hui : vendeur spécialisé chez Cirque Photo Vidéo, une boutique dédiée à l'image et à la vidéo, où il travaille depuis plusieurs années. Prendre le temps d'échanger avec son entourage peut en valoir la peine : tous ces conseils seront précieux. Tout en gardant en tête qu'au final, il n'appartiendra qu'à vous, et à vous seul, de trancher.

3

LES BONNES STRATÉGIES

Faute d'idée précise, chacun peut y aller de sa propre stratégie, afin de s'orienter selon ses idées, sa motivation pour les études. Et bien sûr son niveau scolaire. Voici nos conseils pour cinq profils d'étudiant, parmi lesquels chacun devrait pouvoir se reconnaître...

Le « rationnel »

Qui est-il ? Le rationnel est d'accord pour prendre son temps, mais pas pour le perdre ! Cet élève préfère assurer ses arrières, grâce à des études courtes et concrètes, à bac+2, débouchant sur un emploi. Mais sans se fermer trop de portes : il pourra toujours poursuivre ses études s'il le souhaite et se spécialiser vers un métier en particulier. L'idéal pour se rassurer et prendre le temps de se connaître.

NOTRE CONSEIL : C'est un choix de raison à court terme, payant sur le long terme ! Les filières courtes offrent un environnement de travail rassurant, avec un cadre de connaissances à acquérir et des échéances précises. Ce choix permet de devenir rapidement autonome, en particulier si les études se font en partie en alternance. Il s'agit donc d'une bonne stratégie, à condition d'avoir anticipé et de garder en tête les perspectives de sortie après un bac+2.

Le « passionné »

Qui est-il ? Ne pas être certain de ce que l'on veut faire ne signifie pas pour autant oublier de se faire plaisir ! Ce bachelier passionné pour une discipline ou un secteur, même s'il ne sait pas encore quel métier choisir, passera souvent par l'université : art, histoire, psycho, philo, sciences, lettres, sport... Idéal pour se laisser le temps de mieux découvrir la discipline appréciée, et trouver la meilleure suite à ses études, pour se professionnaliser.

NOTRE CONSEIL : Le choix du cœur ! Le principal risque demeure d'idéaliser un peu trop les études envisagées, en oubliant que tous les cursus comportent aussi des matières plus techniques et peut-être moins séduisantes sur le papier. Ou de se rendre compte que cette matière ne plaît pas autant que l'on aurait pu le penser. Dans ce cas, il sera toujours temps de bifurquer vers d'autres domaines, sans aucun regret.

L'« ambitieux »

Qui est-il ? Le principal inconvénient du bon élève : toutes les portes lui sont ouvertes. Alors pour s'assurer de belles études, l'ambitieux va se diriger soit vers des licences sélectives, qui peuvent être pluridisciplinaires, soit vers des classes préparatoires. Ces dernières peuvent être l'occasion de reporter le moment du choix, sans s'enfermer d'emblée dans une voie.

NOTRE CONSEIL : Les classes prépas sont un bon moyen de prendre le temps d'étudier en profondeur les sciences, les lettres ou l'économie, avant de choisir son école. Il faudra néanmoins être prêt à travailler dur, sans oublier de s'interroger sur la suite de ses études, après la prépa. Pour les licences sélectives très demandées, là aussi, le futur étudiant devra travailler, en étant plus autonome que dans le cadre protecteur d'une CPGE (classe préparatoire aux grandes écoles).

L'« indécis »

Qui est-il ? Ce bachelier ne sait toujours pas ce qu'il veut faire : il s'inscrit à l'université la plus proche de chez lui, un peu au hasard, en se laissant guider par le flot, dans une licence qui ne lui plaît pas forcément. Mais il faut bien choisir quelque chose, faute de mieux…

NOTRE CONSEIL : Le risque est de vite s'ennuyer et d'abandonner. Seuls 41 % des nouveaux bacheliers inscrits en licence passent en deuxième année ! Il est difficile de rester motivé à l'université, où l'autonomie est clef, si la discipline ne plaît pas vraiment. Mieux vaut être sûr de son choix, être assez mature et travailleur pour rester sérieux et réussir un premier cycle universitaire.

L'« aventurier »

Qui est-il ? Une fois son bac en poche, il veut faire une pause. Avant de faire un véritable choix d'orientation, il se prend une année de *break*. Cela peut être pour partir à l'étranger, en voyageant ou en travaillant, s'engager dans une cause humanitaire, faire un stage… Évidemment, nombreux sont les bacheliers qui en rêvent, mais peu franchissent réellement le cap.

NOTRE CONSEIL : Cette démarche peut être très intéressante pour sortir de son cocon et se confronter au réel. Attention néanmoins : mieux vaut avoir un objectif clair dans ce projet, et préparer son retour. Contrairement à d'autres pays, comme le Royaume-Uni, cette césure n'est pas vraiment prévue dans les études françaises. Elle sera plus facile à effectuer une fois en études, d'autant que la majorité des cursus permettent aujourd'hui de partir réaliser un semestre ou une année à l'étranger. Mais un tel projet, s'il est bien préparé, avec un objectif clair et un retour anticipé, peut être très enrichissant.

> À LIRE ***AUX ÉDITIONS DE L'ETUDIANT***
Partir étudier à l'étranger après le bac, l'Etudiant éditions, 2020.

4

NOUVEAU BAC :
COMMENT CHOISIR
MES ENSEIGNEMENTS DE SPÉCIALITÉ ?

La réforme du bac et des filières au lycée a bouleversé toutes les habitudes. Voici quelques conseils pour se repérer, et pour bien choisir ses enseignements de spécialité et ses options au lycée.
Les grands-parents ont connu les sections A, B, C, T... Les parents, grands frères et sœurs ES, S, L. Désormais, les futurs bacheliers doivent choisir trois enseignements de spécialité en première, puis deux en terminale, pour le bac général. En plus d'un tronc commun de 16 heures hebdomadaires, les lycéens pourront donc moduler leurs emplois du temps, en choisissant des spécialisations, puis des options s'ils le souhaitent.

Les enseignements de spécialité sont les suivants : arts ; biologie-écologie ; histoire-géographie, géopolitique et sciences politiques ; humanités, littérature et philosophie ; langues, littératures et cultures étrangères ; littérature, langues et cultures de l'Antiquité ; mathématiques, numérique et sciences informatiques ; physique-chimie ; sciences de la vie et de la Terre ; sciences économiques et sociales ; sciences de l'ingénieur.

Mieux vaut être malin lors de son choix, car certaines matières peuvent être nécessaires. Impensable d'aller en prépa scientifique sans avoir choisi les mathématiques, par exemple. Alors plus concrètement, comment choisir selon son projet d'études ?

> Je veux faire du droit

Bonne nouvelle : plusieurs options sont possibles. Les universités apprécient les profils littéraires, mais aussi scientifiques. Il est certain que « histoire-géographie, géopolitique et sciences politiques », « sciences économiques et sociales » et « humanités, littérature et philosophie » peuvent être des choix cohérents pour se diriger vers une licence de droit, tout comme les mathématiques. L'option « droit et grands enjeux du monde contemporain » en terminale peut être un choix judicieux pour compléter son profil !

> Je veux aller en prépa littéraire

Naturellement, les matières littéraires telles que « langues, littératures et cultures étrangères », « cultures de l'Antiquité », « humanités, littérature et philosophie » sont à privilégier pour les futurs khâgneux. En revanche, si le lycéen est tenté par une B/L (lettres et sciences sociales), il est impératif de choisir les mathématiques. Il est aussi conseillé de prendre une spécialité de type SES ou « histoire-géographie, géopolitique et sciences politiques ».

> Je veux aller en prépa scientifique

Là, le choix se restreint : mieux vaut choisir d'emblée les mathématiques et la physique-chimie. Pour la troisième matière, en première, le lycéen peut être plus libre, mais il est préférable de rester dans un univers scientifique, avec SVT, sciences de l'ingénieur, ou numérique. Il est également conseillé de prendre l'option « mathématiques expertes », afin de mettre toutes les chances de son côté pour intégrer une prépa et réussir son arrivée dans le supérieur.

> Je veux intégrer un IEP

Les instituts d'études politiques se montrent assez ouverts quant aux profils de leurs futurs élèves. Si le lycéen a de très bonnes notes et montre une belle curiosité, il a toutes ses chances d'intégrer un IEP. La spécialité la plus évidente demeure « histoire-géographie, géopolitique et sciences politiques », mais des choix comme SES, « humanités, littérature et philosophie », ou « langues, littératures et cultures étrangères » ont toute leur place. Les matières scientifiques sont peut-être moins évidentes, mais les instituts assurent que toutes les combinaisons seront les bienvenues.

> *Je veux faire médecine*

Un incontournable : la science ! En première, mieux vaut choisir les mathématiques, la physique-chimie et la SVT. De quoi reconstituer l'ancienne première S, voie classique pour intégrer des études de médecine. En terminale, l'élève ne pourra garder que deux de ces trois matières. Mieux vaut conserver la SVT. Selon ses envies, il peut tout à fait choisir la physique-chimie et compléter avec une option « mathématiques complémentaires ». Ou miser à fond sur les maths, en les choisissant, voire en y ajoutant l'option « mathématiques expertes ».

> *Je veux entrer en licence STAPS*

Le choix est assez vaste. Bien sûr, il faut être bon en EPS, mais quelle spécialité privilégier ? Les universités se veulent rassurantes : il n'y a pas vraiment de parcours type. Une matière scientifique, comme les SVT, les maths ou la physique-chimie peut se révéler bien utile, pour conserver un pied dans la méthodologie scientifique. Il est possible de compléter ce premier choix d'une matière plus littéraire, à l'image de « humanités, littérature et philosophie », SES, ou « histoire-géographie, géopolitique et sciences politiques ». Le plus important est d'opter pour une spécialité où il faudra obtenir de bonnes notes, car cette filière est assez sélective.

> *Je veux aller en DUT ou en BTS*

Tout dépendra bien entendu des études visées ! Pour le DUT informatique, par exemple, le futur bachelier a tout intérêt à privilégier les mathématiques, sciences de l'ingénieur et « numérique et sciences informatiques ». Pour le DUT génie biologique, mathématiques, SVT et physique-chimie seront essentielles. Un DUT gestion des entreprises et des administrations sera plus ouvert aux parcours variés : les mathématiques peuvent être un bon point de départ, tout comme « histoire-géographie, géopolitique et sciences politiques », « langues, littératures et cultures étrangères », ou SES. Selon la formation visée, le plus simple est de contacter directement l'université ou le lycée en question, pour poser la question, en cas de doute.

> *Je veux aller en licence d'économie/gestion*

Il est préférable de choisir les mathématiques, indispensables dans ce cursus ! Ou d'opter pour SES, « histoire-géographie, géopolitique et sciences politiques », voire « humanités, littérature et philosophie ». Là aussi, selon l'établissement et la licence visée, mieux vaut se rapprocher du département d'admission de l'université, pour voir quelles spécialités sont à privilégier. Mais de bonnes notes en mathématiques et dans une matière liée à l'économie ne pourront qu'être utiles.

> *Je veux faire de l'art*

Une spécialisation est évidente : « arts », qui se décline ensuite en sept sous-spécialités : cinéma-audiovisuel, histoire des arts, théâtre, musique, arts du cirque, danse et arts plastiques. À voir ensuite : une matière littéraire, comme « humanités, littérature et philosophie », « cultures de l'Antiquité », des spécialités plus économiques, ou scientifiques. Toutes les combinaisons peuvent être bonnes et se justifier, selon votre projet professionnel !

5

QUELLES ÉTUDES POUR QUELS MÉTIERS ?

Voici quelques repères pour s'y retrouver parmi la multitude de formations et de diplômes. Des clefs bien utiles, d'autant qu'il existe souvent plusieurs filières possibles pour accéder à un métier donné !

Parmi les quelque trois cents métiers présentés dans ce guide, quelques dizaines seulement exigent un diplôme spécifique. C'est le cas des infirmiers, médecins, avocats, ou encore architectes... Pour la plupart, les autres professions sont accessibles par des voies diverses. Par exemple, pour devenir responsable commercial dans une entreprise, il est possible de démarrer sur le tas après le bac, après avoir décroché un diplôme bac+2 (BTS ou DUT), ou avoir poursuivi jusqu'au niveau bac+3 (licence pro), et même jusqu'à bac+5 (master, école de commerce, école d'ingénieurs). Autrement dit, une formation et un diplôme ne prédestinent pas forcément à un métier en particulier et il est rassurant de garder à l'esprit qu'il est possible de naviguer et de grimper les échelons une fois dans la vie professionnelle.

Dans les fiches de ce guide, nous avons indiqué le niveau minimal généralement requis et les grandes filières de formation qu'il est possible de suivre (université, école...). Mais il est primordial de ne jamais oublier qu'il existe toujours des chemins détournés. Voici donc quelques grands points de repère, pour s'orienter dans le dédale des formations, du CAP au doctorat. Ce sont autant de clefs pour aboutir à un parcours personnalisé, adapté à votre profil et à vos propres envies, qualités, compétences...

SE FORMER À UN MÉTIER SANS LE BAC

Un certain nombre de métiers accessibles sans le bac sont présentés dans ce guide. On distinguera ceux qui exigent un diplôme précis des professions pour lesquelles le niveau d'études importe peu.

LES CAP. Plusieurs métiers, comme la boulangerie, la mécanique ou la coiffure, qui exigent la maîtrise d'une technique, imposent de passer au minimum par un CAP. Ce diplôme se prépare généralement en deux ans après la troisième, dans des lycées professionnels ou des CFA (centres de formation d'apprentis). Près de 200 spécialités sont proposées en CAP.

LE BP JEPS. De niveau bac également, le BP JEPS (brevet professionnel de la jeunesse, de l'éducation populaire et du sport) permet d'exercer le métier d'animateur, de moniteur ou d'éducateur sportif dans une trentaine de disciplines : activités nautiques, activités du cyclisme, golf, techniques de l'information et de la communication, activités physiques pour tous, loisirs tous publics, pêche de loisir, activités équestres, sport automobile, animation culturelle…

LES CONCOURS ADMINISTRATIFS DE CATÉGORIE C. Dans la fonction publique, les emplois de catégorie C, comme adjoint administratif, agent social territorial, sont accessibles sur concours aux titulaires d'un CAP ou du diplôme national du brevet. Pour certains concours, aucun diplôme n'est exigé, cependant, les candidats possèdent souvent un niveau supérieur à celui officiellement requis.

LE TALENT PLUS QUE LES DIPLÔMES. Enfin, pour quelques métiers, par exemple artistiques (scénariste, comédien…), indiquer un niveau d'études ou une filière de formation a moins de sens. La personnalité et le talent priment. Cependant, pour les artistes en herbe, le passage par une école d'art, accessible avec ou sans le bac, peut être utile pour affirmer sa technique, en découvrir de nouvelles et surtout, développer un réseau professionnel essentiel…

SE FORMER À UN MÉTIER AU NIVEAU BAC

Une vingtaine de métiers décrits dans ce guide requièrent au minimum un niveau bac. Mais attention, il est difficile de trouver un emploi seulement après un bac général ou technologique (ST2S [sciences et technologies de la santé et du social], STI2D [sciences et technologies de l'industrie et du développement durable], STAV [sciences et technologies de l'agronomie et du vivant], STD2A [sciences et technologies du design et des arts appliqués], STL [sciences et technologies de laboratoire], STMG [sciences et technologies du management et de la gestion], TMD [techniques de la musique et de la danse] et hôtellerie).

LE BAC PROFESSIONNEL. En trois ans après la classe de troisième, les bacs pro débouchent sur un métier, de la logistique à la restauration. Mais de plus en plus de lycéens sont tentés de poursuivre leurs études, notamment vers un BTS : ils sont aujourd'hui 50 % à se diriger vers l'enseignement supérieur, selon le ministère de l'Enseignement supérieur. Un tiers quitte l'école pour se mettre au travail. Les autres se tournent vers une formation de type CAP ou brevet de technicien.

LES CONCOURS ADMINISTRATIFS DE CATÉGORIE B. Le bac permet l'accès aux concours de catégorie B de la fonction publique, tels ceux de contrôleur des douanes, de rédacteur territorial ou de technicien sanitaire. Avant d'entrer en fonction, les lauréats suivent une formation rémunérée, de six mois à un an.

SE FORMER À UN MÉTIER AU NIVEAU BAC+2

Environ 80 métiers recensés dans ce guide requièrent au minimum le niveau bac+2. Il s'agit le plus souvent d'un DUT, d'un BTS ou d'un BTSA. Plus de 160 000 bacheliers entament chaque année la préparation de l'un de ces trois diplômes. Mais les candidats sont deux ou trois fois plus nombreux. En effet, ces formations, efficaces sur le marché de l'emploi, sont sélectives.

LES DUT. Implantés sur tout le territoire, les 113 IUT rattachés aux universités publiques délivrent un DUT dans l'une des 24 spécialités existantes (soit une quarantaine en y ajoutant les options), dans le secteur de la production (électronique, informatique, chimie, etc.) ou des services (gestion, communication, logistique, etc.). En 2018-2019, toujours selon le ministère de l'Enseignement supérieur, 119 700 étudiants préparaient un DUT. Parmi eux deux tiers venaient d'un bac général, le tiers restant d'un bac technologique (et moins de 2 % de bac pro). Attention, ces formations sont souvent très prisées des bacheliers, et donc sélectives.

LES BTS. Plus nombreux que les DUT, les BTS et BTSA sont aussi plus spécialisés : il en existe plus de 130, proposés dans 2 950 établissements (CFA inclus). Ils recouvrent tous les secteurs d'activité, de l'agriculture à l'informatique, en passant par les arts appliqués et le secrétariat. Les lycées publics et privés sous contrat d'association avec l'État qui préparent aux BTS pratiquent une sélection aussi rigoureuse que les IUT, mais acceptent davantage de bacheliers technologiques, voire de bacheliers professionnels. Parmi les étudiants inscrits en BTS à la rentrée 2018, selon le ministère, 24 % étaient issus de bacs généraux, 33 % de bacs technos et 29 % de bacs professionnels. Dans les écoles privées hors contrat, qui acceptent les non-bacheliers et ceux qui ont été refusés ailleurs, les taux de réussite aux BTS sont bien inférieurs à ceux des lycées publics et privés sous contrat. À noter que le BTS demeure un examen national, comme le baccalauréat, qui a la même valeur quel que soit l'établissement.

SE FORMER À UN MÉTIER AU NIVEAU BAC+3

Si, dans leurs grilles de salaires, les recruteurs distinguent peu les diplômés de niveau bac+3 des bac+2, ils peuvent néanmoins leur accorder leur préférence à l'embauche. Surtout quand l'année de formation complémentaire leur a permis de se doter d'une spécialisation pointue ou d'acquérir, par le biais d'un stage, une expérience professionnelle plus significative.

LES FORMATIONS POST-BTS/DUT ET LES LICENCES PROFESSIONNELLES. Avec un niveau de sortie à bac+2, les DUT et les BTS forment des professionnels appréciés des entreprises. Néanmoins, pour poursuivre leurs études, acquérir une expérience professionnelle plus importante et une spécialisation plus claire, une bonne partie de ces diplômés, surtout en DUT, choisit de poursuivre en licence professionnelle dans l'un des nombreux domaines proposés : commerce et distribution, métiers de l'industrie, métiers de l'informatique, métiers de la communication… Une année d'études supplémentaire, pour ensuite mieux s'insérer dans le monde de l'emploi.

LES ÉCOLES PARAMÉDICALES ET SOCIALES. Le niveau bac+3 correspond également à la formation délivrée par les écoles paramédicales (infirmier, ergothérapeute, psychomotricien…) et sociales (assistant de service social, éducateur spécialisé…). Ces écoles recrutent les bacheliers sur concours, qui peuvent venir de filière technologique ou généraliste (mieux vaut privilégier des matières scientifiques dans ce cas). Pour les écoles du secteur social, ce n'est pas seulement la série de bac qui importe, mais aussi la personnalité, la motivation et l'expérience, notamment associative.

LES CONCOURS ADMINISTRATIFS DE CATÉGORIE A. Les emplois de catégorie A de la fonction publique sont théoriquement accessibles au niveau bac+3, le plus souvent après une licence. Mais les candidats qui s'y présentent sont généralement issus d'une formation à bac+4/5. Par ailleurs, pour devenir enseignant de l'Éducation nationale, le niveau bac+5 (master) est dorénavant requis.

SE FORMER À UN MÉTIER AU NIVEAU BAC+5

Plus de 90 métiers recensés dans ce guide exigent au minimum quatre à cinq années d'études supérieures. Le niveau bac+5 correspond au grade de master du système LMD (licence-master-doctorat), qui existe en France depuis 2003. Si le niveau bac+4 permet de postuler à des emplois de cadre, les entreprises sont de plus en plus tentées de privilégier les diplômés de niveau bac+5.

LES ÉCOLES D'INGÉNIEURS. Plus de 200 écoles décernent un diplôme habilité par la CTI (Commission des titres d'ingénieur). La durée imposée pour la formation d'un ingénieur est de cinq ans. Certaines formations sont accessibles après le bac, d'autres après une classe préparatoire, mais il est aussi possible d'intégrer une école d'ingénieurs *via* les admissions parallèles, après un DUT ou une licence. Les écoles d'ingénieurs peuvent être très généralistes ou beaucoup plus spécialisées, privées ou publiques. Dans tous les cas, elles affichent de beaux scores d'insertion professionnelle : un taux d'emploi net de 91 % à six mois et des salaires de 34 600 € brut annuel, selon l'enquête insertion de la Conférence des grandes écoles de 2019.

LES ÉCOLES DE COMMERCE. Elles sont 38 en France à disposer du grade de master, quasiment toutes privées, et recrutent soit après le bac, soit après une classe préparatoire (c'est le cas des plus prestigieuses, comme HEC, Essec, ESCP, EM Lyon...). Il est aussi possible de les intégrer après un DUT, un BTS ou une licence. Ces écoles offrent des cursus souvent tournés vers l'international et de nombreux débouchés, avec des cours d'économie, comptabilité, gestion, marketing, droit des affaires, finance... Attention, d'autres écoles de commerce existent, mais ne sont pas toutes reconnues par l'État, mieux vaut se renseigner sur ce point, ainsi que sur l'insertion professionnelle de leurs diplômés, avant de s'inscrire.

LES MASTERS. Après une licence, les masters en deux ans à l'université couvrent toutes les spécialités, des sciences et technologie à la gestion, en passant par la psychologie ou la communication. La deuxième année de master comporte un stage professionnel ou de recherche, permettant de commencer à travailler, ou de poursuivre en thèse. En termes d'insertion professionnelle, tout dépend du master, mais les chiffres sont plutôt bons : selon le ministère de l'Enseignement supérieur, fin 2018, plus de neuf diplômés sur dix occupent un emploi, deux ans et demi après leur sortie, avec un salaire moyen net mensuel de 1 930 €. Parmi les masters les plus *bankables*, les mathématiques, informatique et électronique offrent de très beaux débouchés.

SE FORMER À UN MÉTIER AU NIVEAU BAC+6 ET PLUS

Pour les amateurs d'études au long cours, quelque 20 métiers décrits dans ce guide nécessitent au moins six années de formation après le bac.

LES ÉTUDES MÉDICALES. Les formations qui aboutissent aux professions médicales (médecin, dentiste, pharmacien...) ont lieu à l'université. Elles ont été récemment réformées : l'ancienne Paces (Première année commune aux études de santé) n'existe plus depuis la rentrée 2020. Les bacheliers ont désormais le choix entre deux voies : soit une licence à l'université, avec une option « accès santé » (LAS), soit un parcours spécifique « accès santé » et une option d'une autre discipline (PASS). Attention, la première option permet à l'étudiant de redoubler sa première année en cas d'échec, pas la seconde. Le parcours spécifique santé ne prévoit aucun redoublement. Les études de médecine durent neuf à douze ans, avec des spécialisations progressives. À la fin de la sixième année, les étudiants obtiennent le diplôme de formation approfondie en sciences médicales, reconnu au niveau master, et passent des épreuves nationales pour obtenir une spécialité médicale parmi les 44 existantes. Ils auront alors trois à six ans supplémentaires, avant de devenir médecins.

LES ÉTUDES D'ARCHITECTURE. Elles durent cinq ans après le bac et mènent au diplôme d'architecte, qui vaut grade de master. La sixième année professionnalisante permet d'exercer comme maître d'œuvre (et notamment de signer des permis de construire).

LES ÉTUDES D'EXPERTISE COMPTABLE. Deux diplômes notamment jalonnent les études comptables. Le DCG (diplôme de comptabilité et gestion) est un diplôme d'État de niveau licence (bac+3), qui permet aux étudiants d'obtenir les connaissances de base dans les domaines de la comptabilité et de la finance d'entreprise. Il se prépare en trois ans et est accessible après un baccalauréat ou un diplôme de premier cycle type BTS ou DUT. Après le DCG, le DSCG (diplôme supérieur de comptabilité et de gestion) est la deuxième étape du parcours qui mène au titre d'expert-comptable. Le DSCG, de niveau bac+5, se prépare dans le cadre d'un master à l'université ou dans une école de commerce.

LES MASTÈRES SPÉCIALISÉS. Ce titre ne doit pas être confondu avec celui de master, car il sanctionne une formation d'une année, à laquelle on peut accéder avec un diplôme de niveau bac+5. Son objectif est d'apporter une expertise métier et de se spécialiser davantage. Environ 400 formations sont labellisées par la Conférence des grandes écoles, notamment en écoles d'ingénieurs ou de commerce.

LE DOCTORAT ET LA RECHERCHE. Enfin, les carrières de chercheur ne débutent qu'après un doctorat. Il s'agit du plus haut diplôme de l'enseignement supérieur en France. Celui-ci implique la rédaction d'une thèse, finalisant un travail de recherche qui s'étale sur trois ou quatre années d'études. Il est possible de poursuivre ses études jusqu'au doctorat après un master universitaire ou une école bac+5 (commerce ou ingénieur par exemple). Environ 71 000 étudiants sont inscrits dans 280 écoles doctorales. À noter qu'ils peuvent obtenir des financements pour leur thèse.

6

DES PISTES POUR TROUVER UNE IDÉE DE MÉTIER

LES CIO ET SCUIO. Les CIO (centres d'information et d'orientation) de votre lycée ou les SCUIO (services communs universitaires d'information et d'orientation) de votre université disposent de documentation en libre consultation sur les formations, leurs débouchés et les métiers. Des conseillers d'orientation-psychologues s'y trouvent, à disposition des jeunes, afin de leur faire passer des tests, leur fournir de la documentation et les aider à définir leur projet professionnel.

LE RÉSEAU INFORMATION JEUNESSE. Il comprend le CIDJ (Centre d'information et de documentation jeunesse) à Paris et ses centres régionaux (les CRIJ) ou locaux : les points d'information (PIJ), ou bureaux d'information (les BIJ).

LES CITÉS DES MÉTIERS. Initiées à la Cité des sciences et de l'industrie de Paris, les cités des métiers, qui disposent d'une abondante documentation sur les métiers et de spécialistes de l'orientation susceptibles d'offrir des conseils, se sont développées dans toute la France. Elles mettent à disposition un énorme fonds documentaire et organisent des manifestations ponctuelles.

LA FÉMINISATION *des noms de métiers*

Bien entendu, l'intégralité de ces métiers demeure accessible aux hommes comme aux femmes. Nous avons fait le choix d'intégrer la féminisation du nom du métier dans chaque titre. En revanche, pour plus de lisibilité dans l'ensemble du texte, nous avons privilégié le masculin dans le corps du texte. Bien évidemment, même si un secteur est traditionnellement plus occupé par l'un des deux sexes, un garçon ou une fille pourra toujours y accéder.

Des fourchettes de salaires *à relativiser*

Au fil de ce livre, nous vous proposons des fourchettes de salaires, afin de vous donner une idée du type de rémunération que peut attendre un professionnel dans chaque métier. Il s'agit bien entendu de tranches indicatives, à partir d'échanges avec des professionnels en poste, d'éléments chiffrés de fédérations de métiers, de syndicats, d'associations. Le salaire dépendra du profil de la personne, de son expérience, de son niveau d'études, de son lieu de travail, de son entreprise, de sa négociation, de ses qualités et compétences… Bref, les critères sont nombreux ! L'idée est ici de vous donner une première estimation, tout simplement.

Lexique *les sigles utilisés*

BIJ : *bureau d'information jeunesse* • **BMA :** *brevet des métiers d'art* • **BT :** *brevet de technicien* • **BTS :** *brevet de technicien supérieur préparé en deux ans après le bac dans les STS* • **BTSA :** *BTS agricole* • **CAP :** *certificat d'aptitude professionnelle • CAPES : certificat d'aptitude au professorat de l'enseignement du second degré* • **CIO :** *centre d'information et d'orientation* • **CROUS :** *centre régional des œuvres universitaires et scolaires. S'occupe, pour les étudiants, des bourses, des cités U, des restos U…* • **DU :** *diplôme d'université (diplôme non reconnu au niveau national)* • **DUT :** *diplôme universitaire de technologie, préparé en deux ans après le bac dans les IUT* • **ENS :** *École normale supérieure* • **IUT :** *institut universitaire de technologie, qui prépare au DUT* • **LMD :** *licence (bac+3), master (bac+5), doctorat (bac+8)* • **STS :** *section de technicien supérieur, qui prépare au BTS.*

PARTIE 1

PRODUIRE ET CONCEVOIR

Le grand livre des métiers

PRODUIRE ET CONCEVOIR

Innover, créer, voir sa production prendre forme, pour aller jusqu'au consommateur ou rendre service à la collectivité. Voilà le point commun de ces métiers, qui allient souvent habilité, technique et matière grise.

AGRICULTURE, AGROALIMENTAIRE

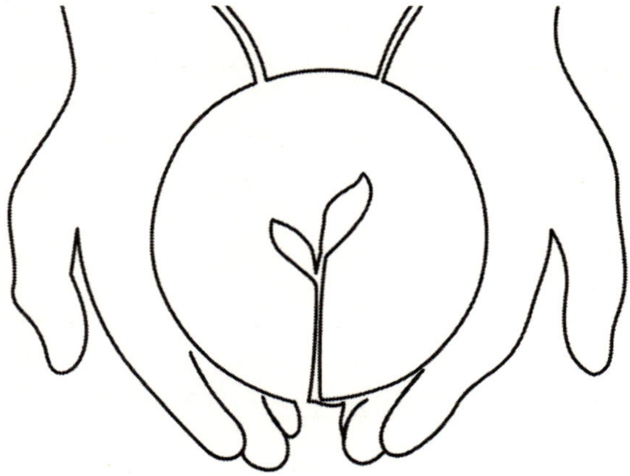

La transformation des aliments et leur acheminement nécessitent des professionnels qui maîtrisent parfaitement la réglementation en vigueur. Tout comme la viticulture, l'agriculture, l'horticulture, qui requièrent des jeunes formés aussi bien aux nouvelles techniques qu'aux fondamentaux du secteur. De l'amont à l'aval de la chaîne alimentaire, il faut être méticuleux, les consommateurs étant de plus en plus exigeants sur les produits comme sur le développement durable.

CONSEILLER(ÈRE) AGRICOLE

- **NIVEAU D'ÉTUDES MINIMAL** : bac+2 • **SÉLECTIVITÉ** : moyenne à forte • **INSERTION** : difficile
- **SALAIRE** : de 1 500 à 2 000 €

Sur la route du matin au soir, le conseiller agricole se rend dans les exploitations agricoles à la rencontre des agriculteurs pour les aider à développer leur activité : comment améliorer la qualité et la quantité des céréales cultivées ? Comment gagner en productivité ? Quel équipement utiliser ? Grâce à ses analyses de l'exploitation, le conseiller agricole peut conseiller l'agriculteur et établir pour lui un projet de développement (coût estimé, objectifs, calendrier des opérations...). Employé par une chambre d'agriculture, une coopérative ou un groupement d'exploitants, il se spécialise dans trois grands domaines : agronomie-environnement, économie-gestion d'entreprise, développement territorial. Dans tous les cas, il se doit de rester à la pointe de l'information agricole, tant technique que réglementaire, tout au long de sa carrière.

- **SES COMPÉTENCES :** sensibiliser, écouter, conseiller.
- **SA FORMATION :** un bac général avec options scientifiques, STI2D, STAV, ou un bac pro Conduite et gestion de l'exploitation agricole. Puis un BTSA (brevet de technicien supérieur agricole) ou une licence pro (Conseil en entreprise agricole à Caen, Agronomie, conseil et développement en agriculture à Poitiers, par exemple). Néanmoins, pour s'assurer une bonne insertion, les futurs professionnels peuvent poursuivre jusqu'à bac+5, avec un cursus d'ingénieur (agronome, agricole, techniques agricoles), dans des écoles comme l'ESA, l'ISA, UniLaSalle, l'Ensaia ou encore l'Isara.

EXPLOITANT(E) AGRICOLE

• **NIVEAU D'ÉTUDES MINIMAL :** bac • **SÉLECTIVITÉ :** faible à moyenne • **INSERTION :** difficile
• **SALAIRE :** variable, selon l'exploitation, la production, le statut...

L'exploitant agricole est un véritable chef d'entreprise, qui veille sur son exploitation sept jours sur sept, du matin au soir. Il peut avoir une ou plusieurs spécialités : l'élevage, les cultures céréalières, la viticulture, le maraîchage... Ses journées sont bien rythmées : il faut semer, entretenir ses cultures, soigner ses bêtes, récolter, mais aussi veiller à l'aménagement de sa ferme et à l'évolution de ses installations. À côté de tout cela, l'exploitant agricole n'a pas peur de l'administratif et du commercial : il doit s'occuper de sa comptabilité et de la gestion financière de son entreprise, trouver de bons partenaires et négocier avec ses fournisseurs, vendre sa production à bon prix, et conserver de bonnes relations avec ses banques. Il peut être propriétaire de son exploitation, ou bien simple locataire, ou encore gérant. La France compte environ 450 000 chefs d'exploitation agricole, selon la Mutualité sociale agricole (2019). Un chiffre en légère baisse chaque année, malgré de nouvelles installations, avec des niches de production (élevage d'insectes, d'algues, d'herbes aromatiques...).

- **SES COMPÉTENCES :** cultiver, gérer, organiser.
- **SA FORMATION :** il est nécessaire d'avoir un diplôme agricole au moins équivalent au bac pro CGEA (conduite et gestion de l'entreprise agricole) pour s'installer (et ainsi bénéficier d'aides financières). Le bac pro CGEA ou le bac technologique STAV (sciences et technologies de l'agronomie et du vivant) restent les études les plus courues. Elles permettent aussi de poursuivre vers un BTSA productions animales ou analyse, conduite et stratégie de l'entreprise agricole ou encore production horticole. Il existe également des certificats de spécialisation et des licences pro (par exemple agriculture raisonnée et certification environnementale ; agriculture biologique, conseil et développement ; gestion des organisations agricoles et agroalimentaires, génétique et développement de l'élevage...).

HORTICULTEUR(TRICE)

• **NIVEAU D'ÉTUDES MINIMAL :** CAP • **SÉLECTIVITÉ :** moyenne • **INSERTION :** bonne
• **SALAIRE :** de 1 499 à 1 999 €

Plusieurs spécialités se cachent derrière le métier d'horticulteur : l'arboriculteur, spécialiste des arbres fruitiers, le maraîcher et ses légumes, le floriculteur et ses fleurs, le pépiniériste et ses végétaux d'extérieur, les ornements... En tout cas, ce spécialiste des plantes et des fleurs se doit de veiller au bon développement des cultures dont il a la charge. En plein air ou sous serre, il sème, surveille, arrose, traite et taille les plantes avant qu'elles ne soient proposées à la vente. Il conseille aussi les clients dans leurs achats : plus d'un tiers des professionnels du secteur sont vendeurs en magasin. La

Fédération nationale des producteurs de l'horticulture et des pépinières recense 3 308 professionnels en activité en France, pour un chiffre d'affaires annuel de 1,6 milliard d'euros. Naturellement, l'horticulteur aime le contact avec la nature, autant qu'avec la clientèle. Il est observateur, dispose d'une bonne résistance physique. Et bien sûr, il a la main verte !

- **SES COMPÉTENCES :** cultiver, conseiller, vendre.
- **SA FORMATION :** après la troisième, le CAP agricole métiers de l'agriculture, spécialité production végétale (arboriculture, horticulture), permet d'entrer rapidement dans la vie active. Pour accéder à des postes d'encadrement, mieux vaut poursuivre vers un bac pro productions horticoles et un BTSA (brevet de technicien supérieur agricole) productions horticoles. Quelques écoles d'ingénieurs (bac+5) sont spécialisées en horticulture, comme Agrocampus Ouest à Angers, capitale du végétal.

INGÉNIEUR(E) AGRONOME

- **NIVEAU D'ÉTUDES MINIMAL :** bac+5 • **SÉLECTIVITÉ :** forte • **INSERTION :** bonne
- **SALAIRE :** de 2 000 à 2 500 €

Génétique, nutrition, alimentation humaine et animale, microbiologie ou encore virologie... Quelle que soit sa spécialité, l'ingénieur agronome vise à améliorer les techniques de production, pour développer une agriculture plus compétitive, durable et sûre. Médiateur entre la science et le monde agricole, il peut travailler, par exemple, à l'amélioration de la résistance d'une céréale ou à la création d'une nouvelle machine agricole. Selon sa fonction, il passera ses journées sur le terrain ou en laboratoire, auprès d'une chambre d'agriculture, à l'INRA (Institut national de la recherche agronomique), au CNRS (Centre national de la recherche scientifique), dans un laboratoire privé ou chez un industriel de l'agroalimentaire.

SES COMPÉTENCES : chercher, analyser, communiquer.

SA FORMATION : une école d'ingénieurs spécialisée (AgroParisTech, Agrocampus Ouest, SupAgro Montpellier, AgroSup Dijon, INP-ENSAT, ENSAIA...) après deux ans de classe prépa bio-véto, ou un bac+2/3 scientifique (DUT, BTS, L2/L3 ou licence pro). La spécialisation en agronomie se décide le plus souvent en troisième année de formation. Et pour ceux qui ont envie de concret : la quasi-totalité des écoles permet aux étudiants de suivre leur cursus en alternance.

INGÉNIEUR(E) EN AGROALIMENTAIRE

• **NIVEAU D'ÉTUDES MINIMAL :** bac+5 • **SÉLECTIVITÉ :** forte • **INSERTION :** bonne
• **SALAIRE :** de 2 000 à 2 500 €

Transformer les matières premières agricoles en produits destinés à l'alimentation : telle est la mission principale de l'ingénieur agroalimentaire. Biscuits, plats cuisinés, boissons, conserves... quel que soit le produit fabriqué, ce scientifique de formation intervient à différents niveaux de la production. En amont, l'ingénieur en recherche et développement conçoit de nouveaux produits et élabore des recettes inédites en tenant compte des demandes du service marketing. Le but ultime demeure que le consommateur soit séduit par le produit. Lorsque la recette est validée, la production peut commencer. L'ingénieur de fabrication entre alors en jeu : il organise la vie de l'usine pour produire de façon efficace et rapide. Il veille également au respect des procédés de fabrication. À ses côtés, le responsable qualité, ingénieur lui aussi, effectue tests et contrôles sur les ingrédients et les produits transformés pour que la qualité du produit fini soit conforme au cahier des charges. Enfin, il travaille au contact de nombreux autres métiers : cuisiniers, biologistes, opérateurs, commerciaux, spécialistes du marketing...

SES COMPÉTENCES : innover, fabriquer, contrôler.

SA FORMATION : une école d'ingénieurs spécialisée en agronomie (ENSAIA à Nancy, INP-ENSAT à Toulouse, Agrocampus

Ouest à Rennes, AgroParisTech, SupAgro Montpellier…) ou une école d'ingénieurs généraliste. Ces écoles sont accessibles après deux années de prépa scientifique ou un bac+2/3 scientifique (DUT, BTS, L2, licence pro). Certains établissements proposent de suivre leur cursus en apprentissage.

ŒNOLOGUE

• **NIVEAU D'ÉTUDES MINIMAL :** bac+5 • **SÉLECTIVITÉ :** forte • **INSERTION :** bonne
• **SALAIRE :** de 2 000 à 2 500 €

Dans les vignobles, il est l'expert scientifique. L'œnologue, étymologiquement « celui qui possède la science du vin », a la responsabilité de s'assurer que le vin produit soit de bonne qualité. De la plantation des cépages à la commercialisation du précieux breuvage, il supervise toutes les étapes de fabrication, pour conseiller et épauler les viticulteurs (élaboration du goût, conseils en rendement, en sécurité alimentaire, etc.). Il effectue des analyses, prescrit les traitements nécessaires à la bonne santé des vignes, décide de la conservation du vin… Spécialiste de la dégustation, il peut aussi prendre en charge les relations avec les clients. À noter que seulement un quart des œnologues sont des femmes : mesdames, il y a des places à prendre !

- **SES COMPÉTENCES :** conseiller, superviser, goûter.
- **SA FORMATION :** l'œnologue, pour pratiquer ce métier, doit préparer le DNO, diplôme national d'œnologue, de niveau bac+5. Avant cela, il peut se diriger après le bac vers une licence à l'université, en biologie, chimie, agronomie, biochimie… Autre possibilité : un DUT génie biologique, avec une option industries agroalimentaires et biologiques, ou un BTSA viticulture-œnologie, puis une licence pro (œnocontrôle par exemple). Ensuite, le DNO est proposé dans sept établissements en France : les universités de Bourgogne, de Bordeaux, de Montpellier, de Reims Champagne-Ardenne, Paul-Sabatier à Toulouse, SupAgro à Montpellier et l'INP-ENSAT à Toulouse. Le cursus dure deux ans.

RESPONSABLE DE LA *SUPPLY CHAIN*

• **NIVEAU D'ÉTUDES MINIMAL** : bac+5 • **SÉLECTIVITÉ** : forte • **INSERTION** : bonne
• **SALAIRE** : à partir de 2 500 €

Le responsable de la *supply chain*, aussi appelé responsable du développement logistique, définit la logique de distribution, élabore et vérifie les schémas logistiques, manage et organise. Il contribue ainsi à la définition et à l'organisation des stratégies d'acheminement des marchandises. Son souci : réduire les délais et les coûts de stockage et de transport. Son travail commence avec le choix de la politique d'approvisionnement et se termine avec la distribution des produits. Il gère l'approvisionnement en matières premières et en consommables, puis il organise la manutention des produits fabriqués par l'entreprise, l'emballage, le conditionnement, le stockage et l'expédition vers les clients. Il travaille en collaboration avec les responsables des différents services, afin d'optimiser au mieux les flux. Réactif, il anticipe les imprévus, parle plusieurs langues (pour ses relations avec des transporteurs étrangers) et se tient informé des règles juridiques du transport de marchandises, car il communique avec les services douaniers et les assurances. Il contrôle les procédures par la commande et la réalisation d'audits, et évalue le bon fonctionnement des dispositifs.

SES COMPÉTENCES : gérer, planifier, organiser, évaluer, contrôler, manager.

SA FORMATION : un bac+5 (école vétérinaire, études de pharmacie, d'ingénieurs ou de commerce) et une spécialisation en logistique. Un BTS transport et prestations logistiques, un DUT gestion logistique et transport, qualité, logistique industrielle et organisation ou packaging, emballage et conditionnement ou une licence professionnelle permettent d'accéder à un poste d'assistant. Le master GPLA (gestion de production, logistique, achats), parcours management des entreprises agroalimentaires et de process de l'université Rennes 1, peut aussi mener au métier. À noter : les titulaires d'un bac+2 peuvent compléter leur formation avec le titre de responsable logistique en agroalimentaire de l'IFRIA (Institut de formation régional des industries alimentaires) d'Aquitaine, par exemple.

RESPONSABLE QUALITÉ EN AGROALIMENTAIRE

• **NIVEAU D'ÉTUDES MINIMAL** : bac+5 • **SÉLECTIVITÉ** : forte • **INSERTION** : bonne
• **SALAIRE** : de 2 000 à 2 500 €

Son rôle est de s'assurer que le consommateur final ne prend aucun risque avec un produit. Au sein d'une unité de production agroalimentaire, il contrôle la fabrication de la matière première au produit fini, sans oublier le stockage. Il effectue des tests, fait appliquer les règles d'hygiène et de sécurité, et conseille les différents acteurs de la chaîne de production. En bout de chaîne, c'est le responsable qualité qui validera la sécurité alimentaire du produit. Il se doit donc d'être extrêmement rigoureux et d'entretenir une parfaite connaissance des évolutions de législation dans son industrie.

SES COMPÉTENCES : conseiller, contrôler, tester.
SA FORMATION : il peut être diplômé d'une école d'ingénieurs en agroalimentaire, avec une spécialisation qualité. Ou d'un master à l'université, par exemple bio-ingénierie : santé, aliments, à Toulouse (31), ou nutrition, sciences des aliments : qualité et sécurité alimentaires, à l'université de Lille (59).

TECHNICIEN(NE) AGRICOLE

• **NIVEAU D'ÉTUDES MINIMAL** : certificat de technicien agricole • **SÉLECTIVITÉ** : faible à moyenne
• **INSERTION** : bonne • **SALAIRE** : de 1 499 à 1 999 €

En agriculture, le technicien peut avoir de multiples casquettes : il peut être salarié d'une coopérative, d'une société de travaux agricoles ou d'une exploitation. Dans ce dernier cas, il participe à tous les travaux et seconde le chef d'exploitation. Il prend alors soin des cultures, nourrit les animaux, entretient le matériel et les locaux, gère le stock, récolte la production… Il est donc très polyvalent et dispose d'une bonne condition physique. Avec un peu d'expérience, le technicien agricole peut choisir de se spécialiser, pour devenir, par exemple, conducteur de machines agricoles ou encore technicien en aquaculture et travailler dans des élevages d'animaux et de plantes aquatiques.

- **SES COMPÉTENCES :** cultiver, entretenir, assister.
- **SA FORMATION :** le certificat de technicien agricole (titre inscrit au RNCP [Répertoire national des certifications professionnelles]) est accessible sans condition de diplôme et est délivré en un ou deux ans par les maisons familiales rurales. Le bac professionnel agricole constitue néanmoins une bonne base d'accès au métier. Il existe de nombreuses spécialités : conduite et gestion de l'entreprise agricole, agroéquipement, productions horticoles… Des spécialisations sont possibles à bac+2, comme le BTSA productions animales ou aquaculture : elles sont un atout pour ceux qui envisagent par la suite de prendre les commandes d'une exploitation.

VÉTÉRINAIRE

• **NIVEAU D'ÉTUDES MINIMAL :** bac+7 • **SÉLECTIVITÉ :** forte • **INSERTION :** bonne
• **SALAIRE :** plus de 2 500 €

Des villes ou des champs, le vétérinaire s'occupe de la santé des animaux : soins, vaccins, opérations chirurgicales, prévention des maladies… En ville, ses « patients » sont avant tout des chiens et des chats, mais aussi des rongeurs, reptiles ou oiseaux. À la campagne, il s'occupe aussi des animaux de la ferme (bovins, ovins, volailles…). La majorité des quelque 18 149 vétérinaires de France exerce en cabinet. Pour les aider dans leur tâche, un auxiliaire vétérinaire prend en charge toute la gestion administrative et commerciale du cabinet. Celui-ci peut également assister le vétérinaire lors des opérations. À l'heure actuelle, de moins en moins de professionnels travaillent en milieu rural. Les nouveaux diplômés rejoignent l'industrie agroalimentaire, grande pourvoyeuse d'emplois. Autres secteurs d'exercice : l'industrie pharmaceutique, la direction des services vétérinaires et, pour quelques rares postes, les parcs zoologiques.

SES COMPÉTENCES : observer, soigner, conseiller.

SA FORMATION : les quatre écoles nationales vétérinaires (Lyon, Maisons-Alfort, Nantes, Toulouse) sont très sélectives, car demandées ! En 2019, elles ont ouvert environ 600 places : 459 pour les élèves de prépa BCPST (biologie, chimie, physique et sciences de la Terre), 11 pour les prépas TB (technologie et biologie), 62 pour les diplômés d'une licence scientifique à l'université (notamment sciences de la vie et de la Terre) et 93 pour les diplômés de BTSA et de certains BTS et DUT (qui suivent souvent une année de préparation ATS, adaptation technicien supérieur, en biologie). Les études durent cinq ans. Une fois dans une école, les jeunes vétérinaires s'insèrent vite : selon le ministère de l'Agriculture, 95 % sont en emploi un an après la sortie de l'école.

> POUR ALLER + LOIN SUR LE NET

anefa.org : Association nationale pour l'emploi et la formation en agriculture / franceagrimer.fr : Établissement national des produits de l'agriculture et de la mer / agriculture.gouv.fr : ministère de l'Agriculture et de l'Alimentation / educagri.fr : site d'information et de promotion des établissements publics d'enseignement agricole / fnphp.com : site de la Fédération nationale des producteurs de l'horticulture et des pépinières.

STÉPHANIE LEGUILLON | *horticultrice*

« Les fleurs ont besoin d'être arrosées tous les jours, même le dimanche »

Témoignage

SON MÉTIER. *Enfant, elle gambadait dans les allées odorantes de l'exploitation familiale, répétant qu'elle serait aussi horticultrice. Promesse tenue. Après quatorze années passées chez le même employeur, Stéphanie Leguillon a racheté une petite exploitation qu'elle gère désormais avec son conjoint. Elle sème des pensées, des primevères et des chrysanthèmes en respectant les saisons. « Je suis passionnée par mon métier et je ne compte pas mes heures. Les fleurs ont besoin d'être arrosées tous les jours, même les dimanches et jours fériés ! », lance la trentenaire.*
Pour comprendre son travail, on peut suivre l'itinéraire des végétaux de l'exploitation au jardin des clients. Stéphanie plante des graines, arrose, change la taille des contenants, surveille et traite au besoin. Quatre à cinq mois de culture plus tard, les graines, devenues fleurs, peuvent être vendues. Pour ce faire, elle ouvre ses serres au public, livre ses conseils avisés, charge son camion et fait les marchés quatre fois par semaine.
La jeune horticultrice avait préparé un BEPA (brevet d'études professionnelles agricoles) travaux horticoles en alternance. « À la fin de ma formation (deux ans), l'employeur chez qui j'étais a proposé de m'embaucher, et j'ai commencé à travailler à l'âge de 16 ans. J'étais jeune, mais je signais pour le métier que j'avais toujours voulu faire », se souvient-elle. Pour se perfectionner, Stéphanie a récemment passé un bac professionnel, allégé de certaines matières grâce à la VAE (validation des acquis de l'expérience).

SON CONSEIL. *« Passer un bac professionnel productions horticoles permet de se sentir à l'aise avec les chiffres, qualité indispensable pour tenir les comptes et gérer la partie administrative d'une entreprise. »*

BÂTIMENT, TRAVAUX PUBLICS

Le BTP (bâtiment et travaux publics) est un secteur dynamique (30 000 nouveaux postes créés chaque année), pourvoyeur d'emplois pour les ingénieurs comme pour les techniciens. L'Insee relève que huit entreprises sur dix dans le BTP peinent à recruter les profils dont elles ont besoin. De quoi dessiner de belles perspectives pour les nouveaux arrivants. En particulier s'ils se spécialisent dans la haute qualité environnementale, une problématique au centre de nombreux projets.

ARCHITECTE

- **NIVEAU D'ÉTUDES MINIMAL :** bac+5 • **SÉLECTIVITÉ :** forte • **INSERTION :** bonne
- **SALAIRE :** de 1 500 à 2 500 €

Ses plans ne sont jamais bien loin. Qu'il supervise la construction d'une maison, du futur siège d'une entreprise ou d'un bâtiment public, l'architecte procède toujours de la même manière. Il commence par établir une étude de faisabilité : choix des matériaux, coût des travaux, particularités du terrain… Tout est pris en compte pour dessiner un premier plan et graver dans le marbre les indications techniques. L'architecte se charge aussi d'obtenir le permis de construire, il négocie les prix avec les entrepreneurs qui réaliseront le chantier, veille au respect de toute la réglementation… Auprès de ses interlocuteurs, il doit savoir défendre ses idées pour éviter que ses projets ne finissent dans les cartons. La France compte près de 30 000 architectes.

- **SES COMPÉTENCES :** concevoir, conseiller, superviser.
- **SA FORMATION :** le diplôme d'État d'architecte (grade de master), indispensable pour exercer, se prépare dans l'une des 20 écoles nationales supérieures d'architecture publiques. Vous pouvez aussi suivre la formation privée de l'ESA (École spéciale d'architecture) à Paris, ou encore le cycle d'architecture de l'INSA (Institut national des sciences appliquées) de Strasbourg, une école publique d'ingénieurs. L'ESTP (École spéciale des travaux publics, du bâtiment et de l'industrie) propose un double diplôme ingénieur-architecte avec l'ESA ou l'ENSAPLV (École nationale supérieure d'architecture de Paris La Villette). À la suite des études, l'insertion est plutôt bonne : 73 % des diplômés trouvent un premier emploi en moins de six mois, selon l'Observatoire de la profession d'architecte. Néanmoins, pour ouvrir son propre cabinet, il est nécessaire de poursuivre une année afin d'obtenir l'habilitation à exercer la maîtrise d'œuvre en son nom propre (HMONP), délivrée exclusivement par les écoles nationales supérieures d'architecture.

CHEF(FE) DE CHANTIER

- **NIVEAU D'ÉTUDES MINIMAL :** bac+2 • **SÉLECTIVITÉ :** moyenne • **INSERTION :** bonne
- **SALAIRE :** de 2 000 à 2 500 €

Le chef de chantier est sur le terrain par tous les temps ! Pendant toute la durée des travaux, il organise le planning des différents corps de métiers, contrôle le travail des ouvriers et met la main à la patte si nécessaire. Il travaille avec le conducteur de travaux, avec qui il participe aux différentes réunions de chantier. Quand il n'est pas aux côtés des ouvriers, c'est qu'il règle les tâches administratives. Il vérifie tous les bons de commandes, toutes les factures… Pas question de dépasser le budget fixé dans le contrat ! Autres préoccupations quotidiennes de ce meneur : la sécurité des professionnels présents sur le chantier et le respect des délais de livraison.

SES COMPÉTENCES : diriger, organiser, contrôler.

SA FORMATION : ce type de poste est traditionnellement proposé aux titulaires d'un BTS (brevet de technicien supérieur) bâtiment ou travaux publics, ou d'un DUT (diplôme universitaire de technologie) génie civil construction durable. Une licence professionnelle chef de chantier est également proposée à l'université de Valenciennes (59) et à Formasup Nord-Pas-de-Calais (59). Une licence pro en encadrement de chantier est ouverte aux universités de Perpignan (66) et de La Rochelle (17).

CONDUCTEUR(TRICE) DE TRAVAUX

• **NIVEAU D'ÉTUDES MINIMAL :** bac+2 • **SÉLECTIVITÉ :** moyenne à forte • **INSERTION :** bonne
• **SALAIRE :** de 2 000 à 2 500 €

Sur un chantier, il n'y a qu'un maître à bord : le conducteur de travaux. Ce chef d'orchestre coordonne et dirige l'ensemble des activités. Avant de lancer toute construction, il participe à la préparation des travaux : il analyse les plans d'architecte, évalue les besoins humains et recrute les équipes. Il choisit aussi les outils appropriés, les matériaux et sélectionne les sous-traitants. Il se charge également des démarches administratives nécessaires à l'ouverture du chantier. Lorsque ce dernier est lancé, il veille au respect des délais, des coûts et des normes de sécurité. Mieux vaut avoir une organisation sans faille et une parfaite connaissance des différents métiers et techniques du bâtiment. Ces savoirs s'acquièrent grâce aux expériences de terrain, comme chef d'équipe, puis chef de chantier. « Ce métier est fait pour ceux qui aiment faire face à l'imprévu, qui veulent de l'adrénaline et qui ont le goût du défi. Les femmes à ce jour sont encore peu nombreuses à ce poste, et je pense que cela nous confère un avantage », glisse Delphine Eudeline, qui occupe ce poste chez Vinci Construction.

- **SES COMPÉTENCES :** organiser, coordonner, communiquer.
- **SA FORMATION :** l'ESTP (École spéciale des travaux publics, du bâtiment et de l'industrie) délivre, en deux ans après un bac général ou STI2D, un diplôme de technicien spécialisé conducteur de travaux. Les BTS bâtiment, études et économie de la construction, et travaux publics, ou le DUT génie civil-construction durable apportent les connaissances techniques indispensables, mais doivent être complétés par des expériences de terrain. Il existe aussi des licences professionnelles, conduite de travaux ou métiers du BTP, qui forment à ce métier. À noter que de plus en plus de conducteurs sont titulaires d'un diplôme d'ingénieur.

CONDUCTEUR(TRICE) D'ENGINS DE CHANTIER

- **NIVEAU D'ÉTUDES MINIMAL :** CAP • **SÉLECTIVITÉ :** faible • **INSERTION :** bonne
- **SALAIRE :** de 1 500 à 2 000€

Perché dans sa cabine, le conducteur d'engins manie des mastodontes de plusieurs tonnes. Bulldozer, pelle mécanique, niveleuse, décapeuse… Ces machines lui permettent de préparer le terrain avant le début du chantier. Il peut ainsi déblayer la terre, creuser ou encore damer le sol. Le grutier, quant à lui, est un spécialiste : avec sa grue, il dépose les matériaux lourds et encombrants là où les équipes en ont besoin. Après tous ces efforts, le conducteur prend le temps de bichonner ses machines. Il assure leur entretien et les petites réparations. Quel que soit son engin, il doit disposer d'un sang-froid à toute épreuve et d'excellents réflexes pour mener à bien sa mission.

- **SES COMPÉTENCES :** conduire, préparer, entretenir.
- **SA FORMATION :** si un CAP conducteur d'engins – travaux

publics et carrières suffit, il peut être complété par un brevet professionnel conducteur d'engins de chantier des travaux publics ou par un bac pro travaux publics. L'élève de 3e peut aussi choisir un CAP mécanique ou maintenance des matériels.

DESSINATEUR(TRICE)-PROJETEUR(EUSE) EN BÂTIMENT

• **NIVEAU D'ÉTUDES MINIMAL** : bac+2 • **SÉLECTIVITÉ** : moyenne • **INSERTION** : bonne
• **SALAIRE** : de 1 500 à 2 000€

Pour construire une maison, il faut d'abord l'imaginer, avant de la dessiner, puis la bâtir. Le dessinateur en bâtiment s'occupe de cette deuxième étape. Grâce aux indications techniques fournies par l'architecte, il réalise des plans détaillés qui permettront aux conducteurs de travaux de préparer le chantier avec précision. Canalisations, circuits électriques, emplacement des fenêtres... Aucun détail ne doit échapper au dessinateur, qui, par ailleurs, ne « dessine » plus que sur ordinateur aujourd'hui. De façon logique, la connaissance des logiciels de DAO (dessin assisté par ordinateur) et de CAO (conception assistée par ordinateur) est indispensable !

SES COMPÉTENCES : dessiner, concevoir, projeter.

SA FORMATION : les diplômes à bac+2 permettent de gérer très vite des dossiers complets. Sont particulièrement appropriés le DUT génie civil, construction durable, le BTS bâtiments et travaux publics, le BTS architectures en métal – conception et réalisation ou encore le BTS métiers du géomètre-topographe et de la modélisation numérique.

INGÉNIEUR(E) GÉOMÈTRE (GÉOMÈTRE-EXPERT)

• **NIVEAU D'ÉTUDES MINIMAL** : bac+5 • **SÉLECTIVITÉ** : forte • **INSERTION** : bonne
• **SALAIRE** : plus de 2 500 €

Le géomètre-topographe fonde son travail sur les plans et les relevés effectués par son collègue technicien-géomètre. À partir de ces différentes données (altitude, présence de poteaux, de murs), il imagine les travaux d'aménagement nécessaires à la réalisation du projet. Le géomètre-expert, quant à lui, a une fonction officielle d'expertise juridique. Il est le seul professionnel à pouvoir dresser les plans et les documents topographiques qui délimitent les propriétés foncières. GPS, images satellites, dessin assisté par ordinateur, l'expert doit manier des outils de pointe, car la précision est de mise. C'est par exemple lui qui certifie la bonne longueur des pistes d'athlétisme ou des piscines olympiques.

- **SES COMPÉTENCES** : mesurer, relever, aménager.
- **SA FORMATION** : aujourd'hui, les deux tiers des géomètres-experts sont des ingénieurs-géomètres issus de l'ESTP (École spéciale des travaux publics, du bâtiment et de l'industrie) de Cachan, de l'INSA (Institut national des sciences appliquées) de Strasbourg ou de l'ESGT (École supérieure des géomètres et topographes) du Mans. La formation est suivie de deux années de stage professionnel. Le géomètre-expert doit, en plus, être DPLG (diplômé par le gouvernement) pour pouvoir devenir membre de l'Ordre des géomètres-experts. Le BTS métiers du géomètre-topographe et de la modélisation numérique débouche sur des fonctions de technicien-géomètre.

OUVRIER(IÈRE) QUALIFIÉ(E)

• **NIVEAU D'ÉTUDES MINIMAL :** CAP • **SÉLECTIVITÉ :** faible • **INSERTION :** bonne
• **SALAIRE :** de 1 500 à 2 000 €

Il peut être coffreur, maçon, électricien, couvreur, chauffagiste, plombier, peintre... Le statut d'ouvrier qualifié réunit une grande variété de métiers. Avec un point commun : la dominante manuelle. Lors de la construction ou de la rénovation d'un bâtiment, ces professionnels se succèdent sur le chantier. L'électricien trouve le meilleur emplacement pour les composants du système électrique, puis procède à la pose des câbles, des fils, des prises et des tableaux électriques. Le plombier élabore le chemin que devront suivre les tuyaux pour alimenter en eau cuisines et salles de bains et réalise les installations. Si l'autonomie de chaque corps de métier est importante, rien n'est cependant laissé au hasard. Les documents techniques, comme les plans réalisés par le dessinateur en bâtiment, permettent d'harmoniser le travail de chacun et d'organiser la vie du chantier. Tout cela dans un seul but : que les normes de sécurité et la réglementation soient respectées. Car une installation de chauffage défaillante ou une mauvaise conception du circuit électrique peuvent avoir des conséquences dramatiques.

: **SES COMPÉTENCES :** construire, fabriquer, installer.
: **SA FORMATION :** du CAP (certificat d'aptitude professionnelle) au bac pro, chaque corps de métier a ses propres filières de formation et ses propres diplômes (BTP gros œuvre, BTP second œuvre, BTP plomberie, chauffage, climatisation). À noter que les titulaires d'un bac pro évoluent plus rapidement vers des postes de chef d'équipe.

> POUR ALLER + ***LOIN SUR LE NET***

ffbatiment.fr : Fédération française du bâtiment / fntp.fr/metiers : Fédération nationale des travaux publics / metiers-btp.fr : Observatoire des métiers du BTP / capeb.fr : Confédération de l'artisanat et des petites entreprises du bâtiment.

Témoignage

MAËLLE RUFFET | *ingénieure sur les chantiers navals*

« Diriger des hommes n'est pas un souci »

SON MÉTIER. *Maëlle est ingénieure sur le plus gros paquebot du monde (362 mètres de long !) en construction à Saint-Nazaire (44). Son job ? Responsable de travaux pour les Chantiers de l'Atlantique. La jeune femme exerce son métier avec une vraie passion : « Je suis ravie, je fais exactement ce que je voulais faire sur le terrain et ça se passe très bien. » Travailler en dirigeant trois équipes d'une dizaine d'hommes, l'oblige néanmoins à s'imposer : « J'ai un fort caractère et je ne me laisse pas faire », reconnaît-elle, sourire aux lèvres. Maëlle n'a pas froid aux yeux, elle a l'habitude ! Au lycée général et technologique Joliot-Curie à Rennes (35), elle baignait déjà dans un univers masculin : elle a passé un bac scientifique, spécialité physique-chimie, puis a suivi une classe préparatoire scientifique avant d'intégrer l'ENSTA (École nationale supérieure de techniques avancées) Bretagne. « En prépa, nous n'étions que trois ou quatre filles, à l'école d'ingénieurs un peu plus. Cela m'a appris à me défendre, à être capable de répondre aux blagues et aux sous-entendus. » Fille unique de parents qui lui ont donné confiance en elle, elle mène sa carrière sans rester sur le bord du chemin : Maëlle prend la place. La jeune fille rêve de travailler sur les navires, elle choisit donc de se spécialiser en architecture navale et offshore. À la fin de son année de professionnalisation sur un chantier naval à Concarneau (29), où elle est chargée de la remise à neuf d'un navire de 60 mètres, elle intègre STX France (actuels Chantiers de l'Atlantique), devenant alors la plus jeune cadre de la société.*

SON CONSEIL. *« Diriger des hommes n'est pas un souci. Ils sont contents d'avoir une femme à ce poste. J'ai un management différent, je suis jeune et ils savent que les experts techniques, ce sont eux. Je m'occupe de l'organisation », sourit-elle.*

INDUSTRIE

Les entreprises du secteur industriel cherchent à recruter plus de jeunes, de femmes et à attirer les candidats vers des professions en manque d'attractivité. Aujourd'hui, les métiers de l'industrie sont vastes et désormais résolument tournés vers le numérique. Le secteur compte 2,7 millions de salariés, du CAP au bac+5, et pèse pour plus de 12 % du PIB français, selon la Direction générale des entreprises. Que ce soit dans l'industrie manufacturière ou extractive, les débouchés et métiers sont nombreux. En voici quelques-uns.

ACHETEUR(EUSE) INDUSTRIEL(LE)

- **NIVEAU D'ÉTUDES MINIMAL** : bac+2 • **SÉLECTIVITÉ** : moyenne à forte • **INSERTION** : bonne
- **SALAIRE** : de 2 000 à 2 500 €

Sa « tchatche » et son sens du commerce sont ses forces. L'acheteur a un rôle central dans la vie d'une entreprise industrielle – encore plus depuis la crise économique – : c'est lui qui se procure les matériaux dont sa société a besoin pour fabriquer des produits. Son but : obtenir le meilleur rapport qualité/prix pour baisser les coûts de production, tout en offrant aux clients des produits de qualité. Dans ce « combat » commercial, la négociation est le point central du métier : il faut convaincre les fournisseurs, réduire les coûts, faire marcher la concurrence. Pas simple ! D'autant que, lorsque l'acheteur conclut un contrat, il engage financièrement son entreprise. Les sommes se comptent souvent en milliers, voire en millions d'euros. C'est ensuite à lui d'assurer le suivi des stocks et des contrats.

- **SES COMPÉTENCES** : sélectionner, négocier, acheter.
- **SA FORMATION** : le niveau d'études exigé ne cesse de grimper. Si la profession est accessible avec un BTS (management commercial opérationnel, technico-commercial, négociation et digitalisation de la relation client, commerce international), un bac+3 (licence pro gestion des achats et des approvisionnements) est fortement recommandé. Les diplômés d'école de commerce ou d'ingénieurs, avec une spécialisation achats, sont aussi particulièrement recherchés. On peut également accéder au métier avec un master pro (gestion de production, logistique, achats à Toulouse 1, ou à l'IAE [Institut d'administration des entreprises] de Lyon, ou un master management des projets achats et de la *supply chain* à Mulhouse…).

AUTOMATICIEN(NE)

• **NIVEAU D'ÉTUDES MINIMAL** : bac pro • **SÉLECTIVITÉ** : faible à moyenne • **INSERTION** : bonne
• **SALAIRE** : de 1 500 à 2 000 €

À certains postes, dans la production industrielle, les machines automatisées ont remplacé les hommes. Elles sont construites par l'automaticien qui, sous la direction d'ingénieurs, participe à la conception de tous les automatismes installés dans l'usine. Un client veut une nouvelle machine capable d'emballer ses plats cuisinés ? Il faut alors concevoir le système et coder des programmes informatiques complexes destinés à commander les fonctions du robot. Ensuite, l'automaticien se rend en usine pour effectuer les derniers réglages sur la machine. En cas de problème, c'est lui que l'on appelle : il répare et entretient les machines. Dans une grande entreprise de production, ce technicien est spécialisé, le plus souvent au bureau d'études ou en production, mais il peut aussi travailler à la maintenance ou au service après-vente.

- **SES COMPÉTENCES :** concevoir, paramétrer, entretenir, réparer.
- **SA FORMATION :** il est possible de débuter, en particulier à la maintenance, avec un bac pro MEI (maintenance des équipements industriels) ou PLP (pilote de ligne de production). Toutefois, de plus en plus d'entreprises se tournent vers des titulaires de BTS (contrôle industriel et régulation automatique, maintenance des systèmes, option systèmes de production), de DUT GIM (génie industriel et maintenance) ou de DUT génie électrique et informatique industrielle.

CONDUCTEUR(TRICE) DE LIGNE DE PRODUCTION

• **NIVEAU D'ÉTUDES MINIMAL :** CAP • **SÉLECTIVITÉ :** faible à moyenne • **INSERTION :** bonne
• **SALAIRE :** de 1 500 à 2 000 €

Le plus souvent en poste dans l'industrie agroalimentaire, sur une ligne de production, il supervise la fabrication des plats cuisinés, des biscuits, des sodas... Avant de mettre en marche les machines, il les approvisionne en matières premières et les programme en fonction des consignes de production (quantité, cadence). Aujourd'hui, les machines sont automatisées et informatisées. Une fois la fabrication lancée, il s'assure que la cadence est respectée, effectue régulièrement des contrôles d'hygiène et vérifie la qualité des produits en bout de chaîne. Il a sous ses ordres plusieurs opérateurs de production. Chacun est chargé d'une seule étape de fabrication (cuisson, mise en barquette). Quand la fabrication est terminée, le conducteur de ligne ne se repose pas pour autant : il doit entretenir et réviser les machines dont il est responsable.

- **SES COMPÉTENCES :** surveiller, superviser, entretenir.
- **SA FORMATION :** le CAP conducteur d'installations de production est le diplôme minimal requis. D'autres formations

sont les bienvenues, comme le bac pro pilote de ligne de production ou bio-industries de transformation. Un bac+2 (BTSA sciences et technologies des aliments option aliments et processus technologiques, BTS contrôle industriel et régulation automatique, par exemple) permet des promotions plus rapides.

DESSINATEUR(TRICE) INDUSTRIEL(LE)

• **NIVEAU D'ÉTUDES MINIMAL** : bac+2 • **SÉLECTIVITÉ** : moyenne • **INSERTION** : bonne
• **SALAIRE** : de 2 000 à 2 500 €

Il est loin le temps où le dessinateur industriel travaillait au crayon, sur une table à dessin. Aujourd'hui, la CAO (conception assistée par ordinateur) et le DAO (dessin assisté par ordinateur) tiennent une place de choix dans ce métier. Ce technicien de bureau d'études représente et définit les objets à fabriquer, conçus en amont par les ingénieurs : un levier de vitesses, un circuit électronique... Il calcule les caractéristiques des pièces et les assemble virtuellement. Une fois finalisés, les dessins serviront à la fabrication de prototypes et, si tout va bien, de séries commercialisables. Le dessinateur industriel s'appuie sur un cahier des charges indiquant la forme générale de la pièce, son rôle, les matériaux qui la composeront... La profession compte trois fonctions : le dessinateur d'études élabore les plans détaillés de chaque pièce ; le dessinateur d'exécution reproduit les dessins définitifs ; le dessinateur projeteur est en général le chef d'équipe.

- **SES COMPÉTENCES** : concevoir, dessiner, planifier.
- **SA FORMATION** : les entreprises recherchent des titulaires de bac+2 (BTS conception de produits industriels, BTS architectures en métal – conception et réalisation, DUT génie mécanique et productique) ou bac+3 (licence pro métiers de l'industrie – conception de produits industriels, créations industrielles et CAO à Nîmes, chargé de projets en conception mécanique assistée par ordinateur à Annecy, CAO et modélisation numérique à l'université d'Artois, licences professionnelles spécialisées en production industrielle).

ÉLECTRONICIEN(NE)

• **NIVEAU D'ÉTUDES MINIMAL :** bac+2 • **SÉLECTIVITÉ :** faible à moyenne • **INSERTION :** bonne
• **SALAIRE :** de 1 500 à 2 000 €

Du téléphone portable au radio-réveil, en passant par les équipements pour l'automobile ou l'aéronautique, l'électronique a intégré tous les secteurs, et offre de nombreuses opportunités d'emploi. Selon son secteur d'activité et son poste, l'électronicien peut participer à la fabrication des circuits, assembler des composants électroniques (puces, semi-conducteurs...), réaliser des tests pour vérifier la fiabilité d'un produit avant le lancement de sa production en série. Il travaille alors en bureau d'études. Sur un site de production, il assemble les différents composants d'un équipement électronique et assure la maintenance et la réparation des machines. S'il a souvent une tâche spécialisée dans les grandes entreprises industrielles, il est plus polyvalent dans les PME (petites et moyennes entreprises), où il peut passer de la conception à la maintenance ou au service après-vente.

SES COMPÉTENCES : fabriquer, tester, réparer.

SA FORMATION : un bac STI2D permet de débuter dans le domaine du dépannage ou de la maintenance automobile notamment. Pour la conception, les entreprises recrutent des titulaires d'un bac+2 au minimum (DUT génie électrique et informatique industrielle ou mesures physiques ; BTS systèmes numériques option électronique et communications ou encore BTS fluides énergies domotique, option domotique et bâtiments communicants). À bac+3, une licence professionnelle métiers de l'instrumentation, de la mesure et du contrôle qualité, à Montpellier ou à Lille par exemple, permet d'accéder directement au poste d'expert en diagnostic.

INGÉNIEUR(E) CALCUL

• **NIVEAU D'ÉTUDES MINIMAL** : bac+5 • **SÉLECTIVITÉ** : forte • **INSERTION** : bonne
• **SALAIRE** : plus de 2 500 €

Pour construire un avion, une voiture ou tout autre produit manufacturé, il faut des centaines de pièces. Cet ingénieur, aussi appelé ingénieur structure, calcule toutes les caractéristiques de ces pièces : force, taille, poids, matière utilisée… Travaillant principalement sur ordinateur, il modélise une pièce ou un assemblage de pièces (il en crée une représentation virtuelle). Puis il simule, grâce à des calculs mathématiques complexes, le comportement de cet élément dans diverses circonstances (frottements, pression, grand froid). À lui de dire si l'échantillon est conforme aux attentes des ingénieurs chargés de la conception ou s'il convient de le modifier. Souvent, un dialogue s'engage alors entre les deux « parties ». Lorsque la pièce a passé ces examens rigoureux, l'ingénieur calcul monte un dossier pour la certifier conforme aux exigences requises. Elle pourra ensuite être produite en grand nombre.

SES COMPÉTENCES : analyser, modéliser, concevoir.

SA FORMATION : les entreprises apprécient pour ce poste les diplômés d'écoles d'ingénieurs, surtout s'ils ont une spécialisation en mécanique, calcul et modélisation, ou génie industriel. Les titulaires d'un master universitaire en mathématiques, avec un parcours en modélisation numérique seront également recherchés, comme le master mathématiques, calcul scientifique et modélisation de Rennes 1, modélisation numérique et calcul haute performance à Bordeaux, ou encore analyse, modélisation, simulation à l'université Paris-Saclay.

INGÉNIEUR(E) COMMERCIAL(E)

• **NIVEAU D'ÉTUDES MINIMAL** : bac+5 • **SÉLECTIVITÉ** : forte • **INSERTION** : bonne
• **SALAIRE** : plus de 2 500 €

Il a une double casquette : technique et commerciale. Cet ingénieur – aussi appelé ingénieur d'affaires ou ingénieur technico-commercial – est un intermédiaire entre son entreprise, qui fabrique des produits industriels, et les clients de celle-ci. Il est une sorte de représentant, très spécialisé dans son domaine. Concrètement, ce professionnel gère et développe un portefeuille de clients, composé d'entreprises ou d'administrations. À lui d'analyser les besoins de chacun et de faire des propositions commerciales attrayantes. Avions, pièces détachées, systèmes informatiques... ses domaines d'intervention sont pointus et demandent une excellente connaissance du secteur. Lors des négociations, ses compétences techniques lui permettent de répondre avec précision aux attentes de ses interlocuteurs, de les conseiller, de leur apporter des explications sur le fonctionnement du produit ou de l'équipement. Sa capacité à argumenter et à convaincre, notamment dans la phase finale de la vente, demande beaucoup de persévérance. Les sommes en jeu étant souvent importantes, l'ingénieur commercial ne décroche pas des contrats tous les jours ! L'affaire conclue, il passe le relais à l'ingénieur chargé d'affaires qui va suivre l'avancée du projet et veiller au respect du cahier des charges.

SES COMPÉTENCES : négocier, convaincre, vendre.

SA FORMATION : les entreprises recrutent de préférence des ingénieurs ayant des compétences commerciales ou, inversement, des diplômés d'école de commerce ayant suivi une spécialisation technique. À noter que la plupart des écoles d'ingénieurs proposent aujourd'hui un double diplôme ingénieur-manager, en partenariat avec une école de commerce. Dans ce cas, il faut souvent ajouter une année à son bac+5, pour sortir diplômé à la fois du programme grande école de la business school et du cycle ingénieur. Quelques exemples : CentraleSupélec et Essec, HEC et les Ponts ParisTech, Centrale Nantes et Audencia...

INGÉNIEUR(E) DE PRODUCTION

• **NIVEAU D'ÉTUDES MINIMAL** : bac+5 • **SÉLECTIVITÉ** : forte • **INSERTION** : bonne
• **SALAIRE** : plus de 2 500 €

Dans l'atelier ou sur la ligne de production, c'est lui le patron. En fonction des commandes, des délais et moyens humains qui lui sont impartis, il organise le travail des équipes, établit leur programme et répartit les tâches entre chaque technicien. Il contrôle en permanence l'avancement de la production. Il veille aussi au respect des procédures et des règles de sécurité. Si la technique est omniprésente dans cette fonction clef de l'industrie, l'ingénieur production joue aussi un rôle essentiel dans le management des hommes : il doit savoir imposer ses idées et se faire respecter. C'est aussi lui qui gère le budget de son service. Pour tout cela, l'ingénieur production doit disposer d'une parfaite maîtrise technique, mais aussi de bonnes qualités relationnelles et managériales, en demeurant organisé et pédagogue.

SES COMPÉTENCES : planifier, organiser, superviser.

SA FORMATION : les entreprises recrutent en général des diplômés d'écoles d'ingénieurs pour ce poste, surtout s'ils se spécialisent en génie industriel. Il faut généralement un peu d'expérience avant d'atteindre ce poste à responsabilité, notamment pour devenir chef d'atelier. Néanmoins, un titulaire d'un DUT génie électrique et informatique industrielle, ou de BTS contrôle industriel et régulation automatique peut aussi y parvenir, après plusieurs années en poste et de la formation continue.

INGÉNIEUR(E) MÉTHODES

• **NIVEAU D'ÉTUDES MINIMAL** : bac+5 • **SÉLECTIVITÉ** : forte • **INSERTION** : bonne
• **SALAIRE** : plus de 2 500 €

L'ingénieur méthodes intervient à une étape clef : lorsque la R&D (recherche et développement) a finalisé la mise au point d'un nouveau produit, mais avant que la production ne commence. Il calcule et prévoit les moyens nécessaires pour fabriquer le produit : étapes, types de machines, nombre d'ouvriers... Plus généralement, il se penche sur des chaînes de production déjà existantes : il propose des améliorations pour adapter les machines aux évolutions technologiques, conçoit et réalise des outils de suivi et d'analyse (tableaux de bord, graphiques...). Les responsables d'usine peuvent également le solliciter pour mettre en place une nouvelle organisation, leur permettant de diminuer leur coût de production.

- **SES COMPÉTENCES :** analyser, organiser, proposer, concevoir.
- **SA FORMATION :** une école d'ingénieurs généraliste ou, s'il souhaite travailler dans un domaine pointu comme l'aéronautique, l'électronique, ou encore la chimie, une école d'ingénieurs déjà spécialisée sur le secteur.

INGÉNIEUR(E) R&D

- **NIVEAU D'ÉTUDES MINIMAL :** bac+5 • **SÉLECTIVITÉ :** forte • **INSERTION :** bonne
- **SALAIRE :** plus de 2 500 €

Son maître mot : l'innovation ! Dans les services de recherche et développement, entouré d'une équipe de techniciens, il imagine de nouveaux produits ou améliore ceux qui existent déjà. Il suit chacun de ses « bébés », de la conception à la mise en production, ou se spécialise dans un domaine : recherche, développement, essais... Quoi qu'il en soit, il travaille main dans la main avec les autres services de l'entreprise (marketing, production, qualité...). Ce scientifique confirmé suit de près les innovations technologiques dans son domaine et sait faire preuve de réactivité. Il doit donc disposer d'une belle capacité de synthèse, d'une rigueur certaine, mais aussi de qualités relationnelles, afin de bien échanger avec les différents départements de son entreprise.

- **SES COMPÉTENCES :** chercher, concevoir, innover, imaginer, piloter.
- **SA FORMATION :** les entreprises privilégient pour ce poste les diplômés d'écoles d'ingénieurs, généralistes ou spécialisées.

MÉCANICIEN(NE) OUTILLEUR(SE)

• **NIVEAU D'ÉTUDES MINIMAL** : bac • **SÉLECTIVITÉ** : faible à moyenne • **INSERTION** : bonne
• **SALAIRE** : de 1 500 à 2 000 €

Cet ouvrier est l'un des premiers maillons de la chaîne de production industrielle. Il fabrique les outils qui permettront à ses collègues en usine de produire des pièces en grande série. L'outilleur mouliste, par exemple, fabrique et entretient les moules servant à construire les pièces. À partir des plans fournis, il travaille la matière, construit l'outil et le teste. Chaque pièce fabriquée est unique : elle permettra à elle seule de produire des milliers de produits identiques (bouteilles en plastique, sièges automobiles…). La responsabilité du mécanicien outilleur est donc importante et demande, au-delà de l'aptitude manuelle, un goût prononcé pour la précision.

SES COMPÉTENCES : fabriquer, tester, entretenir.

SA FORMATION : plusieurs options pour ce poste, un CAP outillages en moules métalliques, ou outillages en outils à découper et à emboutir peuvent être un point de départ. Mais le futur professionnel mettra plus de chances de son côté avec un bac pro technicien outilleur ou technicien modeleur, voire un BTS conception de produits industriels, ou conception des processus de réalisation de produits. Toutes ces études peuvent être suivies en alternance.

RESPONSABLE ORDONNANCEMENT

• **NIVEAU D'ÉTUDES MINIMAL** : bac+2 • **SÉLECTIVITÉ** : moyenne à forte • **INSERTION** : bonne
• **SALAIRE** : de 2 000 à 2 500 €

En industrie comme ailleurs, le temps, c'est de l'argent, le moindre retard dans la production peut avoir des conséquences économiques désastreuses. Pour éviter ces déconvenues, l'usine compte sur le responsable ordonnancement, aussi appelé responsable planning : il est un véritable organisateur et gestionnaire de temps. C'est lui qui planifie la production en fonction des commandes transmises par le service commercial, répartit le travail entre les différents ateliers et contrôle l'approvisionnement en matières premières et en pièces. C'est un équilibriste, qui doit trouver des compromis entre les besoins de chaque service et animer son équipe.

- **SES COMPÉTENCES :** organiser, superviser, diriger.
- **SA FORMATION :** il est possible d'accéder à cette fonction avec un DUT QLIO (qualité, logistique industrielle et organisation), un BTS conception des processus de réalisation de produits ou une licence pro (gestion de production intégrée à l'université de Franche-Comté, management de la production industrielle et gestion des flux à l'université de Lorraine, chargé d'affaires en gestion de la production industrielle à l'université d'Artois...). Cependant, le caractère stratégique de la fonction conduit les entreprises à leur préférer des diplômés d'école d'ingénieurs ou des titulaires d'un master professionnel orienté en gestion de production (management des opérations à Caen, management intégré de la production et des services à Lyon par exemple).

RESPONSABLE QSE (QUALITÉ, SÉCURITÉ, ENVIRONNEMENT)

• **NIVEAU D'ÉTUDES MINIMAL :** bac+5 • **SÉLECTIVITÉ :** forte • **INSERTION :** bonne
• **SALAIRE :** plus de 2 500 €

Son slogan pourrait être « qualité et sécurité avant tout » ! Au cœur de l'usine, le responsable QSE veille en premier lieu à la bonne facture des produits fabriqués. Pour éviter le moindre défaut, ce professionnel garde toujours un œil sur les procédés de fabrication et organise les méthodes de travail avec un objectif : trouver l'équilibre entre qualité et productivité, tout en respectant les normes – de plus en plus draconiennes – environnementales. Mais pas question pour cela de négliger la sécurité des employés, son autre cheval de bataille. En collaboration notamment avec la médecine du travail, il analyse, entre autres les causes des accidents du travail et organise des ateliers de sensibilisation. C'est lui le garant de l'environnement de travail des salariés. Il doit donc maîtriser la législation sur le bout des doigts, se montrer extrêmement rigoureux et toujours savoir s'adapter et négocier, avec tous les corps de métiers de l'usine.

SES COMPÉTENCES : contrôler, organiser, conseiller.
SA FORMATION : les entreprises préfèrent souvent les jeunes ingénieurs. Les diplômés d'écoles de commerce ou titulaires de masters universitaires spécialisés ont également leur chance (par exemple, qualité, environnement et sécurité dans l'industrie et les services, de l'université de Bourgogne, management des risques, de la qualité et ingénierie de la décision, à Aix-Marseille Université, ou encore manager QSE à l'IAE de Lyon). À noter que ce poste n'est accessible qu'avec de l'expérience.

TECHNICIEN(NE) DE CONTRÔLE

- **NIVEAU D'ÉTUDES MINIMAL :** bac+2 • **SÉLECTIVITÉ :** moyenne • **INSERTION :** bonne
- **SALAIRE :** de 1 500 à 2 000€

Ne pas laisser le moindre grain de sable s'introduire dans les rouages de la fabrication, tel est le but de ce technicien chargé du contrôle. À partir des normes de qualité instaurées par l'entreprise et du cahier des charges des clients, il contrôle les matières premières avant le lancement de la production. Puis il suit le déroulement de la fabrication et s'assure de la conformité du produit fini. Par exemple, dans le domaine de la mécanique, il contrôle la dimension des pièces. Il s'appuie pour cela sur des équipements de métrologie (outils de haute précision utilisés pour vérifier la conformité de pièces au millième de millimètre près), ce qui lui vaut parfois l'appellation de « métrologue ». Très organisé, le technicien de contrôle travaille souvent en équipe.

SES COMPÉTENCES : vérifier, mesurer, contrôler.
SA FORMATION : les BTS conception et réalisation de systèmes automatiques, contrôle industriel et régulation automatique, et conception des processus de réalisation des produits option

production sérielle, ainsi que le DUT génie mécanique et productique sont les principaux diplômes permettant de débuter dans cette activité. Une licence pro maintenance et technologie – contrôle industriel, peut aussi être envisagée.

TECHNICIEN(NE) D'ESSAIS

• **NIVEAU D'ÉTUDES MINIMAL** : bac+2 • **SÉLECTIVITÉ** : moyenne • **INSERTION** : bonne
• **SALAIRE** : de 1 500 à 2 000€

Du cerveau des ingénieurs naissent de nouveaux produits. Mais avant de les produire, il faut vérifier qu'ils correspondent aux exigences de sécurité. Pour réaliser ces tâches minutieuses, il y a le technicien d'essais. À partir d'un cahier des charges concocté par l'ingénieur, il teste les prototypes : résistance au froid, à l'eau, au poids… Il enregistre toutes ces mesures, tente de détecter des anomalies, et rédige un compte rendu précis. Son rapport sera décisif pour l'objet du test, qui pourra être produit à grande échelle s'il est positif, ou bien repartir pour des corrections, voire être abandonné, dans le cas inverse. Les techniciens d'essais sont particulièrement recherchés dans l'aéronautique et l'automobile, deux secteurs au sein desquels les normes sont strictes.

- **SES COMPÉTENCES** : concevoir, tester, contrôler.
- **SA FORMATION** : un BTS ou un DUT en électrotechnique, électronique, productique, génie électrique ou mesures physiques permettent d'intégrer une équipe chargée des essais. Il est possible de se spécialiser davantage avec une licence pro : maintenance et technologie, systèmes pluritechniques (UPEC, Nantes, Clermont…), ou métiers de l'instrumentation, de la mesure et du contrôle qualité (université de Franche-Comté ou Paris-Diderot, par exemple).

TECHNICIEN(NE) DE MAINTENANCE

• **NIVEAU D'ÉTUDES MINIMAL** : bac pro • **SÉLECTIVITÉ** : faible à moyenne • **INSERTION** : bonne
• **SALAIRE** : de 1 500 à 2 000 €

Prévenir et guérir. C'est le rôle de ce technicien, qui a pour mission d'éviter autant que possible la panne, et donc l'interruption de la production, celle-ci coûtant très cher à l'usine. À lui de réaliser une maintenance préventive continue : contrôler, nettoyer et entretenir les différents équipements. Si une panne se produit malgré tout, il doit intervenir au plus vite pour permettre à la production de reprendre, en analysant la machine et en remplaçant les pièces en cause ou en modifiant les réglages nécessaires. Réactif et efficace, il se doit donc d'être habile manuellement et de comprendre en un instant plans, notices techniques et schémas.

: SES COMPÉTENCES : contrôler, réparer, entretenir.
: SA FORMATION : il est possible de débuter avec un bac pro maintenance des équipements industriels. Cependant les entreprises se tournent de plus en plus vers des bac+2 : BTS maintenance des systèmes option systèmes de production, ou génie industriel et maintenance, DUT génie industriel et maintenance, ou génie électrique et informatique industrielle. Il existe aussi des licences pro permettant de se spécialiser. Par exemple : maintenance des automatismes et de l'instrumentation industriels à Pau, maintenance des systèmes industriels à Lyon 1...

> POUR ALLER + **LOIN SUR LE NET**

les-industries-technologiques.fr : un site de l'UIMM (Union des industries et métiers de la métallurgie) / fim.net : le site de la Fédération des industries mécaniques / gfi.asso.fr : Groupe des fédérations industrielles

> À LIRE **AUX ÉDITIONS DE L'TUDIANT**

Les Métiers de l'industrie

Charly Buzonie | *technicien de maintenance*

« On ne fait pas que réparer les machines ! »

SON MÉTIER. *C'est en 3e que Charly Buzonie trouve sa voie. Lors d'une visite d'usine Michelin avec son collège, il est attiré par cet univers. Après un bac pro pilotage de systèmes de production automatisée, il enchaîne avec un BTS en apprentissage, en conception et réalisation de systèmes automatiques. Puis une licence pro en maintenance des systèmes automatisés à l'université d'Angers. « J'avais envie de me spécialiser davantage », se souvient-il. Depuis la fin de ses études, il est technicien de maintenance, dans une usine du groupe néerlandais Denkavit, spécialiste de l'alimentation de jeunes animaux d'élevage, où il était déjà en apprentissage.*

Un métier dont il est passionné. « La première règle : assurer le maintien de l'équipement de l'industrie, dans un état de production optimal. On ne fait pas que réparer les machines ! Il faut rester attentif aux nouvelles technologies, réaliser de la maintenance, améliorer en continu les procédés, avoir des compétences en informatique et en électronique », explique-t-il. Ce qu'il préfère dans son travail : ses journées ne sont jamais les mêmes. « On ne sait jamais ce qu'il va se passer et il faut être en constante évolution et réflexion, pour rendre le système plus performant, ce qui est très valorisant. S'il y a une panne, il faut être réactif et vite diagnostiquer le problème, avec un dépannage immédiat, puis un correctif définitif, sur le long terme », détaille Charly, qui apprécie également le fait d'échanger avec tous les services de l'usine. À 26 ans, il envisage désormais de reprendre ses études en formation continue, à côté de son travail, pour pousser jusqu'au master. Et par la suite, pourquoi pas, un jour, devenir référent technique, voire responsable de l'automatisme du groupe.

SON CONSEIL. *« Du travail, il y en a dans l'industrie ! Il y a besoin de personnes qui connaissent bien les systèmes et savent les réparer. Sur LinkedIn, même si j'ai un poste qui me plaît, je suis régulièrement contacté pour des offres et tous mes camarades de promo ont trouvé un boulot en moins de deux mois, pour mettre toutes les chances de son côté : se spécialiser dans un domaine, dans l'électrique, l'automatisme, la mécanique… Pour devenir technicien de maintenance confirmé, le mieux est de passer par un DUT ou un BTS, puis une licence pro. »*

NUMÉRIQUE, INFORMATIQUE, WEB

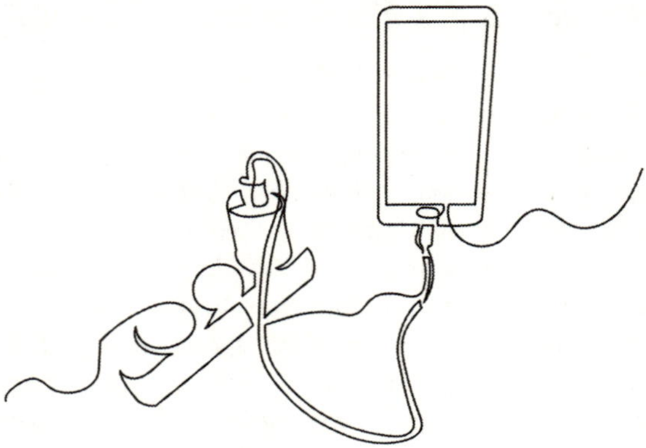

Le numérique, l'informatique et le Web sont désormais partout dans l'entreprise. Le secteur est très porteur, la preuve : huit entreprises sur dix peinent à recruter les profils qui les intéressent, selon l'Apec ! Avec son chiffre d'affaires de plus de 56 milliards d'euros chaque année, le domaine de l'informatique est toujours à la recherche de jeunes passionnés et bien formés, de tous niveaux. Le tout avec des professions tantôt techniques, tantôt créatives.

ADMINISTRATEUR(RICE) DE BASE DE DONNÉES

• **NIVEAU D'ÉTUDES MINIMAL** : bac+3 • **SÉLECTIVITÉ** : moyenne à forte • **INSERTION** : bonne
• **SALAIRE** : plus de 2 500 €

Une base de données est comme une gigantesque bibliothèque dans laquelle l'entreprise stocke des informations : adresses des clients, état des stocks, tarifs, informations comptables… Le rôle de l'administrateur est d'installer, configurer et gérer cet outil stratégique, pour que les informations soient disponibles à tout moment. Sous sa responsabilité, la base de données doit être fiable, mais aussi accessible facilement à tous ses utilisateurs. Ensuite, charge à ce professionnel de la faire évoluer. Ce poste prend de plus en plus d'ampleur et, au sein des entreprises, l'administrateur de base de données, aussi dénommé DBA (*database administrator*), est une personne qui compte ! Avec des salaires en fonctions : sa rémunération peut grimper jusqu'à 70 000 euros bruts annuels au bout de plusieurs années d'expérience.

- **SES COMPÉTENCES :** concevoir, gérer, organiser.
- **SA FORMATION :** après un bac+2 en informatique (BTS services informatiques aux organisations option solutions d'infrastructure, systèmes et réseaux, DUT informatique), plusieurs licences pro permettent d'accéder à ce métier (gestion et traitement informatique de données massives à l'université Paul-Sabatier de Toulouse ; systèmes d'information et gestion de données à Limoges ; gestion et traitement statistique de bases de données à Aix-Marseille Université ; système de gestion de base de données à l'université Savoie-Mont-Blanc). Les jeunes ingénieurs et titulaires d'un bac+5 universitaire (master MIAGE – méthodes informatiques appliquées à la gestion des entreprises) seront cependant les profils les plus recherchés.

ARCHITECTE DE SYSTÈME D'INFORMATION

• **NIVEAU D'ÉTUDES MINIMAL :** bac+5 • **SÉLECTIVITÉ :** forte • **INSERTION :** bonne
• **SALAIRE :** plus de 2 500 €

Ce professionnel conçoit et construit le système d'une entreprise informatique, organise l'ensemble de ses serveurs, logiciels et systèmes d'exploitation. Son travail commence par l'étude des besoins du client, notamment en réalisant des audits dans les différents services de l'entreprise. À partir de ces informations, il construit un premier plan du système et choisit les technologies les plus adaptées aux attentes, contraintes et budget de l'entreprise. Il travaille le plus souvent en réseau avec des experts techniques et des prestataires qui participent à la mise en place du nouveau système d'information. Il est généralement consultant au sein des ESN (entreprises de services du numérique) ou de grandes entreprises (assurances, banques, grande distribution…). Bon relationnel, esprit de synthèse et d'initiative sont indispensables pour ce chef d'orchestre.

SES COMPÉTENCES : analyser, concevoir, diriger.
SA FORMATION : un bac+5 (diplôme d'ingénieur ou master spécialisé dans l'informatique de gestion et les systèmes d'information), complété par plusieurs années d'expérience, notamment en tant que chef de projet, afin de peaufiner son expertise technique.

BUSINESS ANALYST (ANALYSTE D'AFFAIRES)

• **NIVEAU D'ÉTUDES MINIMAL :** bac+5 • **SÉLECTIVITÉ :** forte • **INSERTION :** bonne
• **SALAIRE :** plus de 2 500 €

Le *business analyst* représente l'interface entre le client et l'équipe interne dédiée à un projet. Imaginons qu'une entreprise doive se doter d'un nouveau logiciel de paie : le rôle de ce spécialiste sera d'auditer l'entreprise, comprendre sa problématique, recueillir ses souhaits et formuler une proposition de réponse. Tiraillé entre les désirs du client et les contraintes de l'équipe projet, le *business analyst* exerce un métier hybride et varié : un peu chef de projet, un peu ingénieur d'affaires, un peu consultant en stratégie d'entreprise. Il doit donc être polyvalent, à l'écoute de tous les départements et disposer d'une parfaite capacité d'analyse. Les *business analysts* trouveront des postes dans des cabinets d'audit et des grands groupes.

SES COMPÉTENCES : analyser, communiquer, proposer.
SA FORMATION : un bac+5, de préférence une école de commerce (80 % des embauches selon l'Etudiant), d'informatique, mais aussi d'ingénieurs. Une formation hybride ingénieur-manager peut être un bon choix ! Autre possibilité : un master universitaire, dans le domaine de la statistique ou du contrôle de gestion, aussi apprécié des recruteurs.

COMMUNITY MANAGER (ANIMATEUR[TRICE] DE COMMUNAUTÉ WEB)

• **NIVEAU D'ÉTUDES MINIMAL** : bac+3 • **SÉLECTIVITÉ** : moyenne à forte • **INSERTION** : bonne
• **SALAIRE** : de 2 000 à 2 500 €

Le *community manager* fait vivre son entreprise, son association ou sa collectivité sur le Web. Sa mission : fédérer une communauté. Il passe ses journées sur son ordinateur, essentiellement sur les réseaux sociaux et forums, où il rédige et relaie des contenus, anime les différents comptes de son organisation, lance des sujets qui entraîneront le débat ou la prise de parole, veille aux réponses, fidélise les internautes… Réactif et pédagogue, il doit savoir interagir avec ces derniers avec tact, faire respecter les règles éthiques de la communauté et participer à la communication de crise en cas de *bad buzz*. Dans les grandes entreprises et en agence, le *community manager* travaille dans un pôle dédié à l'animation web. Dans des structures plus petites, il peut être polyvalent et assurer des fonctions de *brand manager*, *social media manager*, voire *webmaster*. Il se doit de toujours garder la tête froide, même face à des commentaires agaçants. Les « CM » sont majoritairement des jeunes : plus de deux tiers ont entre 21 et 30 ans, selon une enquête du Blog du modérateur fin 2019.

SES COMPÉTENCES : communiquer, animer, organiser, gérer, réagir.

SA FORMATION : un parcours en école de journalisme, de communication, de commerce ou en IEP (institut d'études politiques) spécialisé en marketing, peut mener à ce métier. À l'université, une licence professionnelle technologies de l'information et de la communication pour l'animation de réseaux et de communautés à l'IUT de La Roche-sur-Yon est une bonne option, ou une licence professionnelle e-commerce et marketing numérique (à Nantes, Vannes, Bordeaux, Lyon…). Pour aller plus loin, un master en marketing digital, ou en sciences humaines (lettres, arts, histoire, sociologie…), complété par une option dans la communication en ligne. Mieux vaut miser sur des études : 89 % des *community managers* ont au moins un bac+3, et plus de la moitié un bac+5.

CONCEPTEUR(TRICE) DE JEUX VIDÉO

• **NIVEAU D'ÉTUDES MINIMAL** : bac+3 • **SÉLECTIVITÉ** : moyenne à forte • **INSERTION** : difficile
• **SALAIRE** : de 1 500 à 2 000 €

Le « *gamer* » n'a souvent pas conscience des trésors d'imagination qu'il a fallu déployer pour le scotcher devant l'écran ! Or, tout a été minutieusement pensé et calculé dans ce sens. Décors, personnages, niveaux de difficultés, propriétés des objets… Tous ces éléments de l'intrigue ont été inventés par le *game designer*, ou concepteur de jeux vidéo. À partir d'un scénario, ce professionnel construit la logique et l'interactivité du jeu. Il écrit un cahier des charges (le *game design*) à partir duquel les développeurs vont pouvoir travailler. Le métier de concepteur de jeux vidéo est avant tout un métier d'écriture, mais il nécessite aussi des compétences en programmation et, surtout, une parfaite connaissance de l'univers des jeux vidéo et des attentes des joueurs.

SES COMPÉTENCES : imaginer, concevoir, programmer.

SA FORMATION : il n'existe pas vraiment de parcours type. La tendance est cependant aux qualifications, les bac+5 sont de plus en plus appréciés. Ainsi, Rubika à Valenciennes, Gobelins-École de l'image à Paris, l'Enjmin (École nationale du jeu et des médias interactifs numériques) à Angoulême et ISART Digital à Paris offrent des formations appréciées par le métier. À noter : le DN MADE (diplôme national des métiers d'art et du design, de grade licence), accessible *via* Parcoursup, a remplacé les BTS en arts appliqués.

CONCEPTEUR(TRICE) WEB

• **NIVEAU D'ÉTUDES MINIMAL** : bac+2 • **SÉLECTIVITÉ** : moyenne • **INSERTION** : bonne
• **SALAIRE** : de 1 500 à 2 000 €

Il imagine des sites internet sur mesure pour ses clients. Le concepteur web a un rôle d'étude et de conseil. Il intervient avant la création concrète du site, lorsque le client se questionne encore sur ses choix, et lui apporte son expertise et analyse ses besoins.

Il traduit ainsi les envies et attentes de son interlocuteur par un projet concret, pour élaborer les spécificités du futur site : ergonomie, fonctions, architecture… Il établit aussi un devis détaillé. Si le client accepte la proposition, le concepteur web enfile alors sa casquette de chef de projet : il coordonne le travail des développeurs, graphistes et autres spécialistes chargés de « construire » le site. Il est, en outre, garant des délais et de la qualité du résultat final. Durant toute la durée du projet, ce pro du Web est en contact avec son client. En plus d'être calé en informatique, le concepteur web doit donc être un bon communicant et se montrer créatif.

- **SES COMPÉTENCES :** créer, superviser, communiquer.
- **SA FORMATION :** elle nécessite au minimum, un BTS design graphique option communication et médias numériques ou un DUT métiers du multimédia et de l'Internet. Une poursuite d'études est ensuite possible en licence pro : concepteur et intégrateur web et mobiles à Paris 13, concepteur et gestionnaire de sites internet à l'université Claude-Bernard de Lyon, création pour le Web à Aix-Marseille Université… Des écoles spécialisées assurent aussi des formations aux métiers du Web.

CONSULTANT SEM/SEO (RÉFÉRENCEUR)

• **NIVEAU D'ÉTUDES MINIMAL :** bac+3 • **SÉLECTIVITÉ :** forte • **INSERTION :** bonne
• **SALAIRE :** de 2 000 à 2 500 €

Qu'il soit spécialiste du référencement naturel de sites web (SEO, *Search Engine Optimization*) ou de l'optimisation des médias sociaux (SMO, *Social Media Optimization*), ce consultant vise à améliorer l'audience et la visibilité d'un site internet. La mission de l'expert SEO sera principalement de positionner le site internet dans les premiers résultats des moteurs de recherche (Google, Bing, Yahoo…). Celle du consultant SMO sera d'encourager les internautes à diffuser du contenu *via* les réseaux sociaux pour générer du trafic. Selon la taille de l'entreprise, une même personne peut cumuler les deux fonctions. Ce métier requiert des compétences en marketing, commerciales et techniques. Outre la connaissance des langages du Web (HTML, CSS, PHP...), il demande aussi de l'organisation et une certaine créativité, mais aussi des qualités rédactionnelles et relationnelles, ainsi qu'un sens de l'écoute et de l'anticipation.

- **SES COMPÉTENCES :** analyser, créer, rédiger, communiquer.
- **SA FORMATION :** les voies d'accès sont multiples. Citons notamment les licences professionnelles e-marketing et acquisition de trafic naturel et payant à Mulhouse ; e-commerce et marketing numérique à Vannes ; marketing et communication digitale à Lyon.... Des formations en marketing digital sont aussi proposées par des écoles telles que la Web School Factory, à Paris, ou HETIC, à Montreuil.

DATA PROTECTION OFFICER

• **NIVEAU D'ÉTUDES MINIMAL :** bac+5 • **SÉLECTIVITÉ :** forte • **INSERTION :** bonne
• **SALAIRE :** plus de 2 500 €

Obligatoire depuis 2018 dans de nombreuses entreprises et administrations, il est le responsable de la protection et de la sécurité des données de son entreprise. À lui de mettre en œuvre les bons dispositifs informatiques, afin de protéger les différentes données et leurs applications, conformément à la législation en vigueur. Et de s'assurer que son employeur, ou client, respecte bien celle-ci, notamment dans la délicate question de l'utilisation des données à des fins commerciales ! En plus de maîtriser l'informatique et la cybersécurité, il connaît aussi les législations française et européenne en la matière sur le bout des doigts. Le « DPO » est polyvalent et capable d'échanger avec l'ensemble des services de son organisation.

- **SES COMPÉTENCES :** analyser, protéger, communiquer.
- **SA FORMATION :** à moins (avec beaucoup d'expérience, par exemple dix ou quinze ans dans un département juridique, un bac+2 ou 3 peut théoriquement accéder à ce métier, mais dans les faits, ce sont plutôt des bac+5) de prouver une solide

expérience dans l'informatique, les DPO sont souvent titulaires d'un bac+5, soit d'une école d'ingénieurs spécialisée en informatique, soit d'un master universitaire (exemples : informatique, cryptologie et sécurité informatique à Bordeaux, informatique – sécurité des systèmes informatiques à Créteil, sécurité de l'information et cryptologie à Limoges…). Il existe également des formations complémentaires, pour se spécialiser vers ce métier. Parmi elles : le DU (diplôme d'université) délégué à la protection des données, de Paris-Dauphine, ou *data protection officer* à Paris-Nanterre, le mastère spécialisé cybersécurité et cyberdéfense de Télécom Paris, ou encore le mastère spécialisé sécurité de l'information et des systèmes à l'Esiea. Certains profils sont également issus de parcours universitaires en droit, mais doivent alors disposer d'une solide connaissance de l'univers du numérique.

DATA SCIENTIST

• **NIVEAU D'ÉTUDES MINIMAL** : bac+5 • **SÉLECTIVITÉ** : forte • **INSERTION** : bonne
• **SALAIRE** : plus de 2 500 €

C'est un métier récent, mais qui est appelé à exploser. Selon LinkedIn, aux États-Unis, il existe une pénurie nationale de 150 000 personnes ayant des compétences en *data science*. Le *data scientist* récupère, gère et analyse des méga données (courriels, bases de données, documents, vidéos, images, données géolocalisées, transactions commerciales…). Son objectif : les faire parler pour les mettre au service de la direction de l'entreprise, avec laquelle il travaille étroitement. C'est un métier stratégique. Il faut être à la fois un as du développement informatique et des mathématiques appliquées. Le *data scientist* sait créer un algorithme pour mieux cibler les clients de l'entreprise et réaliser des analyses pour anticiper leurs comportements… Il oriente ainsi indirectement la stratégie de sa société et la fait fructifier. Il travaille dans divers secteurs : finance, informatique, grande distribution, e-commerce…

SES COMPÉTENCES : analyser, créer, récupérer, anticiper.

SA FORMATION : une école d'ingénieurs (bac+5), voire un doctorat (bac+8) en analyse statistique et programmation informatique. Certaines écoles d'ingénieurs dispensent des formations spécialisées : CentraleSupélec, Polytechnique, Télécom Paris, ENSAE ParisTech, Ensai, Ensimag.... À l'université : après un bac+2, un cursus MIAGE (méthodes informatiques appliquées à la gestion des entreprises) qui mène à un master (bac+5). L'Isup, l'Institut de statistiques de Sorbonne Université, à Paris, est également réputé. Après le master, il est possible d'ajouter une corde à son arc avec un MS (mastère spécialisé), pour diriger son profil vers la *data science* ou le *big data*.

DÉVELOPPEUR(SE)

• **NIVEAU D'ÉTUDES MINIMAL** : bac+2 • **SÉLECTIVITÉ** : moyenne • **INSERTION** : bonne
• **SALAIRE** : de 2 000 à 2 500 €

En utilisant un logiciel, on oublie souvent que cet outil est en réalité un amas de codes, incompréhensibles pour qui n'est pas expert. Ces codes ont été pensés et construits par le développeur informatique (ou analyste-programmeur). À partir d'un cahier des charges, remis par les ingénieurs, et après avoir analysé les besoins des futurs utilisateurs du programme, il écrit des lignes de codes dans le langage choisi (C++, HTML...). Son travail d'« écriture » terminé, il teste le produit, corrige les éventuelles erreurs, jusqu'à ce que tout fonctionne parfaitement. Quand le produit entre en fonctionnement, il effectue les opérations de maintenance. Lorsqu'il travaille dans le secteur du multimédia, le développeur (ou développeur multimédia) rédige alors les lignes de codes nécessaires à la création de sites internet, d'applications mobiles, de jeux vidéo... Les ESN (entreprises de services du numérique) sont leurs plus gros recruteurs.

SES COMPÉTENCES : analyser, concevoir, programmer.

SA FORMATION : un BTS ou un DUT en informatique est le

minimum requis pour débuter comme jeune développeur. Cependant, les programmes devenant de plus en plus sophistiqués, les diplômés à bac+5 d'écoles d'ingénieurs et de troisièmes cycles en informatique (master Ingénierie des systèmes complexes à l'Université Paris Saclay; master développement logiciel à l'université Paul-Sabatier de Toulouse ; master développement et validation du logiciel à Besançon) sont les plus prisés. Les écoles d'informatique (Epitech, 42, Epsi...) peuvent être également une bonne porte d'entrée.

INFOGRAPHISTE 2D-3D

• **NIVEAU D'ÉTUDES MINIMAL** : bac+3 • **SÉLECTIVITÉ** : forte • **INSERTION** : moyenne
• **SALAIRE** : de 1 500 à 2 000 €

Avec sa souris et son clavier, ce pro de l'informatique donne naissance aux personnages d'un jeu vidéo et dessine l'environnement dans lequel ils vont évoluer. Il est le metteur en scène de la création. Son imagination reste guidée par les indications précises du scénario et du *story-board*, remis par le *game designer*. Il réalise les croquis, puis les anime sur ordinateur, les habille de couleurs, de texture, et peaufine leur mouvement. Il peut travailler en 2D ou en 3D. Habile sur sa palette graphique, il est à l'écoute de ses clients, très créatif, mais aussi innovant et capable de se renouveler.

- **SES COMPÉTENCES** : imaginer, dessiner, échanger.
- **SA FORMATION** : nombre d'écoles d'art ont intégré des cours d'infographie dans leur cursus (les Gobelins, l'ENSAD). Il existe aussi des écoles spécialisées telles que l'ISART Digital à Paris, Rubika à Valenciennes et MoPA à Arles, l'Enjmin à Angoulême et LISAA à Paris. Côté université, citons les licences pro infographie 3D temps réel à l'Université catholique de l'Ouest, à Laval, et création infographique appliquée à l'audiovisuel à Castres. Un BTS design graphique option communication et médias numériques ou un DUT informatique peuvent ouvrir les portes de ces formations.

INGÉNIEUR(E) RÉSEAUX

NIVEAU D'ÉTUDES MINIMAL : bac+5 • **SÉLECTIVITÉ** : forte • **INSERTION** : bonne
SALAIRE : plus de 2 500 €

Avec le boom des systèmes de communication, l'ingénieur réseaux ne manque pas de travail ! Dans une entreprise, ce professionnel est responsable du bon fonctionnement de l'ensemble des réseaux de télécommunication. Besoin d'une connexion sans fil ? D'un nouveau serveur interne ? L'ingénieur réseau est là ! Il peut créer un système de toutes pièces en fonction des besoins des utilisateurs. Il est ensuite responsable de son bon fonctionnement, de son optimisation et de la sécurité du réseau : il peut, par exemple, y intégrer une nouvelle messagerie, des antivirus plus récents… L'ingénieur réseaux peut aussi avoir un rôle d'anticipation, notamment s'il est employé par une entreprise de télécom : à lui de tester de nouveaux équipements et des technologies innovantes, pour offrir un meilleur service aux utilisateurs de son réseau.

- **SES COMPÉTENCES :** concevoir, superviser, décider.
- **SA FORMATION :** une formation de niveau bac+5 est obligatoire, de préférence une école d'ingénieurs avec une spécialisation en télécommunications et réseaux, comme l'ECE à Paris, l'ENSEA à Cergy, l'ENSEIRB-MATMECA à Bordeaux, Télécom Paris ou IMT Atlantique. Les masters en réseaux et télécommunications sont aussi une voie possible (ENS Paris-Saclay, université Paris-Saclay, université de Bretagne-Occidentale, Aix-Marseille Université, université Savoie-Mont-Blanc…).

INGÉNIEUR(E) SÉCURITÉ

• **NIVEAU D'ÉTUDES MINIMAL** : bac+5 • **SÉLECTIVITÉ** : forte • **INSERTION** : bonne
• **SALAIRE** : plus de 2 500 €

Les hackers ? Même pas peur ! Virus, cheval de Troie, erreurs de manipulation, intrusions extérieures… Avec le développement constant des échanges de données numériques, l'ingénieur sécurité a du pain sur la planche ! Il intervient dans une entreprise pour trois raisons. En premier lieu, il installe du nouveau matériel censé protéger le système informatique. Ensuite, il assure l'accompagnement des clients et le suivi des dossiers. Enfin, cet expert joue souvent le rôle de pompier sur des interventions d'urgence (panne informatique). Il rencontre aussi régulièrement les employés pour les sensibiliser aux enjeux de la sécurité informatique, devenue aujourd'hui indissociable de la sécurité globale de l'entreprise. Il doit donc être pédagogue, réactif et disposer de connaissances parfaites en termes de technique, de législation et de sécurité.

- **SES COMPÉTENCES :** sécuriser, dépanner, sensibiliser.
- **SA FORMATION :** une école d'ingénieurs avec une spécialisation en sécurité informatique ou un master en informatique, tel que le master sécurité, fiabilité et performance du numérique de Sorbonne Université, le master sécurité de l'information et cryptologie à Limoges ou le master sécurité des systèmes informatiques à Rouen. À noter : ce poste enrichissant n'est accessible qu'après quelques années d'expérience professionnelle.

TECHNICIEN(NE) EN INFORMATIQUE INDUSTRIELLE

- **NIVEAU D'ÉTUDES MINIMAL :** bac+2 • **SÉLECTIVITÉ :** moyenne • **INSERTION :** bonne
- **SALAIRE :** de 1 500 à 2 000 €

Désormais, dans les usines, les machines et robots informatiques sont légion. Ces outils de haute technologie doivent être programmés pour réaliser chacun leur tâche avec précision. C'est le job du technicien en informatique industrielle de s'en assurer. Cet expert participe à la conception des logiciels de commande, les installe, les teste avant leur mise en service puis en assure la maintenance. Réactif, il intervient au moindre « bug ». Dans un secteur où les technologies évoluent sans cesse, le technicien doit être curieux et garder un œil sur les nouveautés. Bonne nouvelle pour les futurs techniciens en informatique industrielle : ils sont recherchés dans tous les secteurs, de l'automobile à la métallurgie, en passant par le ferroviaire.

- **SES COMPÉTENCES :** concevoir, tester, vérifier.
- **SA FORMATION :** les diplômes les plus appréciés des recruteurs pour ces profils sont le BTS systèmes numériques, option informatique et réseaux et les DUT informatique (génie électrique et informatique industrielle ou réseaux et télécommunications). Ils peuvent être complétés par une licence pro (systèmes automatisés, réseaux et informatique industrielle, automatique et informatique industrielle, par exemple).

WEBMASTER

- **NIVEAU D'ÉTUDES MINIMAL :** bac+2 • **SÉLECTIVITÉ :** moyenne • **INSERTION :** bonne
- **SALAIRE :** de 2 000 à 2 500 €

Un site internet est une matière vivante qui demande qu'on s'occupe d'elle. Cela tombe bien : le *webmaster* ou gestionnaire de site internet, est là. Ce professionnel allie compétences techniques et rédactionnelles. La première étape de son job passe souvent par la création du site. Il doit connaître tous les langages informatiques (XML, HTML…) et faire preuve de créativité pour créer un site attrayant. Il anime une équipe de graphistes et de développeurs web. Ces activités techniques peuvent être complétées par des compétences éditoriales : au quotidien, le *webmaster* entretient les informations diffusées sur le site, les renouvelle, actualise les données, gère les forums de discussion… Il travaille aussi en collaboration avec les différents services marketing et communication de son entreprise ou de son client.

- **SES COMPÉTENCES :** concevoir, gérer, animer.
- **SA FORMATION :** les cursus les plus appropriés, à bac+2, sont le BTS services informatiques aux organisations, option SLAM (solutions logicielles et applications métiers) ou le DUT métiers du multimédia et de l'Internet. Il existe aussi de nombreuses spécialisations à bac+3, parmi lesquelles : licence pro multimédia, Internet, webmaster ou conception et administration de sites web à Aix-Marseille Université ; informatique multimédia appliquée à Nice ; concepteur et gestionnaire de sites internet

à Lyon ; activités et techniques de communication spécialité webmestre à Caen ; conception, rédaction et réalisation web à Grenoble. Un master en info-com peut aussi mener au métier.

> POUR ALLER + *LOIN SUR LE NET*

metiers-internet.eu : portail des métiers de l'Internet / talentsdunumerique.com : site d'information de la fédération Syntec sur les métiers et les formations informatiques / metiers-telecoms.org : Observatoire des métiers des télécommunications / observatoire-metiers.opiiec.fr : Observatoire sur les métiers du numérique, de l'ingénierie, du conseil et de l'événement.

> À LIRE *AUX ÉDITIONS DE L'ETUDIANT*

Les Métiers du Web et du digital ; *Les Métiers des jeux vidéo et de l'image* ; *Les Métiers du cinéma, des effets spéciaux et des jeux vidéo.*

Témoignage

KÉVIN TAN | *développeur*

« Mon métier, c'est 50 % de technique et 50 % de créativité »

SON MÉTIER. *Entre artisanat et rigueur scientifique. Kévin Tan est développeur web pour la start-up Pixit. Artisan, car il concrétise les idées, teste ou met en place des outils numériques permettant de mieux naviguer sur le site internet, de mesurer les audiences et de reconnaître les images. Scientifique, parce qu'il jongle avec la résolution de problèmes et le développement de nouvelles idées.*
« L'ingénieure de recherche avec qui je travaille élabore des algorithmes capables de reconnaître les éléments d'une image. Je traduis ces formules en lignes de code afin d'en faire une application », explique Kévin. Le jeune développeur prend plaisir à maîtriser un langage informatique compliqué, mais aussi et surtout à découvrir ce qui est techniquement réalisable. « Mon métier, précise-t-il, c'est 50 % de technique et 50 % de créativité. »
Kévin a suivi un cursus d'ingénieur informatique à l'université de technologie de Compiègne. Ses connaissances mathématiques ainsi que ses capacités à s'adapter aux évolutions technologiques lui sont utiles au quotidien. Il rappelle toutefois que certains bons développeurs n'ont pas le bac, et qu'il s'est lui-même formé aux technologies web pendant ses études grâce aux cours en ligne. Une débrouillardise qui lui a permis de décrocher son premier contrat, un poste de développeur de logiciels pour la pharmacologie.

SON CONSEIL. *« Créer un projet personnel, comme une plate-forme, un site internet ou un service. C'est là le meilleur moyen de mettre en valeur ses idées et ses compétences techniques, et donc de décrocher un stage ou un poste. » Dans un contexte de développement constant des échanges de données numériques, l'ingénieur sécurité a du pain sur la planche ! Il intervient dans une entreprise pour trois raisons. En premier lieu, il installe du nouveau matériel censé protéger le système informatique. Ensuite, il assure l'accompagnement des clients et le suivi des dossiers. Enfin, cet expert joue souvent le rôle de pompier sur des interventions d'urgence (panne informatique). Il rencontre aussi régulièrement les employés pour les sensibiliser aux enjeux de la sécurité informatique, devenue aujourd'hui indissociable de la sécurité globale de l'entreprise.*

Alice Aubel | *community manager*

« Il faut mesurer l'impact de chaque publication »

SON MÉTIER. *Toute la journée, Alice scrute les écrans. Son métier : assurer la communication sur les réseaux sociaux de l'université PSL (Paris Sciences et Lettres), établissement regroupant notamment l'ENS, l'université Paris-Dauphine et l'École nationale des chartes. En permanence, elle gère les comptes LinkedIn, Facebook, Twitter, Instagram et YouTube de l'université, écrit et réalise des contenus et les publie. « Je fais aussi beaucoup de veille, je surveille l'e-réputation de l'université, ce qui est dit sur elle, est-ce qu'il y a des détracteurs, des informations importantes qui passent ? », détaille-t-elle, fraîchement diplômée d'un master en communication des entreprises et médias sociaux de l'Université de Paris-Est Marne-la-Vallée.*

C'est son premier poste, et elle semble ravie de l'expérience. « J'apprécie l'interactivité, le fait d'être toujours en contact avec des personnes, en ligne ou de visu, et d'aller à la rencontre des étudiants lors des événements, pour ensuite en parler sur les réseaux. » Par exemple, lors des journées portes ouvertes, elle est sur le terrain pour réaliser des entretiens, prendre des photos et tourner de petites vidéos, qui nourriront ensuite les réseaux de l'université. « Il y a aussi un reporting à réaliser, il est important de faire le point sur nos pratiques et de mesurer l'impact de chaque publication, pour toujours mieux faire », ajoute Alice, qui apprécie autant le terrain que les périodes devant son ordinateur. Les qualités qu'elle met en avant pour réussir : la réactivité, une bonne orthographe et une capacité de dialogue. « Et rester curieux, suivre plein de comptes, se tenir informé de l'actualité et des tendances sur les réseaux. »

SON CONSEIL. *« J'ai suivi mon master en alternance, je travaillais pour la Fondation Orange en apprentissage, et cela m'a vraiment aidée, je le recommande. Pour l'étudiant, l'alternance permet de gagner en assurance et d'être certain que ce métier lui plaît vraiment. Et face aux recruteurs, il dispose d'une expérience à valoriser ensuite pour trouver du travail. Résultat, après mon master, j'ai trouvé très vite mon premier poste. »*

TRANSPORTS

Que ce soit par la route, par rail, dans les airs ou sur les mers, le transport a de beaux jours devant lui. Ce secteur profite notamment du boom du e-commerce. Résultat, selon le ministère de la Transition écologique et solidaire : 17 000 emplois sont créés chaque année ! Ils concernent aussi bien ceux qui sont sur le terrain que ceux, en amont, qui anticipent et organisent les transports. Des métiers variés, dans un secteur très dynamique.

CHEF(FE) D'AGENCE DE TRANSPORT

- **NIVEAU D'ÉTUDES MINIMAL** : bac+2 • **SÉLECTIVITÉ** : moyenne à forte • **INSERTION** : bonne
- **SALAIRE** : de 1 500 à 2 000 €

À la tête de l'agence locale ou régionale d'une grande entreprise de transport, il dirige ses employés (plus d'une centaine de personnes parfois) et organise l'acheminement des marchandises qui lui sont confiées. Il prospecte, anime une équipe de chauffeurs, gère un parc de véhicules (cars ou camions), s'assure de la qualité du service rendu, du respect de la réglementation et résout les problèmes du quotidien. Il a aussi un rôle administratif : il prépare les plannings de ses équipes et tient à jour un fichier clientèle, tout en maintenant l'équilibre financier de la société. Une bonne résistance au stress est indispensable, ainsi qu'une gestion rigoureuse et organisée de ses équipes. La France compte plus de 30 000 entreprises de transport et de logistique.

- **SES COMPÉTENCES** : organiser, superviser, coordonner.
- **SA FORMATION** : après un bac général, STMG ou bac pro transport, il est recommandé de suivre au minimum un BTS transport et prestations logistiques ou un DUT gestion logistique et transport, complété par une licence pro logistique, par exemple. Pour aller plus loin, un diplôme d'école de gestion ou de commerce avec une spécialisation en transport ou une école type Promotrans ou Aftral (niveau bac+3) peuvent être une bonne option. Les profils allant jusqu'au master, en transport et/ou logistique, sont plus rares, mais appréciés des recruteurs.

CONDUCTEUR(TRICE) DE TRAIN

- **NIVEAU D'ÉTUDES MINIMAL** : CAP • **SÉLECTIVITÉ** : faible • **INSERTION** : moyenne
- **SALAIRE** : de 1 500 à 2 000 €

Comme sur la route, le conducteur ferroviaire doit respecter des limitations et des règles de conduite. Seul maître à bord de sa locomotive, il gère aussi les ouvertures de portes et les informations aux voyageurs. Avant le départ, il prend connaissance de sa mission et contrôle le bon fonctionnement des instruments de bord et des commandes. Il débute en général sur des trains de banlieue ou de marchandises, puis intervient sur des lignes de moyenne importance, avant de pouvoir prendre, au bout d'une dizaine d'années, les commandes d'un TGV. Il peut aussi exercer en tant que conducteur de manœuvre et de lignes locales, il assure alors l'acheminement des trains vides. À noter que ses horaires de travail sont très variables : les trains ne s'arrêtant jamais, il peut se retrouver à conduire la nuit, le week-end et les jours fériés. Le conducteur de train a une qualité : il doit être toujours attentif.

- **SES COMPÉTENCES :** conduire, contrôler, sécuriser.
- **SA FORMATION :** après un CAP électrotechnique, électronique ou mécanique, un bac pro métiers de l'électricité et de ses environnements connectés, ou un bac général, les conducteurs de train de la SNCF suivent une formation interne rémunérée de quatre à cinq mois pour le conducteur de manœuvre et de lignes locales, et de neuf à onze mois pour le conducteur de lignes, pour obtenir une licence de conducteur de train, exigée par l'Établissement public de sécurité ferroviaire.

CONDUCTEUR(TRICE) ROUTIER(ÈRE)

• **NIVEAU D'ÉTUDES MINIMAL :** CAP ou équivalent • **SÉLECTIVITÉ :** faible • **INSERTION :** bonne
• **SALAIRE :** de 1 500 à 2 000 €

Outre la conduite, le conducteur routier doit aussi préparer son itinéraire, assurer l'entretien de son véhicule, superviser les opérations de chargement et de déchargement et faire le lien entre sa société et les clients. La vie itinérante et des horaires décalés nécessitent une bonne condition physique et l'envie de passer du temps derrière le volant. Il a aussi un rôle administratif : il est responsable de ses bordereaux de livraison, de ses factures et des documents à présenter à la police et la douane en cas de contrôle. Après quelques années, un chauffeur peut évoluer vers un poste sédentaire de responsable d'exploitation ou de chef de parc.

- **SES COMPÉTENCES :** conduire, entretenir, dépanner.
- **SA FORMATION :** le minimum requis est évidemment le permis poids lourd, accompagné de la FIMO (formation initiale minimale obligatoire). Cette formation (ouverte aux plus de 21 ans et d'une durée de quatre semaines) permet de conduire des véhicules de plus de 3,5 tonnes ou pouvant accueillir plus de huit passagers. Elle est complétée tous les cinq ans par une FCO (formation continue obligatoire) de trente-cinq heures. Les CAP conducteur routier marchandises ou conducteur livreur de marchandises, les bacs pro conducteur transport routier marchandises ou transport sont aussi des diplômes prisés.

GESTIONNAIRE DE STOCKS

• **NIVEAU D'ÉTUDES MINIMAL** : bac • **SÉLECTIVITÉ** : faible à moyenne • **INSERTION** : bonne
• **SALAIRE** : de 1 500 à 2 000 €

Vous commandez un article sur Internet ? De l'autre côté de la chaîne, le gestionnaire de stocks agit pour que vous le receviez en temps et en heure. Ce professionnel gère des centaines de commandes au quotidien. Pour ne pas perdre le fil, il utilise des logiciels de gestion qui lui permettent de connaître en temps réel l'état des stocks, les commandes à venir, les délais... Il garde aussi un œil sur toutes les étapes du stockage : déchargement des camions à leur arrivée, rangement des pièces, préparation des commandes... Le gestionnaire doit toujours trouver un délicat équilibre : minimiser le niveau des stocks, sans jamais tomber dans la rupture. Il est responsable de la disponibilité de la marchandise. D'où l'importance d'une bonne organisation et d'un sens de la clientèle, même s'il ne la croise jamais.

SES COMPÉTENCES : organiser, prévoir, gérer.

SA FORMATION : le bac pro logistique peut suffire, mais un bac+2 est préférable. Par exemple, un DUT gestion logistique et transport ou une formation de l'ISTELI (Institut supérieur de transport et de la logistique internationale). À bac+3 : la licence professionnelle logistique et système d'information de l'IUT (Institut universitaire de technologie) du Limousin peut compléter cette formation, offrant une belle spécialisation.

RESPONSABLE DE LA *SUPPLY CHAIN* (*SUPPLY CHAIN* MANAGER)

• **NIVEAU D'ÉTUDES MINIMAL** : bac+5 • **SÉLECTIVITÉ** : moyenne à forte • **INSERTION** : bonne
• **SALAIRE** : plus de 2 500 €

Il a sous sa responsabilité tout un lot de marchandises à livrer à ses clients en temps et en heure. Il prend en charge les colis dès l'arrivée à l'entrepôt, jusqu'à ce qu'ils soient livrés. Pour réduire au minimum les délais de livraison et les coûts de stockage, il peut jouer sur de nombreux facteurs : choix des transporteurs et des sites de stockage, organisation des parcours, négociation des tarifs de transport… Il lui appartient alors d'arbitrer sur l'allocation des moyens et des ressources, l'optimisation des stocks, mais aussi de planifier les futurs besoins, selon les prévisions de vente. À l'aise avec les autres, ce responsable doit savoir travailler en équipe, parfois dans des contextes internationaux, et se montrer réactif et capable d'argumenter et de trancher. Plusieurs années d'expérience sont généralement requises avant d'accéder à ce poste.

- **SES COMPÉTENCES :** gérer, planifier, organiser.
- **SA FORMATION :** une école d'ingénieurs ou de commerce, complétée par une formation universitaire spécifique (master pro logistique et achats internationaux à l'IAE de Créteil) ou une école spécialisée en logistique (Aftral, Promotrans).

OFFICIER(ÈRE) DE LA MARINE MARCHANDE

• **NIVEAU D'ÉTUDES MINIMAL :** bac+5 • **SÉLECTIVITÉ :** forte • **INSERTION :** bonne
• **SALAIRE :** plus de 2 500 €

À bord d'un navire, il est à la fois pilote et chef d'équipe. À ses débuts, l'officier peut s'orienter vers deux fonctions distinctes : second capitaine ou second mécanicien puis, au bout d'une dizaine d'années, commandant ou chef mécanicien. Sur le pont, le second capitaine dirige les opérations de conduite et de sécurité du navire, prend en charge l'exploitation commerciale et encadre le personnel de l'intendance. Le second mécanicien dirige l'équipe de maintenance et s'occupe du fonctionnement général du navire.

- **SES COMPÉTENCES :** naviguer, piloter, encadrer.
- **SA FORMATION :** le diplôme d'études supérieures de la marine marchande se prépare en cinq ans et demi à l'ENSM (École nationale supérieure maritime, six semestres à Marseille puis cinq semestres au Havre). Il est accessible aux bacheliers scientifiques sur concours, ou aux bac+2/3 scientifiques et techniques sur dossier et entretien. Le cursus comprend un

premier cycle de six semestres menant au diplôme d'élève officier de première classe de la marine marchande, et un second cycle de cinq semestres débouchant sur le DESMM et le titre d'ingénieur navigant. Le BTS maritime (options maintenance des systèmes électro-navals et pêche et gestion de l'environnement marin) permet également d'intégrer l'ENSM ou d'accéder à cette fonction après quelques années d'expérience.

> POUR ALLER + LOIN SUR LE NET

choisis-ton-avenir.com : un site de l'AFTRAL (Apprendre et se former en transport et logistique) / marine-marchande.net : le site de la marine marchande / emploi.sncf.com : pour découvrir les métiers du rail.

Témoignage

ERWAN APERS | *conducteur routier régional*

« C'est un métier qui demande du contrôle sur soi »

SON MÉTIER. *Après des difficultés au lycée, Erwan trouve sa voie. Il aime conduire, il a envie de voir du pays : il décide de passer le permis poids lourds. « À l'époque, c'était un BEP, qui a été remplacé depuis par un bac pro », explique-t-il. Il passe deux permis : le permis C, donnant droit à conduire un 19 tonnes. Et le « CE », aussi surnommé « super lourd », option remorque articulée. « Une épreuve consiste à slalomer avec son véhicule entre des plots, à l'avant et à l'arrière, sans les toucher, ce qui demande une certaine habilité ». Il obtient tout du premier coup, mais décide de poursuivre ses études, avec un bac pro exploitation et transports. Puis, Erwan commence à rouler. « J'ai débuté par deux ans en tant que transporteur longue distance, je partais toute la semaine. C'est une expérience qui vaut le coup, j'ai beaucoup aimé cette période, qui m'a beaucoup appris, mais le fait de ne pas avoir de vie personnelle, de ne pas rentrer chez soi le soir, sur le long terme, c'est difficile. Il faut accepter la solitude », souligne le conducteur routier. Fatigué par ces longues périodes loin de chez lui, il trouve un emploi chez un transporteur régional : « Cela me permet d'avoir des horaires plus réguliers. » Pour réussir dans cette voie, il faut de la passion, aimer conduire, mais surtout de la patience. « C'est un métier qui demande beaucoup de contrôle sur soi. Rien n'est figé : s'il neige, s'il y a un bouchon, un client chez qui on peut attendre plusieurs heures, cela décale tout le planning », précise Erwan. Et d'être méticuleux, notamment avec la tenue des papiers du véhicule et les rapports journaliers. En tout cas, Erwan aime son métier et l'autonomie qu'il lui offre.*

SON CONSEIL. *Faire des études, pour prévoir l'après. « Pour l'instant, je suis bien sur la route, mais je sais que c'est une option. C'est un travail fatigant physiquement, stressant, parfois éreintant. Alors passer un bac po ou un BTS avant de commencer à travailler, c'est l'assurance de pouvoir changer un jour de boulot, ou se mettre à son compte. »*

AÉRONAUTIQUE ET ESPACE

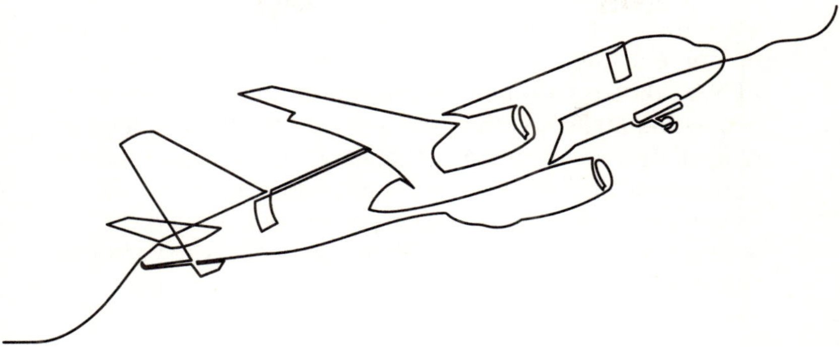

Ce secteur, très dynamique du côté industriel, offre de belles opportunités d'emplois, de bac+2 à bac+5. Chaque année, 15 000 nouveaux recrutements sont réalisés dans cette filière qui fait rêver de nombreux jeunes.

AGENT(E) DE TRAFIC

- **NIVEAU D'ÉTUDES MINIMAL :** bac • **SÉLECTIVITÉ :** faible à moyenne • **INSERTION :** bonne
- **SALAIRE :** de 1 500 à 2 000 €

Une heure environ, c'est ce dont dispose l'agent de trafic, également appelé chef avion, entre l'atterrissage et le décollage, pour orchestrer l'ensemble des opérations de nettoyage, livraison du carburant, contrôles techniques, débarquement et embarquement des bagages et des passagers… Il est aussi chargé de déterminer la répartition des charges dans les soutes. Il côtoie de nombreux corps de métier : mécaniciens, bagagistes, livreurs, pilotes… Au pied de l'avion, par tous les temps, il doit être capable de régler rapidement les problèmes qui se présentent, comme l'absence d'un passager ayant enregistré ses bagages. Mieux vaut être réactif avec une bonne résistance au stress, car, quoi qu'il arrive, l'avion doit partir à l'heure.

- **SES COMPÉTENCES :** coordonner, orchestrer, réagir.
- **SA FORMATION :** pour devenir agent de trafic, une première expérience professionnelle (d'agent d'opérations, par exemple) est souhaitable, voire exigée. Après le bac, les formations en apprentissage (quatorze semaines) de *flight dispatcher* à l'ENAC (École nationale de l'aviation civile), uniquement accessible aux bacheliers spécialisés dans les sciences, ou d'agent de trafic à Horizons Academy (huit semaines) sont de bons points de départ. Avec le niveau bac, il est possible de suivre la formation de technicien préparateur de vol de l'ESMA Aviation Academy (École supérieure des métiers de l'aéronautique) en quinze semaines. L'anglais est indispensable.

ASTRONOME

• **NIVEAU D'ÉTUDES MINIMAL :** bac+8 • **SÉLECTIVITÉ :** faible à moyenne • **INSERTION :** bonne
• **SALAIRE :** de 2 000 à 2 500 €

Un métier qui fascine ! L'astronome est le chercheur qui étudie le système céleste, et travaille sur l'évolution de l'univers. Il doit choisir entre plusieurs spécialités : la mécanique céleste, l'astrométrie et l'astrophysique. Employé par une université ou le CNRS, l'astronome propose et vérifie des théories, réalise des observations, analyse les résultats et les interprète, publie ses travaux, participe à des colloques, souvent internationaux sur sa thématique, et peut donner des cours dans le cadre de l'université. Néanmoins, ces postes sont très recherchés : seulement une petite dizaine chaque année. L'astronome est curieux, persévérant et passionné de son sujet. Il parle également anglais professionnellement, langue incontournable dans un contexte de recherche international, d'autant que les jeunes docteurs partent souvent à l'étranger.

- **SES COMPÉTENCES :** comprendre, analyser, enseigner.
- **SA FORMATION :** pour devenir astronome, les études seront longues. Après un master de recherche dans le domaine de l'astronomie (astronomie, astrophysique et ingénierie spatiale à Sorbonne Université, astronomie et astrophysique à

Paris-Saclay, sciences de l'univers et technologies spatiales à PSL, astrophysique, plasma et planètes à Grenoble…), un doctorat est nécessaire, permettant de se spécialiser sur un domaine plus précis. Il est souvent utile de réaliser un post-doctorat de trois ans à l'étranger, avant de revenir en France trouver un poste.

CONTRÔLEUR(SE) AÉRIEN(NE)

• **NIVEAU D'ÉTUDES MINIMAL** : bac+5 • **SÉLECTIVITÉ** : faible à moyenne • **INSERTION** : difficile
• **SALAIRE** : plus de 2 500 €

Assurer la fluidité et la sécurité du trafic aérien. C'est le rôle de ce contrôleur, qui peut travailler pour l'aviation civile comme pour l'armée. Aussi appelé « aiguilleur du ciel », il surveille atterrissages et décollages des avions, mais aussi les survols, au-dessus de l'aéroport où il travaille. Ses instructions aux pilotes se doivent d'être claires et précises, notamment sur l'altitude à prendre. Nécessairement rapide, méticuleux et capable de travailler en équipe, le contrôleur aérien doit toujours garder la tête froide. Car il gère de nombreuses informations en même temps, que ce soit la météo, les trajectoires, les plans de vol… La responsabilité est énorme : une erreur signifie un accident, souvent grave de conséquences. Il doit donc bien gérer le stress, rester patient et disposer d'une excellente vision.

SES COMPÉTENCES : diriger, réfléchir, autoriser.

SA FORMATION : il est nécessaire de passer par une prépa (MP, PC, PSI), avant de pouvoir se présenter au concours (très sélectif) de l'ENAC, à Toulouse. Ce concours offre 50 places et ne peut être tenté que trois fois. La formation pour devenir contrôleur aérien dure ensuite trois ans. Bonne nouvelle : les élèves sont alors fonctionnaires et rémunérés, et le cursus gratuit.

HÔTESSE DE L'AIR, STEWARD

- **NIVEAU D'ÉTUDES MINIMAL** : bac • **SÉLECTIVITÉ** : moyenne • **INSERTION** : moyenne
- **SALAIRE** : de 1 500 à 2 000 €

Partir aux quatre coins du monde, voyager… Le métier d'hôtesse de l'air, ou steward, est souvent réduit à ce cliché simpliste. Car si cette vie professionnelle est effectivement faite de périples et de rencontres, les tâches au quotidien n'ont rien d'idyllique. Les PNC (personnels navigants commerciaux) sont dans l'avion pour rendre le voyage agréable aux passagers en assurant un service de qualité (distribution de repas, boissons, couvertures…). Leur objectif : que le vol se déroule sans encombre et que les clients restent fidèles à la compagnie. En plus de ce rôle commercial, les PNC veillent à la sûreté à bord. Avant le décollage, ils vérifient la mise en place des équipements (gilets de sauvetage, extincteurs…). Pendant le trajet, ils s'assurent que les consignes de sécurité soient bien respectées. Et en cas d'accident, ils indiquent aux passagers la conduite à tenir. Les PNC doivent avoir une grande capacité d'adaptation, car ils ne travaillent jamais avec la même équipe et n'ont pas d'horaires fixes.

SES COMPÉTENCES : accueillir, sécuriser, servir.

SA FORMATION : le CCA (Cabin Crew Attestation – attestation de membre d'équipage de cabine) est nécessaire pour exercer dans les compagnies françaises. Il est délivré par des organismes agréés par la DGAC (Direction générale de l'aviation civile) après une formation payante de 140 heures au minimum, qui débouche sur un examen comportant une partie théorique et une partie pratique avec épreuves de natation, de secourisme et de sécurité-sauvetage. Cette formation est accessible dès 18 ans avec le niveau bac, sous condition d'être en bonne santé. Mais la plupart des candidats sont titulaires d'un bac+2 (langues, tourisme) car une bonne maîtrise des langues étrangères, notamment de l'anglais, est obligatoire.

MÉCANICIEN(NE) MOTEUR

• **NIVEAU D'ÉTUDES MINIMAL** : CAP • **SÉLECTIVITÉ** : faible à moyenne • **INSERTION** : bonne
• **SALAIRE** : de 1 500 à 2 000 €

Dans les ateliers des constructeurs, des équipementiers, des compagnies aériennes ou des sociétés de maintenance, le mécanicien moteur monte, démonte, teste et règle les moteurs des aéronefs. Il s'occupe des opérations d'entretien pour lesquelles il doit avoir des compétences en informatique et en électronique. Il peut aussi intervenir en urgence si un avion rencontre un problème technique. Dans ce cas, il se rend sur place, en France ou à l'étranger. L'intervention terminée, le mécanicien moteur délivre, ou non, une attestation de remise en ligne du moteur, sans laquelle l'avion ne peut repartir. Une lourde responsabilité... Mais ce métier ne nécessite pas seulement un savoir technique : il faut aussi être rigoureux et suivre à la lettre les procédures de sécurité et de qualité, qui sont évidemment très strictes dans l'aviation.

- **SES COMPÉTENCES** : vérifier, diagnostiquer, réparer.
- **SA FORMATION** : un CAP aéronautique, option systèmes, permet d'accéder au métier, mais mieux vaut continuer en bac pro aéronautique (en alternance), voire en BTS aéronautique.

PILOTE DE LIGNE

• **NIVEAU D'ÉTUDES MINIMAL** : bac+1 • **SÉLECTIVITÉ** : forte • **INSERTION** : moyenne
• **SALAIRE** : plus de 2 500 €

Le pilote de ligne gère son vol comme un patron organise son entreprise. De la préparation du vol à l'atterrissage, il organise tout, en tenant compte d'une donnée essentielle : la sécurité des passagers. Sa mission commence deux heures avant le décollage pour préparer son vol, en calculant par exemple la quantité nécessaire de carburant et en étudiant la situation météo. Une fois à bord, il doit faire preuve de discernement et de sang-froid pour affronter tout imprévu. Le pilote de ligne, qui doit avoir une santé de fer et des nerfs solides, est salarié d'une compagnie aérienne.

Il commence sa carrière sur des petits avions et effectue des vols nationaux. Au bout de quelques années, il peut passer des qualifications pour prendre les commandes d'avions plus grands sur des vols moyens puis longs-courriers. Il débute comme copilote (ou officier pilote de ligne), avant de devenir commandant de bord après une dizaine d'années d'expérience. Rapidité de décision, adaptabilité, maîtrise de soi et sociabilité sont des qualités indispensables.

- **SES COMPÉTENCES :** piloter, commander, analyser.
- **SA FORMATION :** la principale voie d'accès est l'ENAC (École nationale de l'aviation civile), qui recrute ses étudiants sur concours très sélectif (20 places en 2019). Le concours est désormais divisé en trois voies : EPL/S (scientifique), pour les candidats de 16 à 23 ans, sans connaissance aéronautique, à partir de bac+1 ; EPL/U (universitaire), pour les candidats âgés de 17 à 28 ans, titulaires d'un diplôme scientifique de niveau bac+2 et de l'ATPL (airline transport pilot licence) théorique ; EPL/P (pratique), pour les candidats de 18 à 30 ans, titulaires du baccalauréat, de la licence de pilote professionnel (CPL) et de l'ATPL théorique. Les candidats admis suivent vingt-quatre mois de formation. D'autres voies permettent de devenir pilote de ligne, notamment l'armée de l'air et des formations privées. 150 à 200 pilotes de ligne sont recrutés chaque année.

TECHNICIEN(NE) SUPÉRIEUR(E) DE L'AVIATION

• **NIVEAU D'ÉTUDES MINIMAL :** bac (+ 24 ou 36 mois) • **SÉLECTIVITÉ :** forte • **INSERTION :** bonne
• **SALAIRE :** de 1 500 à 2 000 €

La polyvalence est le maître mot de ce métier. Le TSA peut occuper des postes très différents dans les domaines de la navigation ou de l'exploitation aérienne : contrôle aérien pour des petits aérodromes, assistance d'ingénieur, maintenance des équipements électrotechniques de l'aéroport, traitement des informations météorologiques transmises aux pilotes… Le TSA « fonctionnaire » peut exercer son métier sur le terrain comme dans les services administratifs de la DGAC (Direction générale de l'aviation civile). Quelques postes sont également disponibles à Météo France. Le TSA « civil » travaille dans les compagnies aériennes, des sociétés gestionnaires d'aéroports ou encore des sociétés d'assistance en escale. Grâce à des concours internes, l'évolution vers des postes d'ingénieur et de contrôleur aérien est envisageable.

SES COMPÉTENCES : analyser, s'adapter, faire preuve de polyvalence.

SA FORMATION : le TSA est recruté sur concours après un bac aux spécialisations scientifiques (mathématiques, physique, sciences de l'ingénieur...). La formation se déroule à l'ENAC (École nationale de l'aviation civile), à Toulouse. Elle dure trois ans pour les élèves civils et fonctionnaires, rémunérés. Le choix entre fonctionnaire et civil s'effectue lors de l'inscription au concours. En 2019, une cinquantaine de places étaient proposées, tous profils confondus.

> POUR ALLER + **LOIN SUR LE NET**

airemploi.org : espace d'information et d'orientation sur les métiers et formations de l'industrie aéronautique et du transport aérien / aeroemploiformation.com : site spécialisé dans les offres d'emploi et de stage dans l'aéronautique / gifas.asso.fr : groupement des industries françaises, aéronautiques et spatiales / observatoire-metiers-aerien.fr : observatoire des métiers et des qualifications de l'aérien / aerocontact.com : des fiches métiers, les formations passées en revue, un annuaire du secteur, des offres d'emploi...

> À LIRE **AUX ÉDITIONS DE L'ETUDIANT**

Les Métiers de l'aéronautique et de l'espace

ARTISANAT

Les artisans travaillent à leur compte : on compte 1,3 million d'entreprises artisanales en France, pour trois millions d'actifs, d'après le ministère de l'Économie. Ces chefs d'entreprise ne comptent pas leurs heures et ont à cœur de satisfaire au mieux les attentes de leurs clients. Leur métier exige un savoir-faire qu'une fois acquis, ils s'attachent souvent à transmettre à des apprentis.

BOULANGER(ÈRE)

- **NIVEAU D'ÉTUDES MINIMAL** : CAP • **SÉLECTIVITÉ** : faible • **INSERTION** : bonne
- **SALAIRE** : de 1 500 à 2 000€

Douze millions de personnes poussent chaque jour la porte des quelque 30 000 boulangeries de France ! Pour répondre à cette demande, le boulanger commence sa journée très tôt, avant l'aube, travaille week-ends et jours fériés. Première étape de la préparation du pain : la pâte. Eau, farine, levure, la recette est simple, mais tout est question de savoir-faire. Elle est ensuite pétrie à la machine et mise à fermenter plusieurs heures avant d'être cuite. Pour sa clientèle, le boulanger innove et invente de nouvelles recettes, dans le respect des règles d'hygiène et de conservation. Les lieux d'exercice sont variés : entreprises artisanales ou industrielles, hypermarchés…

- **SES COMPÉTENCES :** cuisiner, innover, vendre.
- **SA FORMATION :** le CAP boulanger suffit. Mais les perspectives d'évolution sont plus vastes avec une mention complémentaire boulangerie spécialisée ou pâtisserie boulangère. D'autres diplômes de niveau bac permettent d'accéder à des postes plus élevés : le BP (brevet professionnel) boulanger et le BM (brevet de maîtrise) boulanger ou pâtissier, tout spécialement adaptés aux futurs chefs d'entreprise, ou encore le bac professionnel boulanger-pâtissier, en trois ans après la troisième.

CHARPENTIER(ÈRE)

• **NIVEAU D'ÉTUDES MINIMAL :** CAP • **SÉLECTIVITÉ :** faible • **INSERTION :** bonne
• **SALAIRE :** de 1 500 à 2 000 €

De la conception au montage des charpentes, c'est sur les épaules du charpentier que reposent la construction et la réparation de structures en bois ou en métal qui serviront de toit aux bâtiments. Lorsqu'il réalise une charpente, le charpentier se base d'abord sur les plans de l'architecte pour dessiner en atelier les pièces à réaliser. Il ne peut donc pas être fâché avec la géométrie ! Ce professionnel utilise des logiciels de calcul pour évaluer l'équilibre des forces et des volumes. À l'aide d'outils à commande numérique, il façonne poutres et poutrelles ou confie leur fabrication à des prestataires, puis participe à l'assemblage et à la mise en place de la structure. À noter : les constructions écologiques offrent de nouvelles perspectives aux diplômés.

- **SES COMPÉTENCES :** concevoir, fabriquer, assembler.
- **SA FORMATION :** les CAP charpentier bois ou constructeur bois suffisent pour exercer, mais la complexification des méthodes de conception oblige à plus de qualifications scientifiques et technologiques. Le BP charpentier bois, le bac pro technicien constructeur bois ou interventions sur le patrimoine bâti sont donc recommandés. Après le bac STI2D spécialité architecture et construction, une poursuite d'études est possible en BTS systèmes constructifs bois et habitat ou en licence pro (bâti-

ments bois, basse consommation et passifs à La Rochelle ou bâtiment à énergie positive et construction bois à Montluçon).

COIFFEUR(SE)

• **NIVEAU D'ÉTUDES MINIMAL :** CAP • **SÉLECTIVITÉ :** faible • **INSERTION :** bonne
• **SALAIRE :** de 1 500 à 2 000 €

Le rôle du coiffeur commence dès l'entrée du client dans le salon : dans ce secteur très concurrentiel, la qualité de l'accueil est aussi importante que le coup de ciseaux ! Paroles aimables, sourire, présentation soignée, tout cela donne envie au client de s'installer. Le coiffeur se met en quatre pour que celui-ci passe un agréable moment. Il discute avec lui des soins et gestes à réaliser en fonction de la nature de ses cheveux et de ses désirs. Shampooing, coupe, brushing, coloration, extension... Le coiffeur maîtrise toutes les techniques et est incollable en matière de tendances. Dans les salons proposant des produits capillaires, ce professionnel doit également avoir la fibre commerciale. Installé à son compte, il doit, en plus, gérer la comptabilité, les factures et l'approvisionnement du magasin.

: **SES COMPÉTENCES :** coiffer, créer, écouter, s'adapter.
: **SA FORMATION :** le CAP coiffure est le diplôme de base obligatoire. Il peut être suivi d'une mention complémentaire coloriste-permanentiste ou styliste-visagiste. Pour se mettre à son compte, un BP (brevet professionnel) est nécessaire. Un BM (brevet de maîtrise) coiffeur donne accès au titre de maître artisan. Il existe également un bac pro perruquier-posticheur ainsi qu'un BTS métiers de la coiffure.

FLEURISTE

• **NIVEAU D'ÉTUDES MINIMAL :** CAP • **SÉLECTIVITÉ :** faible • **INSERTION :** bonne
• **SALAIRE :** de 1 500 à 2 000 €

Dans sa boutique, le fleuriste conseille et sert ses clients. Mais ne vous y trompez pas, ses fonctions sont beaucoup plus vastes ! Avant l'ouverture, ce professionnel part se fournir chez les grossistes et producteurs. Il sélectionne lui-même les fleurs qui rejoindront son stock. Ses approvisionnements sont guidés tout au long de l'année par des dates bien précises du calendrier (Saint-Valentin, fête des mères, Toussaint, Noël…). Dans son arrière-boutique, il crée ses compositions de fleurs coupées ; il rempote, taille, traite et arrose les plantes. Ses connaissances en botanique et en horticulture lui permettent d'apporter les meilleurs soins à chaque végétal et de conseiller ses clients. Le fleuriste peut aussi exercer en supermarché ou en jardinerie. Environ 1 000 postes sont à pourvoir chaque année.

- **SES COMPÉTENCES :** cultiver, créer, composer, vendre.
- **SA FORMATION :** le CAP fleuriste suffit, mais le BP (niveau bac) et le BM fleuriste (niveau bac+2) constituent des plus.

PLOMBIER(ÈRE), INSTALLATEUR(TRICE) THERMIQUE

• **NIVEAU D'ÉTUDES MINIMAL :** CAP • **SÉLECTIVITÉ :** faible • **INSERTION :** bonne
• **SALAIRE :** de 1 500 à 2 000 €

Qu'il soit salarié ou indépendant, le plombier répare, installe et entretient les canalisations d'eau et de gaz. Il effectue aussi la pose et la réparation des appareils sanitaires. Lorsqu'il est sur un chantier, le plombier étudie les plans de l'architecte pour déterminer le passage précis des réseaux. Puis il les pose et les raccorde. Le plombier est souvent doté d'une double compétence : installateur thermique (chauffagiste), il installe et répare les chaudières, panneaux solaires, chauffe-eau, avec pour objectif d'assurer à ses clients confort et économies d'énergie.

- **SES COMPÉTENCES :** réparer, entretenir, installer.
- **SA FORMATION :** les diplômes de base sont le CAP installateur sanitaire et CAP installateur thermique. Il est conseillé de les compléter par une MC zinguerie ou un BP monteur en installation du génie climatique et sanitaire. Pour des postes d'encadrement, mieux vaut préparer un bac pro technicien en installation des systèmes énergétiques et climatiques, suivi d'un BTS fluides-énergies-domotique, option génie climatique et fluidique.

> POUR ALLER + LOIN SUR LE NET

artisanat.fr : portail des chambres de métiers et de l'artisanat / capeb.fr : le site de l'organisation professionnelle des entreprises artisanales du bâtiment.

> À LIRE AUX ÉDITIONS DE L'ETUDIANT

Les Métiers de l'artisanat

ENVIRONNEMENT

Dans ce secteur, c'est le domaine de la gestion et du traitement des déchets qui recrute, bien plus que tout ce qui touche à la protection et à la défense de la nature. En tout cas, près de 300 000 emplois sont directement liés à l'environnement en France, et environ 10 000 nouveaux postes se créent chaque année. Cependant, il faut bien cibler son futur métier : les étudiants attirés par ce secteur sont très nombreux.

AGENT(E) DES RÉSEAUX D'EAU POTABLE (FONTAINIER[IÈRE])

- **NIVEAU D'ÉTUDES MINIMAL :** CAP • **SÉLECTIVITÉ :** faible • **INSERTION :** bonne
- **SALAIRE :** de 1 500 à 2 000 €

Les sous-sols de nos villes sont parcourus de milliers de kilomètres de conduites d'eau potable. Pour les bichonner, il y a le fontainier. En amont, il vérifie les ressources en eau dans les réserves et les bassins. Si nécessaire, il répare les tuyaux, les pompes, les vannes. Il contrôle l'efficacité des produits chimiques, notamment le chlore, mis dans l'eau pour tuer microbes et bactéries. En cas de fuite, il coupe le circuit pour réparer les conduites. Le fontainier peut travailler pour une collectivité locale ou pour une société de traitement et de distribution des eaux. De bonnes aptitudes en mécanique et dans le traitement chimique de l'eau lui permettent d'évoluer rapidement vers des postes à responsabilité. Amené à beaucoup se déplacer, sur l'ensemble du réseau, il est aussi en contact direct avec les usagers et les habitants, sur son secteur.

- **SES COMPÉTENCES :** contrôler, entretenir, réparer.
- **SA FORMATION :** un CAP (agent de la qualité de l'eau, par exemple). Néanmoins, pour progresser plus rapidement et prendre des responsabilités, un bac pro (notamment hygiène, propreté, stérilisation) est préférable.

CONSEILLER(ÈRE) EN ENVIRONNEMENT

• **NIVEAU D'ÉTUDES MINIMAL :** bac+5 • **SÉLECTIVITÉ :** forte • **INSERTION :** bonne
• **SALAIRE :** de 1 500 à 2 000 €

Aussi appelé éco-conseiller, le conseiller en environnement aide les entreprises et collectivités locales à développer des projets respectueux de l'environnement. Par exemple, avant qu'une entreprise ne s'implante sur un nouveau site, il réalise un bilan complet des conséquences en termes de pollution, de déchets, de nuisances sonores… Puis, il émet des recommandations pour que le projet soit conforme à la réglementation environnementale. Il peut aussi mettre au point un programme de gestion des ordures ménagères ou de réduction des pollutions. Certains conseillers en environnement sont consultants, indépendants ou salariés de cabinets spécialisés. D'autres sont employés par les collectivités locales ou les entreprises. Quel que soit leur statut, ils doivent savoir convaincre leurs interlocuteurs du bien-fondé de leurs recommandations. Ce qui n'est pas toujours aisé : la sauvegarde de l'environnement est encore vue par certains entrepreneurs comme un frein à leur activité industrielle.

- **SES COMPÉTENCES :** conseiller, informer, communiquer.
- **SA FORMATION :** diplôme d'ingénieur, diplôme d'architecte, master professionnel ou master de recherche. À Strasbourg, ECO-Conseil forme en un an des éco-conseillers (recrutement à bac+4) et délivre, en partenariat avec l'INSA de Strasbourg,

un mastère spécialisé éco-conseiller (recrutement à bac+5 ou bac+4 avec expérience professionnelle).

ÉCO-DÉVELOPPEUR(SE)

• **NIVEAU D'ÉTUDES MINIMAL** : bac+5 • **SÉLECTIVITÉ** : moyenne à forte • **INSERTION** : bonne
• **SALAIRE** : de 1 500 à 2 000 €

L'éco-développeur encourage un développement local plus durable au sein d'une collectivité ou d'un groupement. Il apporte des conseils aux élus, aux professionnels, aux responsables associatifs ou directement à la population. Il assure également le montage financier et technique des actions à réaliser. Il est par ailleurs chargé de l'évaluation de leur qualité environnementale. Enfin, il dirige les processus de concertation. Ce professionnel a donc des qualités de pédagogues, est capable de sensibiliser à ses problématiques les élus, professionnels, mais aussi le grand public et sait monter des projets.

- **SES COMPÉTENCES** : analyser, écouter, communiquer.
- **SA FORMATION** : un master en environnement ; un diplôme d'ingénieur ou d'une école de commerce avec une spécialisation en environnement ; un mastère spécialisé ingénierie et management des risques en santé, environnement et travail à l'EHESP (École des hautes études en santé publique) ; ou encore un mastère spécialisé manager de l'environnement et de l'éco-efficacité énergétique à Lyon.

GÉOLOGUE

• **NIVEAU D'ÉTUDES MINIMAL** : bac+5 • **SÉLECTIVITÉ** : forte • **INSERTION** : difficile
• **SALAIRE** : de 2 000 à 2 500 €

Le géologue analyse la terre et la fait parler. Lorsqu'une entreprise ou une collectivité locale veut construire un bâtiment, elle fait appel à ce scientifique de haut niveau. Lui seul peut déterminer si le site choisi est apte à recevoir une industrie, un bâtiment. Il récolte un maximum d'informations en observant les sols et en réalisant des campagnes de prospection (échantillonnages et analyses, sondages géophysiques, forages...). De retour en laboratoire, il interprète ces données. Des logiciels complexes l'aident, par exemple, à prévoir l'évolution du sol confronté à certaines pollutions. Il peut se spécialiser dans l'étude des sols (on l'appelle alors pédologue) ou dans les nappes phréatiques (hydrogéologue). Il travaille souvent avec une équipe de techniciens, notamment sur le terrain, pour les prélèvements.

- **SES COMPÉTENCES :** observer, prélever, analyser.
- **SA FORMATION :** certaines écoles délivrent un diplôme d'ingénieur spécialisé dans le domaine de la géologie, notamment l'École nationale supérieure de géologie de Nancy et UniLaSalle, qui propose un diplôme d'ingénieur spécialité géologie ainsi qu'un diplôme de technicien supérieur professionnel en géologie. Autre possibilité : préparer un master à l'université (par exemple géologie et géo-énergies à Paris-Diderot et l'ENS [École normale supérieure] ; terre et géo-ressources à l'université Paul-Sabatier de Toulouse ; géologie appliquée à l'université de Franche-Comté ; géologie de l'ingénieur à l'université de Lille...).

PAYSAGISTE

• **NIVEAU D'ÉTUDES MINIMAL :** bac+5 • **SÉLECTIVITÉ :** forte • **INSERTION :** bonne
• **SALAIRE :** de 1 500 à 2 000 €

Le paysagiste imagine et conçoit des espaces paysagers, en pleine nature comme en pleine ville. En tenant compte de l'esprit du lieu, des sols, du climat, du budget alloué, il crée un monument de verdure, à la manière d'un architecte. Entre l'esquisse du projet, négociation avec le client, conception des plans et l'organisation des travaux, il intervient à chaque étape du chantier. Il peut travailler à son compte, être salarié d'un cabinet d'architectes ou de paysagistes, ou encore œuvrer pour des collectivités locales.

• **SES COMPÉTENCES :** analyser, concevoir, créer.

• **SA FORMATION :** six établissements formant au métier de paysagiste-concepteur sont reconnus par la Fédération française du paysage : Agrocampus Ouest à Angers, l'École nationale supérieure de la nature et du paysage à Blois, l'École supérieure d'architecture des jardins à Paris, l'École nationale supérieure d'architecture et de paysage de Lille, l'École nationale supérieure de paysage à Versailles et à Marseille et l'École nationale supérieure d'architecture et de paysage à Bordeaux. Seules l'ENSP (École nationale supérieure de paysage de Versailles ou Marseille), l'ENSAPBX (École nationale supérieure d'architecture et de paysage de Bordeaux) et l'ENSAPL (École nationale supérieure d'architecture et de paysage de Lille) délivrent le diplôme de paysagiste DPLG (diplômé par le gouvernement).

RESPONSABLE DE STATION D'ÉPURATION

• **NIVEAU D'ÉTUDES MINIMAL :** bac+2 • **SÉLECTIVITÉ :** moyenne à forte • **INSERTION :** bonne
• **SALAIRE :** de 2 000 à 2 500 €

La station d'épuration est un endroit clef dans la grande chaîne du traitement des eaux usées. À l'instar d'un chef d'entreprise, son responsable coordonne et supervise les phases de traitement des eaux usées, de leur arrivée jusqu'à leur rejet dans la nature. Vérification des équipements et des systèmes de contrôle, prélèvements aux divers stades de traitement, management des équipes… Il doit constamment veiller au respect des réglementations et des normes en vigueur, particulièrement draconiennes dans ce domaine. Le rejet dans la nature d'eaux de qualité médiocre aurait des conséquences dramatiques ! Ce professionnel doit également négocier avec ses fournisseurs, pour acheter tous les produits requis à l'exploitation de sa station. Il doit détenir de bonnes qualités managériales, mais aussi une parfaite connaissance technique de son sujet. Il peut travailler pour une collectivité locale (il est alors agent de la fonction publique) ou pour une entreprise privée de distribution.

SES COMPÉTENCES : superviser, organiser, diriger.
SA FORMATION : les petites stations d'épuration emploient des techniciens notamment titulaires d'un BTS métiers de l'eau. Mais pour intégrer les plus grosses structures et pour se présenter aux concours de recrutement des collectivités locales, un bac+5 est nécessaire. Plusieurs cursus possibles : par exemple, un diplôme d'ingénieur de l'ENGEES (École nationale du génie de l'eau et de l'environnement de Strasbourg) ou comportant une spécialité eau et environnement, ou un master spécialisé, tel que le master chimie, développement et ingénierie de l'eau de l'université de Limoges, le master sciences de l'eau et de l'environnement à l'université de Corse, ou encore le master recherche qualité et traitement de l'eau à Rennes 1.

RESPONSABLE ENVIRONNEMENT

- **NIVEAU D'ÉTUDES MINIMAL :** bac+5 • **SÉLECTIVITÉ :** forte • **INSERTION :** bonne
- **SALAIRE :** plus de 2 500 €

Grâce à lui, l'écologie entre dans l'entreprise. Le responsable environnement aide son employeur à minimiser l'impact des activités industrielles sur la nature. Pour cela, il réalise des études, sensibilise le personnel aux économies d'énergie par exemple, propose des modifications dans la production… Si, parfois, ce professionnel est encore perçu par certains comme une « caution verte » au sein de l'entreprise, il permet en réalité à celle-ci de s'adapter à une nouvelle donne : les sociétés doivent désormais limiter leurs émissions en CO2, réduire leur volume de déchets… Ce métier exige donc une grande expertise technique, mais aussi de solides aptitudes à communiquer, sensibiliser et convaincre dirigeants et salariés du bien-fondé des mesures à mettre en œuvre.

SES COMPÉTENCES : organiser, coordonner, sensibiliser.
SA FORMATION : diplômé d'une école d'ingénieurs spécialisée en environnement (UniLaSalle – EME, École des métiers de l'environnement de Bruz) ou qui offre une spécialité environnement (INSA – Institut national des sciences appliquées à

Lyon), ou d'un master de biologie, chimie, environnement, le responsable environnement a souvent une formation en rapport avec le secteur d'activité dans lequel il travaille (chimie, BTP...).

RUDOLOGUE

• **NIVEAU D'ÉTUDES MINIMAL :** bac+3 • **SÉLECTIVITÉ :** moyenne à forte • **INSERTION :** bonne
• **SALAIRE :** de 1 500 à 2 000 €

Le rudologue étudie le contenu des ordures ménagères ou des déchets industriels pour prévenir les risques de pollutions de l'environnement. Il effectue des prélèvements sur le terrain et des analyses en laboratoire. Il peut ainsi définir les modes de consommation de la société et mettre en place des solutions de traitement. Son rôle est aussi de favoriser autant que possible la valorisation des déchets, que ce soit le recyclage, la réutilisation, le réemploi, ou comme source d'énergie. Il peut être recruté par des cabinets d'études, des collectivités, ou des industries privées. Attention pour ce professionnel qui partage son temps entre le terrain et le laboratoire : il peut être exposé aux pollutions ou nuisances écologiques, en cas d'accident ou de catastrophe.

SES COMPÉTENCES : synthétiser, analyser, contrôler, communiquer.

SA FORMATION : les licences professionnelles gestion des traitements des déchets au Havre, à Paris ou à Lons-le-Saunier sont des formations adaptées. Citons aussi, à bac+5, le master gouvernance des risques environnementaux à Lyon, ou management et ingénierie des déchets – économie circulaire, au Mans. Un diplôme d'ingénieur avec une spécialité en environnement ou en chimie, par exemple, peut également mener à ce métier. Et pour se spécialiser encore, il existe des mastères spécialisés, comme le MS gestion, traitement et valorisation des déchets, de Mines Nancy.

TECHNICIEN(NE) DE L'ENVIRONNEMENT

• **NIVEAU D'ÉTUDES MINIMAL** : bac • **SÉLECTIVITÉ** : forte • **INSERTION** : difficile
• **SALAIRE** : de 1 500 à 2 000 €

Appelé aussi « garde-moniteur » dans les dix parcs nationaux, ou « éco-garde » dans les 52 parcs naturels régionaux, le technicien de l'environnement est chargé de surveiller et préserver la faune et la flore des réserves naturelles. Il procède à des relevés (nombre d'animaux, de variétés de fleurs), entretient et balise les sentiers, traque les éventuels braconniers... Il peut, lorsqu'une infraction est constatée, dresser un procès-verbal. Il s'entretient aussi régulièrement avec les bergers, les alpinistes, les randonneurs, pour les sensibiliser à l'environnement qu'ils arpentent.

SES COMPÉTENCES : entretenir, surveiller, sensibiliser.

SA FORMATION : dans les parcs nationaux, les agents techniques sont fonctionnaires d'État et recrutés sur concours (très sélectif) de catégorie B, spécialité espaces protégés, ouvert aux titulaires du bac ou équivalent (la plupart des admis ont un niveau d'études bien plus élevé). Ils suivent une année de formation à l'Ifore (Institut de formation de l'environnement). Dans les parcs régionaux, les éco-gardes sont employés par les groupements de communes gestionnaires.

TECHNICIEN(NE) SUPÉRIEUR(E) FORESTIER(ÈRE)

• **NIVEAU D'ÉTUDES MINIMAL** : bac • **SÉLECTIVITÉ** : moyenne à forte • **INSERTION** : difficile
• **SALAIRE** : de 2 000 à 2 500 €

Le technicien supérieur forestier travaille le plus souvent pour le service public au sein de l'ONF (Office national des forêts). Gardien d'une parcelle s'étendant de 1 000 à 6 000 hectares, il est responsable du bon développement de la végétation. Aidé par une équipe d'agents techniques, il marque, élague, abat les arbres et choisit les traitements à appliquer aux végétaux malades. Des connaissances en botanique sont évidemment indispensables dans ce métier ! Le technicien forestier passe cependant du temps à son bureau, où il tient à jour un cahier des charges, dans lequel il comptabilise les arbres et note les évolutions de la forêt. Certains techniciens forestiers s'occupent de forêts privées, *via* des organismes de gestion ou des sociétés d'exploitation forestière.

- **SES COMPÉTENCES :** protéger, gérer, informer.
- **SA FORMATION :** le concours particulièrement sélectif de l'ONF est ouvert aux titulaires du baccalauréat. 81 postes étaient proposés pour la fonction de technicien supérieur forestier en 2017 (incluant les techniciens opérationnels forestiers). Plusieurs formations agricoles tournées vers les arbres et la forêt (BTSA gestion forestière entre autres) permettent aussi de décrocher un poste dans le privé.

TECHNICIEN(NE) TRAITEMENT DES DÉCHETS

• **NIVEAU D'ÉTUDES MINIMAL :** bac+2 • **SÉLECTIVITÉ :** moyenne • **INSERTION :** bonne
• **SALAIRE :** de 1 500 à 2 000 €

Avant d'être recyclées, les ordures qui remplissent nos poubelles sont minutieusement analysées : c'est la mission du technicien de traitement des déchets. Ce professionnel effectue des prélèvements et analyse des échantillons de déchets afin d'organiser leur tri et de déterminer vers quel site (de tri, de recyclage, de stockage) ils doivent être orientés. Il travaille donc à la valorisation des déchets, autant que possible. Il exerce le plus souvent au sein d'une entreprise privée, sous contrat avec les collectivités territoriales (cela peut être un laboratoire, une décharge, une usine de retraitement ou de collecte des déchets, ou encore de grands groupes industriels). Ce technicien doit être rigoureux, notamment vis-à-vis des consignes de sécurité face à des produits qui peuvent être toxiques.

- **SES COMPÉTENCES :** prélever, analyser, vérifier.
- **SA FORMATION :** un bac+2 tel que le DUT génie biologique, option génie de l'environnement, le BTS chimiste ou bioanalyses et contrôles, voire le BTS métiers des services à l'environnement ou le DEUST environnement et déchets.

À bac+3, une licence professionnelle en chimie ou HSE (hygiène, sécurité, environnement) est également adaptée pour exercer cette profession.

> POUR ALLER + LOIN SUR LE NET

reseau-tee.net : bourse d'emploi des métiers de l'environnement / ecometiers.com : les métiers de l'environnement et du développement durable / afite.org : réseau d'experts pour l'environnement / e-formation-environnement.com : formations en environnement et en développement durable / emploi-environnement.com : offres d'emploi du secteur de l'environnement.

Quentin Croz | *rudologue*

« Il faut être curieux de son territoire, de son environnement »

Son métier. *Quentin, originaire de Chamonix, était bien parti pour devenir glaciologue, le professionnel qui étudie les glaciers. C'est ce qui l'a conduit au Pérou, pendant sa licence géographie et aménagement, à Lyon. Pendant six mois, il s'est formé au cœur de la Cordillère blanche, dans les Andes. « Je me suis alors retrouvé au milieu de la pollution. À la source des fleuves, j'ai pu constater la quantité astronomique de déchets laissés par les gens. Dans le bus péruvien, il était même parfois conseillé de les jeter par les fenêtres ! » C'est le déclic. De retour en France, Quentin décide de s'inscrire en master management en ingénierie des déchets et économie circulaire, au Mans. La rudologie ne lui est pas complètement inconnue. « Nous y étions sensibilisés en licence. Période durant laquelle j'avais eu l'occasion de visiter un centre de tri. Ce que je conseille à tous pour se rendre compte de notre impact environnemental et de la quantité de déchets que l'on génère au quotidien... » Son stage de fin d'études à la communauté urbaine Le Mans Métropole a débouché sur son job de rudologue, aussi appelé chargé de mission déchets. Il s'occupe de tout ce qui touche à l'étude des déchets, « ce bien de consommation qu'on jette et qu'on ne voit plus ». Un chef d'entreprise veut créer un nouveau produit à partir de matière recyclée ? C'est à lui qu'il s'adresse. Un professionnel souhaite être accompagné dans son processus de méthanisation, c'est aussi le rudologue qui intervient. Une action de sensibilisation doit être menée autour du compostage ? Il entre à nouveau en piste ! Fin connaisseur de la matière, il est capable de la trouver, de la gérer, de l'acheminer... Au Mans, Quentin, qui passe 40 % de son temps sur le terrain, se charge également de développer le parc de conteneurs enterrés, destinés à accueillir ordures ménagères, emballages papier, carton et verres. Il étudie aussi les emplacements, les obstacles, gère les travaux... « Le rudologue peut aussi avoir une casquette de chef de chantier ! »*

Son conseil. *« Il faut aimer la géographie, l'aménagement du territoire, être curieux de son environnement. On ne fait pas ce métier pour gagner forcément beaucoup d'argent, mais pour améliorer le cadre de vie des habitants ! On a la satisfaction d'agir en faveur de la planète. »*

PARTIE 2

AU SERVICE DU CLIENT

AU SERVICE DU CLIENT

Convaincre, négocier, vendre, valoriser, conseiller, calculer, telles sont les compétences des professionnels de ces métiers, répartis dans de nombreux secteurs. Que ce soit dans la communication, l'immobilier, le commerce ou l'hôtellerie, une seule exigence : que le client soit satisfait.

BANQUE, ASSURANCE

En France, plus de 36 000 agences bancaires sont installées, avec environ 362 000 salariés dans le secteur, d'après la Fédération bancaire française. De son côté, l'assurance française affiche un chiffre d'affaires de 220 milliards d'euros en 2018 (Fédération française de l'assurance). Deux domaines qui se portent donc bien et recrutent volontiers les jeunes diplômés. Que ce soit face au client ou en *back-office*, les débouchés sont nombreux.

ACTUAIRE

- **NIVEAU D'ÉTUDES MINIMAL** : bac+5 • **SÉLECTIVITÉ** : forte • **INSERTION** : bonne
- **SALAIRE** : plus de 2 500 €

Dans une compagnie d'assurances, l'actuaire a la délicate charge de concevoir et modifier les contrats d'assurances proposés aux clients. Pour cela, ce professionnel des statistiques et des probabilités travaille avec l'aléatoire et élabore des milliers d'hypothèses : il réalise des calculs longs et complexes pour trouver la formule idéale, celle qui permettra à l'assuré d'être correctement indemnisé et à la société d'assurances de faire des bénéfices ! Pour y parvenir, l'actuaire passe en revue tous les risques possibles. Pour créer une assurance-vie, il s'appuie, par exemple, sur des données chiffrées : évolution de la mortalité, fréquence des visites chez le médecin... Il évalue alors le coût probable pour la compagnie et établit un tarif auquel vendre l'assurance. Ce fin connaisseur des mathématiques offre aussi ses conseils aux professionnels chargés de commercialiser les contrats. Plus de deux tiers des actuaires travaillent dans l'assurance, mais ils intéressent aussi de plus en plus les banques et les organismes financiers. Esprit de synthèse et rigueur sont essentiels.

- **SES COMPÉTENCES :** chiffrer, contractualiser, assister.
- **SA FORMATION :** l'Institut des actuaires reconnaît 8 formations initiales accessibles sur concours après un bac+2 ou sur titre : l'ENSAE (École nationale de la statistique et de l'administration économique) ParisTech, l'Essec, le CDI (Collège des Ingénieurs), l'ISUP (Institut de statistique, université Pierre-et-Marie-Curie), l'ISFA (Institut de science financière et d'assurances, université Claude-Bernard à Lyon), l'EURIA (Euro-institut d'actuariat Jean-Dieudonné à Brest), Paris-Dauphine (master actuariat) et le DU d'actuariat à l'université de Strasbourg.

AGENT(E) GÉNÉRAL(E) D'ASSURANCES

- **NIVEAU D'ÉTUDES MINIMAL :** bac+2 • **SÉLECTIVITÉ :** moyenne • **INSERTION :** bonne
- **SALAIRE :** à la commission

C'est le VRP du secteur. Dans son catalogue figurent des dizaines de contrats d'assurances différents. À son bureau ou à domicile, l'agent général d'assurances commercialise ses produits. Il décrypte et analyse les besoins de ses clients (assurance-vie, habitation, voiture...), puis propose à ces derniers un produit adapté à leur demande. Une fois les contrats établis, il s'occupe du « service après-vente » : à la demande des clients, il leur porte assistance lors d'un sinistre avec dédommagement. Il exerce en tant que travailleur indépendant, ou *via* une société qu'il a soit créée, soit reprise. Bon commercial, il doit aussi parfaitement connaître la législation, il a le sens du client et sait se montrer polyvalent.

SES COMPÉTENCES : conseiller, vendre, assister.
SA FORMATION : tout agent général d'assurances suit une formation dispensée par la compagnie d'assurances, d'environ 600 heures, lui permettant d'obtenir le sésame : la carte professionnelle, qui lui servira à exercer. Avant cela, plusieurs parcours d'études sont possibles : un BTS assurance, le DEUST banques, organismes financiers et de prévoyance à l'université d'Auvergne, un BTS management commercial opérationnel, ou encore un DUT techniques de commercialisation. Ce premier diplôme peut être complété par une licence pro assurance ou commercialisation de produits et services. Et pour aller plus loin, l'École nationale d'assurances propose également des masters en alternance en management de l'assurance.

ANALYSTE FINANCIER(ÈRE)

- **NIVEAU D'ÉTUDES MINIMAL :** bac+5 • **SÉLECTIVITÉ :** forte • **INSERTION :** bonne
- **SALAIRE :** plus de 2 500 €

L'analyste financier étudie la situation des entreprises cotées en bourse pour conseiller au mieux ses collègues opérateurs boursiers et ses clients. Objectif : que les investissements rapportent de l'argent. Spécialisé, ce professionnel se concentre sur quelques entreprises (une dizaine) ou sur un secteur d'activité. Il lit la presse, étudie les bilans financiers des sociétés et suit de près l'évolution de la Bourse. Il noue aussi des relations avec les entreprises suivies, pour obtenir des informations directes. En fonction des données recueillies, il fournit des recommandations et des conseils d'achat. Ces notes sont transmises aux clients de la banque, de la société de bourse ou de l'entreprise spécialisée en analyse financière pour laquelle il travaille. L'analyste dispose de solides connaissances financières, comptables et juridiques et d'une parfaite maîtrise de son secteur, mais surtout d'un excellent sang-froid face au stress, omniprésent dans ce domaine.

SES COMPÉTENCES : analyser, synthétiser, interpréter, rédiger.
SA FORMATION : un bac+5 est impératif (école de commerce,

ingénierie, cursus de mathématiques et de statistiques à l'université, un IEP, avec une spécialisation en finance). Il est possible d'aller plus loin avec un mastère spécialisé après son bac+5 en finance, par exemple à ESCP Europe, HEC, ou ENSAE ParisTech. À noter : il est aussi recommandé de suivre la formation dispensée par la Société française des analystes financiers. D'une durée de dix-huit mois, elle ouvre sur deux diplômes internationaux (CIIA [*certified international investment analyst*] et CIWM [*certified international wealth manager*]). Elle est ouverte aux titulaires d'un bac+3/4 ayant six mois d'expérience professionnelle et un bon niveau en anglais.

CHARGÉ(E) DE CLIENTÈLE

• **NIVEAU D'ÉTUDES MINIMAL** : bac+2 • **SÉLECTIVITÉ** : forte • **INSERTION** : bonne
• **SALAIRE** : de 1 500 à 2 000 €

Dans l'univers de la banque, on distingue le chargé de clientèle « particuliers » du « professionnels ». Le premier est l'interlocuteur privilégié du public sur le long terme. Installé en agence, il promeut, informe et vend ses produits : comptes, épargne, assurance-vie, crédit. C'est lui qui se charge de répondre aux questions des clients, ainsi qu'à leurs besoins, tout en identifiant les risques (fraude fiscale, blanchiment). Il opère une veille sur tous les produits bancaires et peut être amené à réaliser certaines activités de *back-office*. Le chargé de clientèle « professionnels » doit quant à lui gérer et développer son portefeuille de clients professionnels en prospectant de nouvelles entreprises ou en gérant d'une main de maître les spécificités de ces comptes (débiteurs, découverts autorisés, facilités bancaires...). Le gestionnaire de patrimoine s'apparente aussi à un chargé de clientèle. Sa spécialisation : les clients les plus fortunés. Les sommes en jeu sont donc considérables. Et le gestionnaire peut être amené à conseiller ses clients sur l'achat de biens immobiliers, d'œuvres d'art... Tous ont en tout cas des points communs : des qualités commerciales, une bonne dose de pédagogie et un grand sens du client.

- **SES COMPÉTENCES :** s'adapter, écouter, convaincre.
- **SA FORMATION :** on peut commencer dans ce métier avec un BTS banque, conseiller de clientèle, ou MCO (management commercial opérationnel), ou encore un DUT (diplôme universitaire de technologie) techniques de commercialisation. À bac+3, il existe une licence professionnelle assurance banque finance. À bac+5, un diplôme d'école de commerce ou un master dans l'univers de la banque sera toujours apprécié.

COURTIER(IÈRE)

- **NIVEAU D'ÉTUDES MINIMAL :** bac+2 • **SÉLECTIVITÉ :** forte • **INSERTION :** bonne
- **SALAIRE :** plus de 2 500 €

Que ce soit dans le milieu de l'assurance, de l'immobilier ou des travaux, le courtier est un intermédiaire entre son client, qui peut être un particulier ou un professionnel, et les banques ou compagnies. Son rôle : proposer à celui qui fait appel à lui l'offre qui lui correspond, à un prix le plus intéressant possible. Par exemple, un courtier en financement immobilier va analyser les revenus et capacités d'emprunt d'un ménage client, le conseiller, constituer le dossier de financement, et négocier avec ses partenaires bancaires afin d'obtenir un taux le plus intéressant possible. Ce profil commercial connaît parfaitement son marché et la législation de celle-ci, se révèle fin psychologue et dispose de belles qualités de négociateur. Le plus souvent, les courtiers débutent leur carrière dans un cabinet de courtage, en tant que salarié. Puis, s'ils le souhaitent, peuvent créer leur propre cabinet ou se lancer en indépendant. À partir de là, à eux de gérer et d'étoffer leur portefeuille de clients.

- **SES COMPÉTENCES :** négocier, conseiller, analyser.
- **SA FORMATION :** il est possible d'être recruté dans une société de courtage à partir de bac+2 (DEUST banque organismes financiers et de prévoyance, BTS assurance, DUT carrières juridiques ou techniques de commercialisation). Néanmoins, la tendance allant à la qualification, un bac+5 dans une école

de commerce, ou un master droit des assurances (Caen, La Rochelle, Lyon, Le Mans...) peut être un vrai plus. Une autre option : le magistère banque, finance, assurance de Paris-Dauphine (en trois ans, avec une sélection à bac+2).

CREDIT MANAGER

• **NIVEAU D'ÉTUDES MINIMAL :** bac+5 • **SÉLECTIVITÉ :** forte • **INSERTION :** bonne
• **SALAIRE :** plus de 2 500 €

Les retards de paiement et les impayés peuvent vite mettre en péril la santé financière des entreprises. Pour éviter ce scénario catastrophe, le *credit manager* (ou directeur de crédit) veille au grain et sécurise les ventes de son entreprise pour limiter les risques liés aux mauvais payeurs. Il dispose de plusieurs « armes » : clauses spéciales dans les contrats, procédures de relance, systèmes de crédit pour les clients dans l'impossibilité d'honorer leurs paiements... Lorsque le litige est plus important, il participe à la gestion du contentieux et suit personnellement les affaires judiciaires. Le *credit manager* tente aussi de prévenir les problèmes en aiguillant ses dirigeants vers de futurs clients fiables. Résistance au stress, rigueur et sens de la négociation seront impératifs pour ce professionnel, qui saura gérer avec calme tout contentieux.

SES COMPÉTENCES : sécuriser, relancer, conseiller.

SA FORMATION : un bac+5 dans une école de commerce ou un master en finance d'entreprise à l'université (par exemple, au Cnam, à Nanterre, Rennes, Lille...) sera un atout sur un CV. Un diplôme en comptabilité et gestion, management des risques ou audit sera également apprécié. L'idéal étant un profil mêlant compétences commerciales et comptables.

DIRECTEUR(TRICE) D'AGENCE BANCAIRE

• **NIVEAU D'ÉTUDES MINIMAL** : bac+5 • **SÉLECTIVITÉ** : moyenne à forte • **INSERTION** : bonne
• **SALAIRE** : plus de 2 500 €

« Je veux parler à votre directeur ! » Lorsque des clients mécontents débarquent au guichet de la banque, c'est souvent lui qu'ils réclament. Face à une telle situation, le directeur d'agence bancaire doit faire preuve de diplomatie et d'un sang-froid sans faille. Mais le règlement des litiges avec la clientèle n'est qu'un infime aspect de son métier : responsable de l'agence et de son personnel, le directeur est avant tout un gestionnaire et un manager qui fixe des objectifs concrets à ses collaborateurs et veille à ce qu'ils les atteignent. Il doit lui-même respecter des impératifs de chiffre et de rentabilité fixés par sa hiérarchie. C'est pourquoi ce poste est toujours dévolu à un commercial expérimenté, qui a souvent derrière lui une dizaine d'années d'expérience de terrain. Autonome, dynamique et pragmatique, il s'investit beaucoup et ne compte pas ses heures.

SES COMPÉTENCES : coordonner, diriger, superviser.

SA FORMATION : cette fonction est souvent atteinte par promotion interne. Il n'est pas impossible de débuter avec un BTS banque ou comptabilité et gestion, mais un diplôme bac+5 en commerce, finance ou comptabilité permettra de gravir plus rapidement les échelons (par exemple, le master monnaie, banque, finance, assurance à Orléans, le master métiers de la banque de détail à Lille, école de commerce). Le CFPB (Centre de formation de la profession bancaire) dispense également des formations dans le secteur dans toute la France, par la voie de l'apprentissage.

EXPERT(E) D'ASSURANCES

• **NIVEAU D'ÉTUDES MINIMAL :** bac+2 • **SÉLECTIVITÉ :** moyenne à forte • **INSERTION :** moyenne
• **SALAIRE :** variable

Lorsque le client d'une compagnie d'assurances est victime d'un sinistre, l'expert se rend sur place pour évaluer l'étendue des dégâts. Il observe les moindres détails, recherche les causes de l'accident et estime le montant des dommages. Pour cela, il doit posséder des connaissances techniques pointues. Médecine, automobile, bâtiment, météorologie, l'expert est la plupart du temps spécialisé dans un domaine. À partir de ses observations faites sur le terrain et de ses connaissances juridiques, il rédige ensuite un rapport qui permettra à la société d'assurances de calculer le montant des indemnisations à verser à l'assuré. Mais l'expert n'intervient pas seulement après le sinistre. Avant la signature d'un contrat, il peut effectuer des expertises pour estimer la valeur d'un bien à garantir, comme un bijou. L'expert peut travailler comme salarié d'une compagnie d'assurances, d'un cabinet d'expertise ou, le plus souvent, comme indépendant. Rigoureux et méthodique, il dispose d'un sens de l'observation à toute épreuve et sait se montrer poli et courtois avec les sinistrés, qui se trouvent souvent dans des situations difficiles.

SES COMPÉTENCES : constater, étudier, estimer.

SA FORMATION : les cursus diffèrent selon le domaine de compétences (médecin pour une expertise d'accident corporel, ingénieur pour les risques industriels, architecte pour un sinistre immobilier), mais mieux vaut compléter ces cursus par une formation juridique et technique sur l'assurance et ses produits. Il existe des certifications, délivrées par divers organismes (CNPP, Certivéa, Compagnie des experts...).

GESTIONNAIRE DE CONTRATS D'ASSURANCES

• **NIVEAU D'ÉTUDES MINIMAL** : bac+2 • **SÉLECTIVITÉ** : moyenne • **INSERTION** : bonne
• **SALAIRE** : de 1 500 à 2 000 €

Ce professionnel de l'assurance gère et effectue le suivi des dossiers des assurés tout au long de la vie des contrats. Qu'il soit généraliste ou spécialisé (dans le secteur de l'automobile, de la santé, de l'immobilier...), c'est lui qui prépare les déclarations de sinistre. Il détermine aussi le montant de l'indemnisation en fonction du contrat souscrit et du rapport établi par l'expert. Il peut enfin intervenir au sein du service contentieux et prendre en charge des conflits entre la compagnie d'assurances et les assurés. Si l'ordinateur reste son principal outil de travail, le gestionnaire est en contact fréquent avec les autres services de la société, ainsi qu'avec les assurés.

SES COMPÉTENCES : gérer, indemniser, fidéliser.

SA FORMATION : les sociétés d'assurances recrutent des titulaires de BTS assurance, de DUT carrières juridiques ou d'un DEUST banque, organismes financiers et de prévoyance (université d'Auvergne), voire d'une licence pro commercialisation de produits et services financiers ou conseiller, souscripteur, gestionnaire en assurance (IFPASS Paris). Une formation plus pointue (master pro gestion, économie, banque...) permet de gérer des dossiers plus complexes.

RESPONSABLE *BACK-OFFICE*

• **NIVEAU D'ÉTUDES MINIMAL** : bac+5 • **SÉLECTIVITÉ** : forte • **INSERTION** : bonne
• **SALAIRE** : plus de 2 500 €

Dans le milieu de la finance, contrairement au *trader* qui travaille au front (*front-office*), ce professionnel de la finance est dans « l'arrière-boutique », le *back-office*. Loin de l'effervescence et du tumulte des salles de marché, il supervise le traitement des opérations financières conclues par ses collègues. Il veille à l'enregistrement des transactions, à l'information des clients concernés, effectue les règlements et les livraisons des titres. Il gère les versements des dividendes des actions et les intérêts des obligations, déclare les transactions à la Banque de France et au Trésor public… Autant de tâches qui nécessitent un sens aiguisé de l'organisation et une parfaite connaissance des règles comptables et financières, qui sont de plus en plus complexes.

SES COMPÉTENCES : traiter, enregistrer, déclarer, superviser, contrôler.

SA FORMATION : une école de commerce, spécialisation finance de marché ou internationale, banque ; un IEP section économie et finance ; une école d'ingénieurs, spécialité mathématiques financières. À l'université, un master professionnel en banque et finance, comptabilité, marchés financiers ou contrôle de gestion, après, par exemple, une licence pro back et/ou middle-office (université Paris-Ouest-Nanterre-La Défense, université de Lorraine).

TRADER (OPÉRATEUR[TRICE] DE MARCHÉ)

• **NIVEAU D'ÉTUDES MINIMAL :** bac+5 • **SÉLECTIVITÉ :** forte • **INSERTION :** bonne
• **SALAIRE :** plus de 2 500 € + primes

L'époque des « *golden boys* » gesticulant et hurlant dans les salles de marché est révolue. Aujourd'hui, l'opérateur spécialisé, ou « *trader* », intervient sur les marchés financiers internationaux à partir de son ordinateur et de ses téléphones. Maître de son portefeuille, il vend et achète des titres, des matières premières ou des produits dérivés, pour le compte d'une banque ou d'une société de bourse. Les ordres qu'il reçoit proviennent des courtiers ou directement de ses clients. Excellent négociateur, il met en concurrence vendeurs et acheteurs pour obtenir les meilleurs prix. Les sommes engagées sont souvent colossales et le stress est omniprésent dans la profession tournée vers l'international. L'opérateur financier doit avoir de l'intuition, prendre des risques tout en gardant la tête froide. Tout le monde ne peut pas être le Loup de Wall Street !

- **SES COMPÉTENCES :** acheter, vendre, négocier.
- **SA FORMATION :** une école de commerce ou d'ingénieurs (les profils scientifiques sont de plus en plus convoités), complétée par une spécialisation en finance, mathématiques, gestion ou négoce international. Autre possibilité : à l'université, un master monnaie, banque, finance, assurance ; finance ; statistiques ou mathématiques, spécialité modélisation.

> POUR ALLER + LOIN SUR LE NET

Fédération bancaire française : fbf.fr / ffa-assurance.fr : Fédération française de l'assurance / emploi-assurance.com : pôle carrière de l'Institut de formation de la profession de l'assurance (IFPASS) / metiers-assurance.org : Observatoire de l'évolution des métiers de l'assurance.

> À LIRE AUX ÉDITIONS DE L'ETUDIANT

Les Métiers de la banque, finance, assurance et expertise comptable

SABRINA BOUABDA | *actuaire*

« J'aime la partie d'analyse et de raisonnement de mon métier »

SON MÉTIER. *Pour s'orienter, Sabrina a toujours suivi ce qu'elle aimait. Au collège, puis au lycée, elle apprécie les matières scientifiques, les maths, la physique, la chimie, mais aussi les langues. Naturellement, elle se tourne vers une prépa scientifique, puis une école d'ingénieurs, l'ESILV. Toujours attirée par les chiffres et les mathématiques, elle se spécialise progressivement en finance. « C'est là que j'ai entendu parler du métier d'actuaire. J'ai voulu en savoir plus et j'ai fait un stage dans le domaine », se souvient-elle. À l'issue de ces quatre mois de découverte du milieu, elle en sort avec un goût d'inachevé. « J'avais envie d'aller plus loin, d'approfondir. » L'ingénieure en herbe décide alors de postuler pour un double diplôme à l'Institut de statistiques de Sorbonne Université, qu'elle obtient. Un stage à la Société Générale débouche sur une année d'alternance, puis sur un CDI en tant qu'actuaire.*

Pour être actuaire, il faut avant tout aimer les chiffres. Car la mission de Sabrina est de réaliser des études statistiques dans le but de mesurer et gérer les risques d'une compagnie d'assurances. « Je récolte des données, afin de calculer le ratio de solvabilité de chaque filiale de la compagnie, puis de l'ensemble du groupe, en prenant en compte toutes les données de l'entreprise et les produits financiers qu'elle détient », explique-t-elle. Ce qu'elle préfère : l'analyse des résultats. « Une fois les calculs achevés, on se retrouve avec un chiffre, qui demande à être expliqué, en fonction des conditions du marché. J'aime beaucoup cet aspect de raisonnement et d'analyse dans mon métier. » Elle apprécie également le fait de travailler en équipe.

SON CONSEIL. *« Ne pas hésiter à contacter des actuaires, par exemple* via *LinkedIn, pour poser des questions, demander des conseils. Je l'ai fait quand j'étais à l'ESILV et certaines réponses étaient très constructives et utiles ! Cela fait ensuite la différence, entre un étudiant qui en veut, et un autre plus passif et réservé. »*

COMMERCE, DISTRIBUTION

La Direction générale des entreprises comptabilise 840 000 sociétés commerciales en France, pour plus de 3,5 millions de salariés. Que ce soit dans une petite PME familiale ou un grand groupe, le secteur du commerce et de la distribution est friand de jeunes diplômés bien formés et motivés ! Certains métiers mèneront face aux clients, d'autres à des missions plus en amont (gestion des stocks, approvisionnement, prévision des commandes, etc.).

ACHETEUR(SE)

- **NIVEAU D'ÉTUDES MINIMAL** : bac+5 • **SÉLECTIVITÉ** : moyenne à forte • **INSERTION** : difficile
- **SALAIRE** : plus de 2 500 €

Passer ses journées à acheter ? C'est sans aucun doute le rêve de tout accro au shopping ! Mais pour l'acheteur professionnel, c'est bien plus compliqué que cela : il est chargé de procurer à son entreprise les produits dont elle a besoin pour fonctionner. Son but : obtenir les meilleures marchandises au meilleur prix. Dans la grande distribution, il travaille dans une centrale d'achat et approvisionne l'ensemble des magasins de l'enseigne. Spécialisé par produit (épicerie, fruits, légumes), il prospecte les fournisseurs, puis négocie pour obtenir la meilleure offre. Dans l'industrie, l'acheteur doit se procurer tous les produits que son entreprise ne fabrique pas elle-même, des matières premières aux petites fournitures. Il peut aussi être spécialisé dans les achats internationaux. Dans ce cas, l'acheteur doit également maîtriser les réglementations douanières, la législation du transport international, les questions d'assurance et de paiement, et même la géopolitique. Quels que soient son secteur d'activité et son rayon d'action, l'acheteur doit composer quotidiennement avec la pression du chiffre et les situations de stress qu'elle génère. Doté d'un bon sens relationnel, notamment avec ses fournisseurs, il est autonome et méthodique quant à la gestion des stocks de sa société.

- **SES COMPÉTENCES :** négocier, acheter, démarcher.
- **SA FORMATION :** les entreprises recherchent essentiellement des diplômés d'écoles de commerce avec une spécialisation dans ce domaine ou d'écoles d'ingénieurs. À l'université, les masters management stratégique des achats de l'IAE de Grenoble, gestion de production, logistique et achats de Paris-Saclay, management des achats de l'IAE de Lyon, ou encore administration économique et sociale, parcours achat international à Strasbourg. Pour les achats internationaux, la maîtrise de l'anglais, voire d'une seconde langue étrangère, est évidemment indispensable.

AGENT(E) COMMERCIAL(E)

- **NIVEAU D'ÉTUDES MINIMAL :** aucun diplôme • **SÉLECTIVITÉ :** faible à moyenne
- **INSERTION :** moyenne • **SALAIRE :** à la commission

La France compte aujourd'hui plus de 30 000 agents commerciaux, selon la BPI. Vendeurs indépendants ou patrons de petites sociétés, ils sont mandataires : ils négocient et concluent des contrats de vente pour le compte d'autres entreprises. Constamment sur les routes, ce professionnel démarche, négocie les prix, les quantités, ainsi que les délais de livraison. Une fois que l'affaire est conclue, il transmet la commande au fabricant, qui livrera directement le client. En guise de rémunération, l'agent commercial touche alors une commission proportionnelle au montant de la commande qu'il a réalisée. Pour pouvoir vivre de son activité, il lui faut donc trouver les produits qui se vendront le mieux et des clients.

- **SES COMPÉTENCES** : démarcher, négocier, vendre.
- **SA FORMATION** : si aucun diplôme n'est exigé pour accéder à la profession, il est impératif de décrocher un premier contrat et de s'inscrire au RSAC (Registre spécial des agents commerciaux). Cependant, aujourd'hui, la plupart des agents commerciaux possèdent au minimum un bac+2 dans le domaine commercial : par exemple un BTS négociation et digitalisation de la relation client ou un DUT techniques de commercialisation. Les chambres régionales de la Fédération nationale des agents commerciaux organisent également des formations à cette profession.

ASSISTANT(E) EXPORT

• **NIVEAU D'ÉTUDES MINIMAL** : bac+2 • **SÉLECTIVITÉ** : moyenne à forte • **INSERTION** : bonne
• **SALAIRE** : de 1 500 à 2 000 €

Ne vous laissez pas tromper par son titre, l'assistant export ne passe pas son temps à parcourir le monde : au contraire, c'est depuis son bureau qu'il travaille. Lorsque les commerciaux de l'entreprise, après d'âpres négociations, réussissent à décrocher une vente, cet administratif prend le relais. Il s'occupe de la signature des contrats et s'assure du bon déroulement de la commande. Facturation, réception des marchandises, organisation de leur transport, rien ne lui échappe. Il est le garde-fou de la société. Ce super-secrétaire est en relation constante avec les autres services de l'entreprise et gère ses commandes par téléphone et par mail. Naturellement, il maîtrise une ou plusieurs langues étrangères, dont l'anglais, et connaît bien les réglementations propres aux activités d'exportation (formalités douanières, règles de transport…).

SES COMPÉTENCES : administrer, organiser, coordonner.

SA FORMATION : le BTS commerce international à référentiel commun européen est la formation la plus adaptée. Des entreprises recrutent également des diplômés d'écoles de commerce ou d'un master commerce international. Il existe aussi des licences professionnelles assistant export ou trilingue, par exemple à l'université de Bretagne Sud, à l'université de Picardie, ou à Caen. Ce métier est accessible aux débutants principalement dans les PME.

CHARGÉ(E) D'AFFAIRES

• **NIVEAU D'ÉTUDES MINIMAL :** bac+5 • **SÉLECTIVITÉ :** faible à forte • **INSERTION :** bonne
• **SALAIRE :** de 2 000 à 2 500 €

Spécialisé dans le BTP, les télécoms, l'informatique ou les prestations bancaires, le chargé d'affaires est l'interlocuteur privilégié des clients de son entreprise. Il ne vend rien, mais fournit un appui technique lors de la négociation, puis de l'exécution des contrats. Avant la vente, il analyse les besoins du client pour pouvoir lui proposer des solutions techniques adaptées à ses demandes. Coûts, délais, il participe activement aux négociations commerciales. Lorsque le contrat est signé, il suit le dossier et vérifie que toutes les conditions du contrat sont bien respectées. Car au moindre dysfonctionnement (un retard, par exemple), c'est à lui que le client s'adresse pour demander des comptes. Le chargé d'affaires, appelé aussi ingénieur chargé d'affaires, doit gérer aussi bien les relations clients que les parties techniques ou financières des contrats. La plupart du temps, il fait du développement, soit en anticipant les besoins de sa clientèle, soit en démarchant de nouveaux clients. Polyvalent et adaptable, il sait négocier et se montrer calme et diplomate face aux clients.

SES COMPÉTENCES : démarcher, conseiller, négocier.

SA FORMATION : l'accès direct au métier se fait généralement après une école d'ingénieurs, avec des cours de commerce et de marketing, voire un double diplôme. Certaines écoles supérieures de commerce assurent aussi des formations à vocation technico-commerciale. Autre option, les IAE, écoles universitaires proposant des masters intéressants : chargé d'affaires entreprises et institutions à Caen, ingénieur d'affaires à Créteil, ou encore monnaie, banque, finance, assurance, parcours chargé d'affaires entreprises et gestion des risques à Nantes. Avec un BTS management commercial opérationnel ou une licence pro du secteur, quelques années d'expérience seront nécessaires avant d'occuper ce poste.

CHEF(FE) DE RAYON

• **NIVEAU D'ÉTUDES MINIMAL** : bac+2 • **SÉLECTIVITÉ** : moyenne • **INSERTION** : bonne
• **SALAIRE** : de 1 500 à 2 000 € (hors primes)

Personnage clef de la grande distribution, le chef de rayon (appelé aussi manager de rayon) est responsable d'une famille de produits : boulangerie, fruits, viandes… Tel un chef d'entreprise, ce pro de la « grande distrib » organise, sous la responsabilité du directeur de magasin, la vie de ses rayons. Il supervise la gestion des réserves (vérification des prix et des commandes, réception des marchandises), afin d'éviter les surplus et les ruptures de stock et s'assure du bon approvisionnement et de la propreté des linéaires, avec un œil toujours rivé sur les chiffres des ventes. Observateur, capable d'anticiper et de trancher rapidement, il participe aussi au choix des marques et à la sélection des fournisseurs. Le chef de rayon a une âme de manager : il encadre et participe à la formation de son équipe (vendeurs, approvisionneurs…), en martelant, du matin au soir, les objectifs à atteindre.

SES COMPÉTENCES : organiser, coordonner, manager.
SA FORMATION : après un BTS management commercial opérationnel ou un DUT techniques de commercialisation, un jeune diplômé pourra devenir assistant d'un chef de rayon, avant d'occuper plus de responsabilités. Cependant, avec la tendance à la hausse du niveau de qualification, une licence pro en commerce ou vente peut constituer un vrai plus sur le

CV (notamment Distrisup – management et gestion de rayon, à Lyon, Lille, Montpellier, Dijon, Strasbourg...).

COMMERCIAL(E)

• **NIVEAU D'ÉTUDES MINIMAL** : bac • **SÉLECTIVITÉ** : moyenne • **INSERTION** : bonne
• **SALAIRE** : de 1 500 à 2 000 €

Vendre toujours plus, tel est, en trois mots, le credo du commercial. Qu'il exerce dans une PME ou dans un groupe international, qu'il commercialise des produits ou des services, le commercial poursuit toujours cet objectif. Obstiné ? Oui, et fier de l'être ! Car pour conclure une vente, il doit prouver à son client l'opportunité que représente l'achat de ses produits, notamment par rapport à la concurrence. Mais le commercial ne peut pas compter sur son seul bagou : il doit connaître ses produits sur le bout des doigts, les tendances du marché et toutes les techniques de vente. Dans certaines entreprises, il dispose d'une marge de négociation : il peut alors faire un « geste commercial ». Souvent, il consacre aussi une partie de son temps à prospecter de nouveaux clients. Il existe différentes catégories dans cette profession : les commerciaux grand public (qui ont pour clients des particuliers), les commerciaux B to B (*business to business* qui s'adressent à des entreprises), les télévendeurs (qui travaillent uniquement par téléphone)... À l'écoute du client, dynamique, souriant et soigné, le commercial peut être sédentaire ou itinérant.

- **SES COMPÉTENCES** : négocier, démarcher, vendre.
- **SA FORMATION** : tous les niveaux d'études sont possibles pour devenir commercial. Il est possible de suivre un CAP commerce, puis un bac pro métiers du commerce et de la vente. Mais pour ajouter des cordes à son arc, un BTS management commercial opérationnel, négociation et digitalisation de la relation client, ou encore commerce international, voire un DUT techniques de commercialisation peuvent être une bonne idée et assurer une meilleure insertion professionnelle. Il est ensuite possible de se spécialiser avec une licence

pro : par exemple, commerce et distribution (Nice, Dijon, Nantes, Angers, Laval...), technico-commercial (Troyes, Vichy, Valenciennes, Tarbes...), métiers du commerce international (Rennes, Toulouse, Angoulême, Valence...). Une école de commerce jusqu'à bac+5 peut aussi être envisagée.

DIRECTEUR(TRICE) COMMERCIAL

• **NIVEAU D'ÉTUDES MINIMAL** : bac+5 • **SÉLECTIVITÉ** : moyenne à forte • **INSERTION** : bonne
• **SALAIRE** : plus de 2 500 €, selon primes

Manager et stimuler ses équipes, c'est le principal rôle du directeur commercial ! En accord avec la direction générale de son entreprise, il définit la stratégie marketing et la politique commerciale, avec pour objectif d'augmenter le chiffre d'affaires. Pour cela, il suit de près le marché de la vente en ligne, les comportements des clients et les nouvelles technologies. Il est chargé du bon développement de la plate-forme, du budget, de l'organisation, technique et humaine, mais aussi des résultats. Bon communicant, il s'assure de la visibilité de la marque en ligne, se rapproche de partenaires (fournisseurs d'accès, réseaux sociaux...) et veille à la politique de sécurité. Commercial avant tout, ce leader, toujours innovant et force de proposition, va également mettre la main à la pâte et négocier lui-même des contrats.

SES COMPÉTENCES : animer, communiquer, gérer, organiser, planifier, anticiper.

SA FORMATION : ces fonctions sont souvent occupées par des commerciaux expérimentés. Pour mettre toutes les chances de son côté, un bac+5 en école d'ingénieurs ou en école de commerce permettra de disposer d'un bon bagage. À l'université, mieux vaut privilégier un master dans le domaine de la vente, du commerce, de l'économie, ou de la distribution (exemples : logistique, marketing et distribution à la Sorbonne, management stratégique de la distribution à Montpellier, marketing – vente à Lille, commerce et distribution à Toulouse...).

RESPONSABLE DE MAGASIN

• **NIVEAU D'ÉTUDES MINIMAL** : bac+2 • **SÉLECTIVITÉ** : moyenne à forte • **INSERTION** : bonne
• **SALAIRE** : à partir de 2 000 €

C'est lui qui « tient la boutique ». Qu'il soit propriétaire, gérant ou salarié, dans une boutique indépendante, une franchise, ou dans une grande chaîne, le responsable de magasin gère le développement de son commerce. Avec un seul but : développer son chiffre d'affaires pour gagner des parts de marché sur ses concurrents. Depuis ses bureaux, il assure la tenue administrative du magasin, supervise l'organisation des rayons, gère le recrutement et la formation de ses employés, veille à l'approvisionnement régulier et suffisant des stocks et règle d'éventuels litiges avec les clients. Il a une double casquette, commerciale et managériale. Dans la grande distribution, certains magasins emploient plusieurs centaines de personnes et génèrent des profits considérables. Leurs responsables, appelés « directeurs de centre de profits », sont alors de vrais patrons de PME. Excellents gestionnaires, ils ont des attributions très larges, qui peuvent aller jusqu'à la mise en place d'investissements lourds, comme des travaux d'extension. La polyvalence, la pédagogie et le sens du client sont impératifs.

- **SES COMPÉTENCES** : vendre, respecter, veiller.
- **SA FORMATION** : un BTS management commercial opérationnel est tout indiqué, mais il est aussi possible de passer par un BTS technico-commercial, ou un DUT techniques de commercialisation, à compléter éventuellement par une licence pro, pour se spécialiser. Une expérience de quelques années sera souvent nécessaire avant d'arriver à ce poste à responsabilités. À noter que la grande distribution, comme tous les autres secteurs, recrute de plus en plus de diplômés d'écoles de commerce.

RESPONSABLE DU SERVICE CLIENT

• **NIVEAU D'ÉTUDES MINIMAL** : bac+5 • **SÉLECTIVITÉ** : moyenne à forte • **INSERTION** : bonne
• **SALAIRE** : à partir de 2 000 €

L'interlocuteur privilégié du client en cas de besoin ou de demande, c'est lui. Il doit gérer le service après-vente et s'assurer que la satisfaction soit optimale. Pour cela, le responsable du service client peut concevoir des indicateurs de performance, pour lui et son équipe : taux de satisfaction, de réclamation, délais à respecter. Que ce soit face à un problème de commande, un colis non reçu ou une question de facturation, ce manager négociateur, organisé et doté d'un bon sens relationnel est toujours à l'affût de solutions, face aux problèmes des clients. Il garde aussi un œil sur les litiges en cours.

SES COMPÉTENCES : manager, coordonner, rassurer.
SA FORMATION : les entreprises sont souvent à la recherche de profils issus d'écoles de commerce (bac+5) pour ce poste à responsabilité. Néanmoins, il est aussi possible pour des diplômés de BTS/DUT commerce, avec éventuellement une année de licence pro pour se spécialiser, de devenir responsable du service client au terme de plusieurs années d'expérience.

VENDEUR

• **NIVEAU D'ÉTUDES MINIMAL** : CAP • **SÉLECTIVITÉ** : moyenne à forte • **INSERTION** : bonne
• **SALAIRE** : 1 500 à 2 000 €

Derrière ce métier se trouvent de nombreuses réalités. Mais que ce soit dans la grande distribution, une boutique de quartier, ou un magasin très spécialisé, dans l'électroménager, le textile, l'alimentaire, le mobilier ou encore l'électronique, son rôle est toujours le même : conseiller le client, s'assurer que le lieu de vente soit toujours bien présenté et attractif et encaisser les règlements. Toujours observateur, dynamique et capable de rester avenant même face à des clients parfois difficiles, le vendeur doit également se montrer résistant physiquement, car il est souvent debout, à arpenter son magasin. Expert de son sujet, il connaît différentes techniques de vente, afin de convaincre son client et de le mener en caisse. Dans l'univers du luxe, le vendeur doit être également soigné et parler plusieurs langues, afin d'accueillir une clientèle souvent internationale. Par la suite, il pourra évoluer en tant que chef de rayon ou responsable de magasin, voire ouvrir sa propre boutique.

- **SES COMPÉTENCES :** conseiller, vendre, écouter.
- **SA FORMATION :** voilà un métier qui peut être ouvert aux novices sans formation. Cependant, pour trouver plus facilement un poste stable et intéressant, un CAP employé de vente spécialisé, puis un bac pro commerce sera clairement un plus. Il est aussi possible de se spécialiser, si l'on a déjà une appétence pour un secteur ou un produit donné (bac pro technicien conseil – vente en alimentation, animalerie, produits de jardin…).

> POUR ALLER + **LOIN SUR LE NET**

opcommerce.org : Observatoire prospectif du commerce / metiersducommerce.fr : Conseil du commerce de France / fcd.asso.fr : site de la FCD (Fédération du commerce et de la distribution).

> À LIRE **AUX ÉDITIONS DE L'ETUDIANT**

Bien choisir son école de commerce

Témoignage

THOMAS SOUBIRAN | *vendeur*

« Pour bien vendre quelque chose, il faut connaître et aimer le produit »

SON MÉTIER. *Rien ne prédestinait Thomas à travailler dans la vente. Après un CAP photographie, puis des petits boulots, il trouve sa voie lorsqu'il est recruté, à 21 ans, par une boutique spécialisée dans l'image, Cirque Photo Vidéo, à Paris. « L'idée de mêler ma passion avec de la vente m'a plu. C'était l'occasion de garder un pied dans le milieu et de rester en lien avec la technologie, le matériel, les nouveautés. J'ai pris goût au commerce, au fait de pouvoir transmettre ma passion, tout en apprenant des techniques de vente », explique-t-il, en poste depuis huit ans. La boutique compte une quinzaine de vendeurs, tous spécialisés et formés dans l'univers de la photographie.*

Ses journées sont bien remplies : il échange avec les clients, pour leur proposer le matériel le plus approprié à leurs besoins et leur budget, établit des devis, encaisse, range, met en valeur les produits dans les vitrines, s'occupe de quelques tâches administratives, comme le paiement en plusieurs fois ou la détaxe, et participe à l'organisation et à l'encadrement de journées de formation pour les clients. « Il faut être patient, gentil et pédagogue, surtout face à des novices. Face à des professionnels, c'est plus facile : ils savent souvent ce qu'ils veulent. Je peux alors prendre le temps de leur présenter les nouveautés et de leur faire tester le matériel », déclare Thomas, qui peut réaliser des ventes à plusieurs dizaines de milliers d'euros.

SON CONSEIL. *« La vente est beaucoup plus facile lorsque l'on a une appétence, voire une passion, pour le domaine au sein duquel on exerce. Pour bien vendre quelque chose, il faut connaître le produit, mais aussi l'aimer ! »*

HÔTELLERIE, RESTAURATION

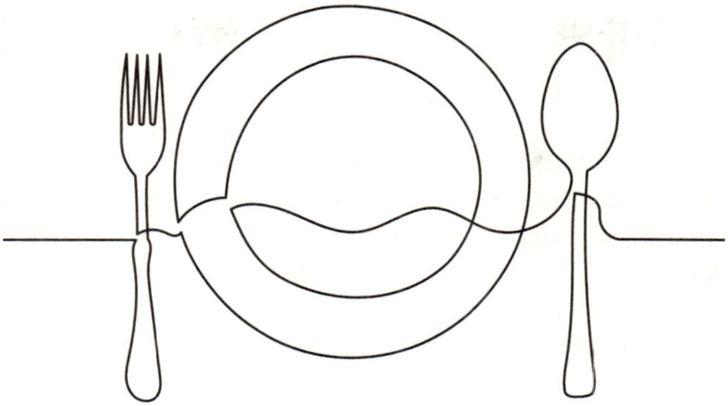

Ce secteur recrute ! Avec près de 200 000 entreprises et plus de 740 000 salariés, d'après le Fafih (Fond national d'assurance formation de l'industrie hôtelière) en 2018, l'hôtellerie et la restauration se montrent dynamiques et ouverts à tous les profils, avec ou sans expérience. S'il est possible de commencer en bas de l'échelle et de gravir progressivement les échelons, les jeunes diplômés y trouveront aussi leur place.

BARMAN (BARMAID), MIXOLOGUE

- **NIVEAU D'ÉTUDES MINIMAL :** CAP • **SÉLECTIVITÉ :** faible à forte • **INSERTION :** faible
- **SALAIRE :** de 1 500 à 2 000 €

Le barman peut travailler dans un grand hôtel, une boîte de nuit, un casino, une brasserie, un club de vacances, un restaurant, ou tout simplement un bar. Dans tous les cas, la mission du barman est de préparer les boissons pour ses clients. Lorsqu'il se spécialise dans les cocktails et possède une grande connaissance et technique du sujet, il peut être appelé mixologue. Mais au-delà de sa maîtrise de toutes les boissons de son bar, le barman détient une endurance et un sens de la clientèle à toute épreuve. Toujours debout, toujours avenant, toujours efficace, il échange volontiers avec ceux qui lui commandent un verre, les conseille, les sert, puis les encaisse. Responsable de la bonne tenue de son bar et de sa caisse, il garde aussi toujours un œil sur ses stocks. Capable de parler une, voire plusieurs langues étrangères, il travaille souvent en horaires décalées.

SES COMPÉTENCES : accueillir, préparer, conseiller, servir.
SA FORMATION : un CAP commercialisation et services en hôtel-café-restaurant, puis un brevet professionnel barman pour se spécialiser. Il est possible de poursuivre avec un bac pro commercialisation et services en restauration, ou de suivre un bac techno sciences et technologie de l'hôtellerie et de la restauration.

CHEF(FE) DE CUISINE

- **NIVEAU D'ÉTUDES MINIMAL** : CAP • **SÉLECTIVITÉ** : faible à moyenne • **INSERTION** : bonne
- **SALAIRE** : à partir de 2 000 €

Sa brigade l'appelle « chef ». Derrière les fourneaux, c'est lui qui imagine et réalise tous les plats proposés aux clients grâce à ses goûts, son imagination, son talent. En chef d'orchestre, il choisit les produits, veille à leur bonne qualité et encadre l'équipe qui s'affaire quotidiennement derrière les casseroles. Il est le garant de la réputation de son établissement, mais aussi du respect des règles de sécurité et d'hygiène au sein de sa cuisine. La majorité des chefs s'occupent aussi de conserver de bonnes relations avec leurs producteurs et fournisseurs, pour s'assurer de ne recevoir que les meilleurs produits. Une pincée de créativité, une bonne dose de résistance physique et un fort attachement au travail en équipe sont des ingrédients essentiels à sa réussite, qu'il travaille pour un restaurant étoilé ou un bistrot de quartier. Dans tous les cas, il doit savoir se remettre toujours en question et se renouveler dans sa carte.

SES COMPÉTENCES : cuisiner, créer, gérer.
SA FORMATION : un CAP cuisine est un premier pas, qui peut être complété par un bac pro cuisine, puis un BTS management en hôtellerie-restauration option management

d'unité de production culinaire. Certaines écoles sont très réputées, en France comme dans le monde, à l'image de Ferrandi, Le Cordon bleu, ou encore l'Institut Paul-Bocuse.

CONCIERGE

• **NIVEAU D'ÉTUDES MINIMAL** : bac • **SÉLECTIVITÉ** : faible à forte • **INSERTION** : faible
• **SALAIRE** : de 1 500 à 2 000 €

Seuls les hôtels haut de gamme recrutent ce professionnel, reconnaissable aux clefs d'or brodées sur son veston. Installé à l'accueil ou dans le hall d'entrée de l'établissement, il répond aux demandes – parfois extravagantes – de la clientèle, à toute heure du jour ou de la nuit. Réserver des places de concert, conseiller un endroit où faire des achats, dénicher un coiffeur disponible sur-le-champ... Son carnet d'adresses est une mine d'or ! Débrouillard, il maîtrise au moins deux langues étrangères et possède une bonne culture générale. Surtout, il sait faire preuve de tact et de discrétion en toutes circonstances. Il travaille en permanence avec tous les services de son hôtel, en particulier avec l'équipe d'accueil, afin d'assurer aux clients la meilleure expérience possible. À noter que la formation française à ce métier est très appréciée dans les palaces du monde entier.

: SES COMPÉTENCES : accueillir, renseigner, conseiller.

: SA FORMATION : le bac technologique STHR (sciences et technologies de l'hôtellerie et de la restauration) peut faciliter un début de carrière, tout comme le BTS management en hôtellerie-restauration, option management d'unité d'hébergement, ou le BTS tourisme. En France, deux écoles spécialisées préparent au métier : après un bac+2 ou une expérience professionnelle, une formation d'un an est dispensée à Paris par l'ICI (Institut de conciergerie internationale). Le lycée des métiers d'hôtellerie et tourisme d'Occitanie à Toulouse délivre, quant à lui, une formation professionnelle de concierge d'hôtel, reconnue par l'Union nationale des concierges d'hôtels « Les Clefs d'or », référence dans le métier.

DIRECTEUR(TRICE) D'HÔTEL

• **NIVEAU D'ÉTUDES MINIMAL** : bac+5 • **SÉLECTIVITÉ** : moyenne • **INSERTION** : moyenne
• **SALAIRE** : de 2 000 à 2 500 €

Dans un petit hôtel ou un palace, il supervise et coordonne l'activité des services : hall, restaurant, étages… Bon manager, excellent gestionnaire, il prend les décisions stratégiques en termes de budget, de recrutement, de marketing, de rénovation (choix des décors, des peintures…). Son objectif principal : que son établissement prospère et que la clientèle soit satisfaite. À l'écoute, dynamique et en mesure de gérer son équipe, le directeur d'hôtel est capable de beaucoup travailler, avec des horaires souvent décalés, mais est aussi capable de déléguer et apte à faire confiance à ses subalternes. Chaleureux avec ses clients, il dispose également de bonnes relations avec ses fournisseurs et partenaires, dont les offices de tourisme.

SES COMPÉTENCES : gérer, administrer, coordonner.

SA FORMATION : un BTS hôtellerie-restauration ou une licence pro peuvent suffire, mais demandera une longue expérience avant d'atteindre ce poste à responsabilité. Pour un jeune diplômé, mieux vaut se diriger vers un bac+5 en école de commerce ou une école spécialisée dans l'hôtellerie (Institut Paul-Bocuse, Les Roches…). De nombreuses formations privées existent dans le domaine de l'hôtellerie et du luxe, assurez-vous des débouchés de ces écoles avant de vous inscrire.

GÉRANT(E) DE RESTAURATION COLLECTIVE

• **NIVEAU D'ÉTUDES MINIMAL** : bac pro • **SÉLECTIVITÉ** : faible à moyenne • **INSERTION** : moyenne
• **SALAIRE** : de 1 5400 à 2 000 €

Dans un restaurant d'entreprise, une cantine scolaire ou un hôpital, le gérant de restauration collective organise la vie des cuisines. Ici sont préparées chaque jour des centaines de repas. Il doit organiser avec rigueur les stocks et l'achat de denrées, tout en veillant au respect des règles d'hygiène. Selon son lieu de travail, il doit parfois prendre garde de respecter un cahier des charges stricts, par exemple dans un hôpital, une clinique ou une maison de retraite, où des menus spéciaux (sans sel, régime diabétique, anti-cholestérol, sans résidu, dialyse…) sont prévus pour certains des pensionnaires. Ce gestionnaire, aussi cuisinier, élabore les menus, supervise le travail de ses équipes, mais sait aussi mettre la main à la pâte en cas de besoin, de la cuisine à la plonge ! Une fois le service terminé, il met à jour sa comptabilité et effectue diverses tâches administratives.

SES COMPÉTENCES : administrer, créer des menus, superviser.

SA FORMATION : le bac pro cuisine ou commercialisation et services en restauration permet de travailler dans les petites structures, mais un BTS hôtellerie-restauration option art culinaire, art de la table et du service favorise une évolution plus rapide. À bac+3 : licence pro management en restauration collective et commerciale au Mans ou à l'UPEC (Université Paris-Est Créteil) ; ou management des entreprises de l'hôtellerie et de la restauration à l'université Paris-Saclay.

MAÎTRE(SSE) D'HÔTEL

• **NIVEAU D'ÉTUDES MINIMAL :** bac • **SÉLECTIVITÉ :** faible à moyenne • **INSERTION :** bonne
• **SALAIRE :** de 1 500 à 2 000 €

Auprès de la clientèle, il est le garant de l'image de l'établissement. Dans un restaurant (et non dans un hôtel, comme on pourrait le croire), le maître d'hôtel organise et surveille tout le service en salle. Il accueille le client, le conduit à sa table. Ensuite, il lui présente les menus, le conseille et prend sa commande. Les chefs de rang et les commis prennent alors le relais pour le service. Au cours du repas, le maître d'hôtel s'assure que le client n'a besoin de rien. Véritable chef d'orchestre de la salle, il a l'œil partout et se montre prévenant, mais aussi discret. La psychologie, la délicatesse et le sens de l'accueil sont sans conteste ses grandes qualités !

- **SES COMPÉTENCES :** servir, conseiller, organiser.
- **SA FORMATION :** un bac professionnel commercialisation et services en restauration, bac STHR ou BTS management en hôtellerie-restauration, option management d'unité de production culinaire. Mais qu'importe la formation initiale : ce poste ne sera accessible qu'après une expérience comme chef de rang.

SERVEUR(SE)

• **NIVEAU D'ÉTUDES MINIMAL :** CAP • **SÉLECTIVITÉ :** faible • **INSERTION :** bonne
• **SALAIRE :** de 1 100 à 1 500 €

Son rôle : accueillir et servir les clients en salle. Ce professionnel dynamique, agréable et efficace peut installer les nouveaux arrivants à table, leur présenter le menu et les conseiller, prendre les commandes, servir les plats, encaisser, débarrasser et dresser à nouveau les tables. Dans un petit restaurant, il pourra être très polyvalent et participer au travail en cuisine ou au bar, en plus de toutes ces tâches. Dans de plus grands établissements, surtout hauts de gamme, son rôle sera beaucoup plus segmenté. Le serveur joue en tout cas un rôle essentiel dans le restaurant, puisqu'il est le principal lien entre le client et la cuisine. D'où la nécessité de rester toujours avenant et courtois, même si la personne face à lui est difficile ! Et ainsi espérer un pourboire, pour compléter un salaire fixe souvent bas.

- **SES COMPÉTENCES :** servir, conseiller, débarrasser.
- **SA FORMATION :** il est possible de débuter dans le service sans formation dédiée, en particulier dans les restaurants et cafés de quartier, de petite taille, ou dans la restauration rapide, friands de jeunes motivés. Les établissements les plus exigeants préféreront les titulaires de CAP cuisine, restaurant ou agent polyvalent de restauration, ou de bac professionnel commercialisation et services en restauration, ou cuisine. La maîtrise d'une langue étrangère sera toujours un plus.

SOMMELIER(ÈRE)

• **NIVEAU D'ÉTUDES MINIMAL** : CAP • **SÉLECTIVITÉ** : faible • **INSERTION** : bonne
• **SALAIRE** : de 1 500 à 2 000 €

Un bordeaux ? Un sancerre ? Au restaurant, il n'est pas toujours facile de choisir la bonne bouteille. Heureusement, le sommelier est là. Dans les établissements cotés, il conseille les clients sur le choix d'un vin en fonction de leurs goûts et des plats choisis. Il s'adresse donc autant à des fins connaisseurs qu'à des néophytes, à qui le vocabulaire « robe », « corps », « jambe » ne dit pas grand-chose... pour un vin ! En plus de la relation avec les clients, le sommelier s'occupe souvent de l'achat et de la sélection des vins, rencontre les vignerons, gère la cave et s'assure que les bouteilles soient disponibles et à la bonne température au moment du service.

SES COMPÉTENCES : sélectionner, acheter, conseiller.
SA FORMATION : la MC (mention complémentaire) sommellerie, qui se prépare en un an dans une cinquantaine d'établissements après un CAP commercialisation et services en hôtel-café-restaurant ou un CAP restaurant, un bac professionnel commercialisation et services en restauration, ou le BP (brevet professionnel) sommelier. Quelques exemples d'établissements : Ferrandi, l'IFCO à Paris et Marseille, le lycée polyvalent de l'hôtellerie d'Occitanie, l'Institut de chimie œnologie de Paris...

YIELD MANAGER

• **NIVEAU D'ÉTUDES MINIMAL** : bac+5 • **SÉLECTIVITÉ** : forte • **INSERTION** : bonne
• **SALAIRE** : de 2 000 à 2 500 €

C'est LE métier hôtelier du moment. Toutes les chaînes d'hôtel et les grands établissements ont leur *yield manager*. Ce professionnel du chiffre, qui ne travaille d'ailleurs pas forcément que pour l'hôtellerie, jongle dans ce cas avec les réservations et le prix des chambres pour améliorer autant que possible la rentabilité de l'hôtel. Il peut ainsi préférer louer cinq chambres à tarif plein que dix à tarif réduit ! Pour s'orienter, il regarde de près la concurrence, tient une veille rigoureuse des prix du secteur et suit au jour le jour les statistiques de réservations. Bon communicant, réactif et stratège, il sait se tenir à l'écoute des besoins des tour-opérateurs et agences de voyages susceptibles de lui acheter un lot de chambres à la dernière minute.

- **SES COMPÉTENCES :** négocier, anticiper, organiser.
- **SA FORMATION :** en général, une formation à bac+5 est nécessaire. Cela peut être en école de commerce, ou en master à l'université (par exemple tourisme parcours management des activités hôtelières et touristiques à La Rochelle, tourisme parcours gestion des activités touristiques et hôtelières à Paris 1, ou management hôtelier tourisme à Montpellier).

> POUR ALLER + LOIN SUR LE NET

metiers-hotel-resto.fr : site des professionnels de l'hôtellerie et de la restauration / lhotellerie-restauration.fr : le journal des restaurants, hôtels, cafés / cuisinier2collectivite.fr : réseau interprofessionnel de la restauration collective / agores.asso.fr : association nationale des directeurs de la restauration collective / umih.fr : union des métiers et des industries de l'hôtellerie.

> À LIRE AUX ÉDITIONS DE L'ETUDIANT

Les Métiers du luxe

RÉMY FOURMEAUX | *chef cuisinier*

« Un bon chef anticipe les commandes afin de ne pas subir le rush »

SON MÉTIER. *Et si les élèves désintéressés de l'école étaient des génies qui n'avaient pas encore trouvé leur voie ? « Du collège à l'école hôtelière, je suis passé de 10 à 16 de moyenne », s'amuse Rémy Fourmeaux. Une révélation qui lui a permis de passer un bac techno, puis un BTS hôtellerie-restauration. « Je recommande vivement de faire quelques années d'études après le bac, qui apportent des compétences supplémentaires. Je passe beaucoup de temps derrière mon bureau à calculer le prix de revient, par exemple », explique le désormais chef du restaurant de l'hôtel parisien Édouard 7.*

Rémy fait des journées à rallonge. À 8 heures, il pousse la porte du restaurant, enfile son tablier et vérifie le buffet du petit-déjeuner. Une heure plus tard, il réceptionne les produits commandés la veille et briefe son équipe sur les plats du jour et les dressages. À 10 heures, les quatre cuisiniers sont à leur poste, concentrés sur la préparation des entrées ou des sauces. Le chef répond aux questions, conseille et donne des coups de main. « C'est le moment que je préfère. Un bon chef anticipe les commandes et s'avance le plus possible, afin de ne pas subir le rush », souligne Rémy. Le rush commence à midi. Le chef cuisinier se fait alors chef d'orchestre : il est sollicité dans tous les sens, distribue les tâches et annonce les plats. Trois heures plus tard, l'équipe nettoie la cuisine pour le service du soir.

SON CONSEIL. *« Les émissions culinaires ne reflètent qu'une petite partie du métier. Pour connaître la réalité, il faut entrer dans une cuisine le plus tôt possible. J'ai fait mon premier stage à l'Hôtel de Paris, à Monaco. Là où Alain Ducasse a fait ses armes. »*

IMMOBILIER

Avec près d'un million de transactions chaque année (Conseil supérieur du notariat en 2019), l'immobilier se porte bien, avec plus de 240 000 salariés, répartis dans toute la France. Les opportunités d'embauches sont nombreuses, y compris pour les jeunes diplômés. Mais pour s'imposer comme un bon négociateur et se faire écouter des clients, de solides qualités sont requises, dont la persévérance, l'éloquence et la diplomatie.

ADMINISTRATEUR(TRICE) DE BIENS

- **NIVEAU D'ÉTUDES MINIMAL** : bac+2 • **SÉLECTIVITÉ** : moyenne • **INSERTION** : bonne
- **SALAIRE** : de 2 000 à 2 500 €

Les propriétaires sont bien contents de l'avoir ! Aussi appelé gérant d'immeuble, cet administrateur s'occupe pour le compte de particuliers ou d'entreprises de la location de biens. Cela peut être une maison, un appartement, mais aussi un parking, un bureau, voire un immeuble entier. Il cherche des locataires, réalise les états des lieux, rédige les contrats et les quittances, encaisse les loyers, à reverser ensuite au propriétaire. Cette profession requiert une grande polyvalence, avec des compétences dans le domaine de la négociation, de la gestion comptable et administrative, et même des relations humaines. L'administrateur de biens peut aussi intervenir dans la gestion de locaux commerciaux, de galeries marchandes. Dans le pire des cas, si un locataire cesse par exemple de payer le loyer, il a la prérogative de régler le litige, à l'amiable si possible, ou d'engager des poursuites si cela s'avère nécessaire.

- **SES COMPÉTENCES :** administrer, organiser, gérer.
- **SA FORMATION :** un BTS professions immobilières ou un DUT carrières juridiques complété, par exemple, par une licence professionnelle activités juridiques management et droit des affaires immobilières. Une école de commerce ou une formation supérieure en droit et gestion mènent aussi au métier. Les diplômes des écoles spécialisées sont appréciés des recruteurs : gestionnaire d'affaires immobilières (bac+3) à l'ESPI (École supérieure des professions immobilières) ou une formation proposée par un ICH (institut d'études économiques et juridiques appliquées à la construction et à l'habitat).

AGENT(E) IMMOBILIER(ÈRE)

• **NIVEAU D'ÉTUDES MINIMAL :** bac+2 • **SÉLECTIVITÉ :** moyenne • **INSERTION :** bonne
• **SALAIRE :** de 1 500 à 2 000 €, selon primes et commissions

À la tête de sa propre agence ou au sein d'un réseau franchisé, ce commercial joue le rôle d'intermédiaire entre vendeur et acheteur, propriétaire et locataire. Avant d'afficher un bien en vitrine, il le visite, l'évalue et négocie les conditions de vente ou de location. Grâce à ses compétences techniques dans le domaine du bâtiment, il est capable d'évaluer le potentiel d'un logement ou d'un bâtiment et de trouver les arguments qui feront mouche auprès des acheteurs potentiels. Car les négociations sont souvent un long processus. Il rassemble et trie les offres d'achat ou les dossiers de locataires potentiels, les transmet au propriétaire, puis accompagne les deux parties jusqu'à la signature du bail ou du compromis de vente. À noter que la fonction d'agent immobilier porte des intitulés différents selon les enseignes : conseiller immobilier, conseiller vente, négociateur… Certains sont salariés, d'autres sont rémunérés exclusivement à la commission (5 à 7 % du montant des transactions). Persuasif, polyvalent et maîtrisant la législation de l'immobilier, cet agent est avant tout un bon commercial.

- **SES COMPÉTENCES :** prospecter, négocier, vendre.
- **SA FORMATION :** pour intégrer une agence franchisée, le BTS professions immobilières est l'idéal, mais un diplôme commercial est généralement suffisant, comme un DUT techniques de commercialisation ou un BTS négociation et digitalisation de la relation client. Un bac+5 (diplôme d'une école de commerce par exemple) est souhaitable pour viser un poste à responsabilités. Pour exercer à son compte, il faut posséder la carte professionnelle, délivrée sous conditions d'études (BTS professions immobilières ou bac+3 juridique, économique ou commercial). L'École supérieure des professions immobilières (ESPI) est assez réputée dans le secteur.

GESTIONNAIRE D'ACTIFS IMMOBILIERS

- **NIVEAU D'ÉTUDES MINIMAL :** bac+5 • **SÉLECTIVITÉ :** forte • **INSERTION :** bonne
- **SALAIRE :** plus de 2 500 €

Selon l'Insee, l'immobilier représente près de deux tiers du patrimoine des Français. Alors, ce financier dans l'âme a du pain sur la planche, puisqu'il gère le placement immobilier (le « portefeuille ») d'un particulier ou d'une entreprise. Armé d'un solide sens des affaires, il s'occupe des achats et des ventes, mène les négociations, décide des éventuels travaux d'amélioration. Dans un seul et unique objectif : faire fructifier le patrimoine de son client. Il assure également le suivi administratif et comptable des biens dont il a la charge : déclarations fiscales, gestion des relations avec les syndics et les organismes de prêts…

- **SES COMPÉTENCES :** évaluer, gérer, faire fructifier.
- **SA FORMATION :** nombre de voies permettent d'accéder à cette profession : un diplôme d'école de commerce, un master de

finance, une formation spécialisée type ICH (Institut de droit et d'économie appliqués à l'immobilier), un master gestion de patrimoine (Paris-Dauphine ou ESEMAP [École supérieure d'économie et de management des patrimoines] par exemple), un mastère spécialisé en gestion patrimoniale et immobilière (Kedge Business School), un master gestion stratégie de l'investissement immobilier et de la construction de l'université Panthéon-Sorbonne, ou encore le mastère spécialisé international wealth management de l'ESCP Europe.

SYNDIC(QUE) DE COPROPRIÉTÉ

• **NIVEAU D'ÉTUDES MINIMAL :** bac+2 • **SÉLECTIVITÉ :** moyenne • **INSERTION :** bonne
• **SALAIRE :** de 1 500 à 2 000 €

Dans un immeuble, il y a les parties privées (logements) et les parties communes (escaliers, hall, ascenseur). Pour veiller à l'entretien de ces dernières et à leur bon fonctionnement, les propriétaires font appel à un syndic de copropriété. Son rôle est triple : technique (il veille à l'entretien ou à la réfection des parties communes, négocie et contrôle les travaux), juridique (il fait respecter les règlements, convoque les assemblées, rédige les comptes rendus, souscrit les assurances de l'immeuble) et financier (il assure la comptabilité et la répartition des charges, règle les fournisseurs, établit le budget prévisionnel). Patient, pédagogue et disposant de solides connaissances juridiques et comptables, le syndic de copropriété doit avoir un bon contact avec les propriétaires, qui ont souvent une image négative de sa profession.

SES COMPÉTENCES : gérer, organiser, contrôler.

SA FORMATION : pour exercer la fonction de syndic, il faut être titulaire de la carte professionnelle mention syndic de copropriété (valable trois ans) délivrée par la chambre de commerce et d'industrie. Celle-ci s'obtient sous condition de diplôme : un BTS professions immobilières, un diplôme d'ICH, de l'ESPI, de l'Insim (Institut national supérieur de l'immobilier) ou de Toulouse Business School (bachelor, filière management de l'immobilier), voire un bac+3 en droit ou commerce. Les gros cabinets recrutent aussi des collaborateurs ayant un bac+3 (voire +5) en droit et comptabilité ou gestion immobilière.

> POUR ALLER + *LOIN SUR LE NET*

fnaim.fr : Fédération nationale de l'immobilier / cnai.fr : Conseil national des agents immobiliers / ssnpi.fr : syndicat français de l'immobilier /unis-immo.fr : union des syndicats de l'immobilier.

> À LIRE *AUX ÉDITIONS DE L'ETUDIANT*

Les Métiers de l'immobilier

TOURISME

Plus de 80 millions de touristes visitent chaque année la France. Et à l'inverse, plus de deux tiers de nos compatriotes partent en vacances, dans l'Hexagone ou à l'étranger. Forcément, le secteur du tourisme a de la demande, que ce soit pour organiser et concevoir des séjours, les vendre aux clients, ou encore leur faire visiter des sites. Les principaux pourvoyeurs d'emplois sont les offices de tourisme et les agences de voyages.

AGENT(E) DE VOYAGES (VENDEUR[SE]-CONSEIL)

• **NIVEAU D'ÉTUDES MINIMAL** : bac+1 • **SÉLECTIVITÉ** : faible à moyenne • **INSERTION** : moyenne
• **SALAIRE** : de 1 500 à 2 000 €

L'agent de voyages a une belle mission : vendre à ses clients le séjour idéal, selon leurs critères et leur budget. Grâce à de puissantes bases de données, il peut, en quelques clics, aussi bien réserver un vol pour l'Australie qu'une nuit d'hôtel à Marseille. Si l'activité essentielle de ce professionnel reste la vente de billets, il gère aussi la réservation d'hôtels, de voitures, de séjours. Il propose différentes formules à ses clients et effectue les réservations auprès des tour-opérateurs. Même s'il ne connaît pas le village de vacances ou le pays convoité par son client, il doit pouvoir répondre avec précision à toutes ses questions. À lui de savoir personnaliser son offre, pour répondre à toutes les attentes du futur voyageur, et ainsi clore la vente.

- **SES COMPÉTENCES :** informer, conseiller, vendre.
- **SA FORMATION :** un BTS tourisme, négociation et digitalisation de la relation client, puis une licence pro économie, gestion, hôtellerie et tourisme constitueront une bonne formation, même si certains réseaux d'agences préfèrent les formations courtes spécifiques, en six à douze mois après le bac. Il existe aussi des écoles spécialisées, comme l'EFHT à Paris ou l'IEFT (Lyon, Paris).

ANIMATEUR(TRICE)

• **NIVEAU D'ÉTUDES MINIMAL :** aucun diplôme • **SÉLECTIVITÉ :** faible • **INSERTION :** moyenne
• **SALAIRE :** 1 500 € (nourri, logé, blanchi)

L'animateur divertit et distrait les touristes durant leurs vacances. Sketches, chorégraphies, soirées costumées… Il fournit sur scène et en coulisses un travail considérable. Au contact des clients, il doit être de bonne humeur et d'un dynamisme contagieux. Si le Club Med est l'employeur d'animateurs le plus emblématique du marché (avec ses fameux GO – « gentils organisateurs »), la plupart des centres de vacances pour enfants et les parcs de loisirs recherchent des animateurs à l'année.

- **SES COMPÉTENCES :** divertir, animer, distraire.
- **SA FORMATION :** aucune formation spécifique n'est requise, mais le BAFA (brevet d'aptitude aux fonctions d'animateur) est apprécié, de même que le BP JEPS (brevet professionnel de la jeunesse, de l'éducation populaire et du sport) pour les activités sportives et l'attestation PSC1 (prévention et secours civiques de niveau 1). Un titre professionnel d'animateur loisirs tourisme enregistré au RNCP (Répertoire national des certifications professionnelles) est assuré par exemple à l'école Klaxon rouge de Loctudy. Quelle que soit la formation de

l'animateur, la pratique du théâtre, d'un sport ou d'un instrument de musique est toujours un atout.

CHEF(FE) DE PRODUIT TOURISTIQUE

• **NIVEAU D'ÉTUDES MINIMAL** : bac+3 • **SÉLECTIVITÉ** : moyenne à forte • **INSERTION** : moyenne
• **SALAIRE** : de 2 000 à 2 500 €

Premier maillon de la chaîne touristique, le chef de produit touristique (ou chef de produit voyages) imagine et invente de nouvelles formules qui feront les beaux jours de l'agence de voyages ou du tour-opérateur qui l'emploie. Généralement, il se spécialise sur une région du monde, voire un pays, qu'il connaît sur le bout des doigts. Très mobile, il est toujours à la recherche d'idées innovantes, un nouvel hôtel, un restaurant inédit, des activités, musées... Il n'hésite pas à se rendre sur place pour tester et repérer les meilleurs lieux. De quoi lui permettre d'évaluer précisément les distances, les coûts et rencontrer les responsables en direct, afin de négocier les prix. Il est aussi parfaitement au fait de la situation politique, météorologique et des problématiques de sécurité dans le pays en question. Son but : proposer un voyage qui attire les touristes et qui permette à son entreprise de dégager un bénéfice intéressant. C'est un voyageur aguerri, curieux et ouvert, avec un solide sens du commerce et une maîtrise d'une, voire plusieurs langues étrangères.

- **SES COMPÉTENCES** : analyser, concevoir, négocier.
- **SA FORMATION** : ce poste est généralement confié à des personnes ayant déjà plusieurs années d'expérience dans le secteur. Pour y accéder, il est utile d'avoir une bonne connaissance d'un ou de plusieurs pays et de parler parfaitement l'anglais. À bac+3, une licence professionnelle métiers du tourisme et des loisirs, management d'unité touristique est proposée à Metz (57), accessible après un BTS tourisme, un DUT GEA option GMO (gestion des entreprises et des administrations, option gestion et management des organisations) par exemple. À bac+5, il existe plusieurs masters à l'université : management

destinations touristiques à Chambéry (73), management de projets touristiques à Lille (59), management des entreprises du tourisme à Angers (49). Enfin, une formation en école de commerce (spécialisation tourisme) peut conduire à ce métier, par exemple l'École supérieure de tourisme du groupe Y Schools (ex-Groupe ESC Troyes).

DIRECTEUR(TRICE) D'OFFICE DE TOURISME

• **NIVEAU D'ÉTUDES MINIMAL** : bac+5 • **SÉLECTIVITÉ** : forte • **INSERTION** : moyenne
• **SALAIRE** : plus de 2 500 €

C'est une mine d'informations pour tout voyageur en déplacement dans une ville ! L'office de tourisme réunit à la fois des prospectus pour des activités sportives et culturelles, des recommandations de musées, restaurants et hôtels, des précisions sur l'architecture, la gastronomie et les événements à venir. Alors son directeur, surtout durant la haute saison, ne chôme pas ! Selon la taille de l'office, il peut lui-même accueillir les visiteurs, ou s'assurer que son équipe le fasse avec chaleur. Responsable du budget de son office et chargé de l'édition de guides et de plans de la ville, il dispose d'un excellent carnet d'adresses local. Habitué à parler aux médias, notamment à la presse régionale, il peut aussi organiser des animations et expositions. Forcément, activité oblige, cet amoureux de sa région pourra être amené à travailler le soir, les jours fériés et durant les vacances scolaires.

: **SES COMPÉTENCES** : informer, conseiller, échanger.
: **SA FORMATION** : pour devenir directeur, mieux vaut tabler sur un bac+5, avec un master professionnel dans le tourisme et la culture.

GUIDE-ACCOMPAGNATEUR(TRICE)

• **NIVEAU D'ÉTUDES MINIMAL** : bac • **SÉLECTIVITÉ** : faible à moyenne • **INSERTION** : moyenne
• **SALAIRE** : de 1 500 à 2 000 €, selon clients

Lorsqu'un tour-opérateur organise un voyage de groupes, il confie la gestion pratique du séjour au guide-accompagnateur. Son travail peut commencer dès le départ du voyage en France. Il peut aussi rejoindre le groupe sur place, dans le pays visité, s'il est un « local ». Il a sous sa responsabilité des dizaines de personnes, pour qui il gère les tracasseries administratives : planification des journées, gestion des transports, des réservations... Rien ne doit être laissé au hasard ! Sa tâche consiste à faire en sorte que tous les touristes profitent agréablement de leur voyage et... rentrent en France sains et saufs ! Si ce métier attire de nombreux candidats, il reste précaire : un guide est rarement salarié au mois, mais plutôt à la journée (de 80 à 90 €, repas inclus). Il peut exercer en tant que travailleur indépendant ou salarié. Organisé, responsable et doté d'un grand sens du client, il sait s'adapter à toutes circonstances et rassurer son groupe en cas de problème.

SES COMPÉTENCES : organiser, accompagner, superviser.

SA FORMATION : il n'y a pas de diplôme systématiquement requis. Plusieurs options sont possibles, comme un BTS tourisme, une licence pro guide-conférencier, ou dans le domaine du tourisme. Des connaissances en histoire, histoire de l'art, géographie, ainsi que la maîtrise de plusieurs langues étrangères représentent également des atouts.

> POUR ALLER + LOIN SUR LE NET

entreprises.gouv.fr/tourisme/metiers-du-tourisme : le portail du gouvernement dédié aux métiers du tourisme / adn-tourisme.fr : Fédération nationale des organismes institutionnels du tourisme / entreprisesduvoyage.org : syndicat des entreprises du voyage.

> À LIRE AUX ÉDITIONS DE L'ETUDIANT

J'aime les voyages !

MARKETING, PUBLICITÉ

Ils marquent les esprits grâce à des formules chocs, des jeux de mots, des slogans. Mais leur créativité ne peut pas être sans limites : elle est intimement liée aux besoins du marché et aux attentes de leurs clients.

CHARGÉ(E) D'ÉTUDES MARKETING

• **NIVEAU D'ÉTUDES MINIMAL** : bac+5 • **SÉLECTIVITÉ** : moyenne à forte • **INSERTION** : moyenne
• **SALAIRE** : de 2 000 à 2 500 €

Au début de la chaîne, avant même qu'un produit ne soit fabriqué, le chargé d'études marketing s'assure qu'il répondra à une attente des consommateurs, voire qu'il créera un nouveau besoin. Première étape pour ce spécialiste des habitudes de consommation : étudier les comportements d'achat et examiner la concurrence. Il organise des réunions de consommateurs, réalise des enquêtes, visite les magasins… Son étude est chiffrée, précise et détaillée. Il connaît sur le bout des doigts toutes les évolutions de tendance et peut conseiller l'entreprise sur la stratégie commerciale à adopter. Il garde bien sûr un œil sur la concurrence et lance en aval des enquêtes, pour s'assurer que le produit soit apprécié des clients. Rigoureux et observateur, le chargé d'études marketing n'a pas peur des chiffres et des statistiques.

- **SES COMPÉTENCES :** communiquer, analyser, vendre.
- **SA FORMATION :** il s'agit d'un poste idéal pour un jeune diplômé, à la suite d'un master en marketing (par exemple études de marché et décisions marketing à Paris 1, management des études marketing et d'opinion à Cergy-Pontoise, chef de produit et études marketing à Paris-Dauphine). Les écoles de commerce proposent quasiment toutes une spécialisation marketing. On peut également occuper cette fonction après une école d'ingénieurs avec une spécialisation commerciale.

CHARGÉ(E) DE PROMOTION

• **NIVEAU D'ÉTUDES MINIMAL :** bac+3 • **SÉLECTIVITÉ :** moyenne à forte • **INSERTION :** moyenne
• **SALAIRE :** de 2 000 à 2 500 €

Son but : booster les ventes d'un produit grâce à des offres attractives. À partir d'informations fournies par le fabricant (produit, cible, période de l'opération), le chargé de promotion élabore un plan d'action précis. Avec l'aide des créatifs, il imagine différents supports visuels pour rendre l'opération la plus visible possible. Puis il supervise la fabrication des présentoirs ou des coupons de réduction et leur acheminement vers les lieux de commerce. Ce professionnel a toujours un œil rivé sur les chiffres de vente, car eux seuls diront si son travail a été efficace. À l'aise avec les statistiques et les chiffres, le chargé de promotion dispose d'un solide carnet d'adresses, lui permettant d'échanger avec aisance avec des professionnels des médias et de la distribution.

- **SES COMPÉTENCES :** diagnostiquer, communiquer, superviser.
- **SA FORMATION :** le métier est accessible avec une licence pro en marketing opérationnel, communication ou événementiel. Cependant, le diplôme d'une école supérieure de commerce ou un master pro en marketing opérationnel est préférable. Et une première expérience en vente est fortement recommandée.

CHEF(FE) DE PRODUIT

• **NIVEAU D'ÉTUDES MINIMAL** : bac+5 • **SÉLECTIVITÉ** : forte • **INSERTION** : difficile
• **SALAIRE** : de 2 000 à 2 500 €

Une entreprise décide de lancer un nouveau soda : saveur, packaging, prix, circuits de distribution, date de mise sur le marché, campagnes de communication… Pas de place pour l'aléatoire ! Le chef de produit est au cœur de cette réflexion. Sous les ordres du directeur marketing, il met en place la stratégie de développement avec un budget et des objectifs de vente précis. Dès la conception du produit, il analyse les besoins du marché et les nouvelles tendances. Puis il coordonne le travail des équipes commerciales et suit de très près l'évolution des ventes. Si les objectifs ne sont pas atteints, il peut proposer une baisse des prix ou multiplier les offres commerciales et publicitaires. Ce poste requiert quelques années d'expérience. Les jeunes diplômés débutent généralement au poste d'assistant chef de produit.

SES COMPÉTENCES : analyser, vendre, organiser.
SA FORMATION : l'idéal est une école supérieure de commerce ou d'ingénieurs. Il est aussi possible de passer par l'université, avec un bac+5 en marketing, tel que le master marketing – vente parcours marketing chef de produit à l'université Paris-Est-Créteil, le master marketing vente à Bordeaux ou Vannes, ou encore le master marketing et stratégie à Paris-Dauphine.

CHEF(FE) DE PUBLICITÉ

• **NIVEAU D'ÉTUDES MINIMAL** : bac+5 • **SÉLECTIVITÉ** : moyenne à forte • **INSERTION** : difficile
• **SALAIRE** : de 1 500 à 2 000 €

Intermédiaire entre l'annonceur et les créatifs, il commence par échanger avec son client, pour comprendre quelle stratégie adopter, selon ses besoins. Étape suivante : élaborer et proposer une campagne et surtout négocier les budgets. Il prépare également le travail des graphistes, en réunissant le maximum d'informations sur la marque, son histoire, ses axes de communication habituels… Enfin, il présente les propositions de son équipe au client et justifie les choix qui ont été réalisés. Il peut travailler en agence ou en régie publicitaire, où il vend aux annonceurs les espaces à sa disposition (panneaux, spots TV). Chez l'annonceur, il communique sur les produits ou l'image de l'entreprise. Aussi innovant qu'organisé, il gère d'une main de maître et se montre clair et précis envers ses équipes.

- **SES COMPÉTENCES :** vendre, organiser, coordonner.
- **SA FORMATION :** au-delà du diplôme (le plus souvent une école de commerce, de communication, un IEP ou un master de communication/marketing), les recruteurs recherchent des profils convaincants de vendeur. Les stages effectués durant les études font souvent la différence. Un bac+2 (DUT information-communication) conduit au poste d'assistant.

CONCEPTEUR(TRICE)-RÉDACTEUR(TRICE)

- **NIVEAU D'ÉTUDES MINIMAL :** bac+2 • **SÉLECTIVITÉ :** moyenne • **INSERTION :** difficile
- **SALAIRE :** de 1 500 à 2 000 €

Il a le sens de la formule choc. Le concepteur-rédacteur manie la langue française pour trouver le slogan qui fera mouche. À la suite d'un échange avec les commerciaux, il crée les messages publicitaires et réfléchit à une campagne où texte et visuel s'accordent, en duo avec le directeur artistique. Lorsqu'il travaille sur une campagne audiovisuelle, c'est lui qui écrit les scénarios et les dialogues du spot publicitaire. Forcément très créatif, ce rédacteur trouve toujours le mot juste. Il aime travailler en équipe, a une bonne capacité d'écoute, mais aussi des notions en graphisme, qui lui servent fréquemment. La majorité des concepteurs-rédacteurs sont salariés d'une agence, mais ils peuvent aussi être indépendants.

- **SES COMPÉTENCES :** imaginer, écrire, créer.
- **SA FORMATION :** si plusieurs cursus peuvent mener à ce métier, mieux vaut tabler sur un bac+5 : une école de commerce, de

publicité, de communication ou d'arts appliqués, un cursus universitaire en lettres ou sciences humaines. Les masters, très sélectifs, du CELSA font partie des plus recherchés.

DIRECTEUR(TRICE) ARTISTIQUE

• **NIVEAU D'ÉTUDES MINIMAL** : bac+2 • **SÉLECTIVITÉ** : moyenne à forte • **INSERTION** : difficile
• **SALAIRE** : de 2 000 à 2 500 €

Avec le concepteur-rédacteur, il forme un duo de choc (en langage pub, une « team »). À partir de la stratégie de communication et des volontés du client, il réfléchit à la façon de mettre en scène le produit. Il détermine la nature de l'image (photo, dessin) et sa composition, propose des noms de photographes ou d'illustrateurs, choisit la typographie des textes… Une fois le projet accepté par le client (neuf projets sur dix sont retoqués !), le DA supervise sa fabrication, surveille les retouches et prépare les documents pour l'imprimeur. Il suit son « bébé » de A à Z. Créatif et curieux, le DA maîtrise les logiciels de publication et de conception assistée par ordinateur. Il est force de proposition et sait convaincre.

SES COMPÉTENCES : imaginer, créer, superviser.
SA FORMATION : une formation artistique sera nécessaire : un DN MADE mention numérique ou graphisme, puis une école d'arts appliqués ou un diplôme des beaux-arts. Ce poste est aussi accessible après plusieurs années d'expérience, en tant que concepteur-rédacteur, par exemple.

DIRECTEUR(TRICE) DE CLIENTÈLE

• **NIVEAU D'ÉTUDES MINIMAL** : bac+5 • **SÉLECTIVITÉ** : forte • **INSERTION** : difficile
• **SALAIRE** : plus de 2 500 €

Ce commercial confirmé joue un rôle clef dans l'agence de publicité : il est le représentant de son agence auprès des annonceurs (les clients). À la fois commercial et manager, il doit avant tout comprendre les attentes de l'annonceur et le fidéliser. Ce professionnel à responsabilités analyse les besoins du client, définit une stratégie de communication et la lui présente. Il gère donc tout l'aspect commercial des négociations. Pendant la réalisation du projet, il est garant de la qualité des campagnes et du respect du budget. Le directeur de clientèle mène aussi des actions de prospection pour « vendre » le savoir-faire des créatifs et trouver de nouveaux clients. Il est aussi en charge d'analyser, après coup, les campagnes publicitaires réalisées, pour en faire un bilan. Très à l'écoute et bon négociateur, il est dynamique et dispose d'une excellente capacité de synthèse et d'analyse.

- **SES COMPÉTENCES :** démarcher, superviser, diriger.
- **SA FORMATION :** un junior aura difficilement accès à ce poste, qui nécessite de l'expérience en agence, notamment en tant que chef de pub. Les profils les plus recherchés seront néanmoins les diplômés des écoles de communication ou de publicité telles que le CELSA. Les formations d'écoles de commerce sont aussi appréciées, avec une spécialisation en marketing et publicité.

DIRECTEUR(TRICE) DE CRÉATION

• **NIVEAU D'ÉTUDES MINIMAL :** bac+5 • **SÉLECTIVITÉ :** moyenne à forte • **INSERTION :** difficile
• **SALAIRE :** plus de 2 500 €

Au cœur de l'agence de publicité, il est le chef des équipes créatives. Il supervise le travail de ses équipes, composées des binômes directeur artistique/concepteur-rédacteur. À l'écoute des clients, il répartit les campagnes à élaborer, donne des pistes de réflexion et de travail, apporte un regard critique sur les campagnes proposées par ses « poulains » et sélectionne les meilleures propositions. Créatif expérimenté, le directeur de création doit être un excellent manager. Persuasif et audacieux, il garde toujours un œil sur le travail des agences concurrentes et sur les jeunes talents à recruter pour étoffer son équipe.

- **SES COMPÉTENCES :** diriger, conseiller, superviser.
- **SA FORMATION :** ce poste est souvent l'aboutissement d'une belle carrière en agence, notamment après des postes de directeur artistique ou de concepteur-rédacteur. Mieux vaut tabler sur un bac+5, dans une école de commerce, de publicité, de communication, de graphisme ou d'art. Un double cursus, par exemple art et publicité, peut être un bon point de départ, suivi de quelques années d'expérience.

MÉDIAPLANNEUR(EUSE)

• **NIVEAU D'ÉTUDES MINIMAL :** bac+5 • **SÉLECTIVITÉ :** forte • **INSERTION :** difficile
• **SALAIRE :** de 2 000 à 2 500 €

Cet expert de la pub prévoit et organise le passage des campagnes dans les différents supports, télévision, radio, Internet, panneaux publicitaires... Il fait également attention à la durée, à l'ordre de passage, à la fréquence des publicités. Ses outils : les statistiques, les études de marché, le prix des supports. Son objectif ? Que la publicité soit vue par le plus grand nombre de consommateurs potentiels ! À l'écoute de son client, il élabore donc une stratégie de diffusion, négocie les espaces publicitaires, en gardant toujours le budget en tête, puis présente son plan à l'annonceur. Ce professionnel connaît parfaitement l'univers des médias et se révèle un fin négociateur.

- **SES COMPÉTENCES :** analyser, évaluer, synthétiser.
- **SA FORMATION :** les profils les plus recherchés sont les diplômés des grandes écoles de commerce, des IEP, ou du CELSA, ainsi que les titulaires d'un master en statistiques, économie ou gestion. À noter : l'université Bordeaux-Montaigne délivre une licence pro stratégie média et expertise digitale.

RESPONSABLE MARKETING DIRECT

• **NIVEAU D'ÉTUDES MINIMAL** : bac+5 • **SÉLECTIVITÉ** : forte • **INSERTION** : moyenne
• **SALAIRE** : de 2 000 à 2 500 €

Le marketing direct consiste à diffuser auprès des consommateurs un message publicitaire personnalisé et ciblé. Aujourd'hui, beaucoup de campagnes ne s'adressent plus au plus grand nombre mais à une petite partie de la population. Le rôle du « marketeur direct » est de constituer les fichiers de clients en tenant compte de leurs caractéristiques et de choisir un support de communication adapté (courrier, mailing, phoning, SMS...). Il définit une stratégie pour cibler cette audience bien définie, puis pilote les campagnes, le tout en maîtrisant le budget fixé.

- **SES COMPÉTENCES** : analyser, cibler, communiquer.
- **SA FORMATION** : le métier est accessible aux diplômés d'une école supérieure de commerce ainsi qu'aux titulaires d'un bac+5 spécialisé tel que le master marketing direct et digital à l'IAE de Lille ; le MSC marketing stratégique à Bordeaux ; le master marketing stratégique et opérationnel de l'IAE Dijon ; le master management spécialité marketing et *brand management* à l'IAE d'Aix-Marseille Université... Signalons aussi le mastère spécialisé manager marketing data et commerce électronique (bac+6) de Skema Business School à Lille.

> POUR ALLER + ***LOIN SUR LE NET***

cbnews.fr : journal de la communication, du marketing et des médias / metiers-publicite.fr : observatoire des métiers de la publicité / irep.asso.fr : institut de recherche et d'études publicitaires.

Témoignage

IDRISS DABRÉ | *directeur artistique*

« Comme un réalisateur de film, mon métier consiste à coordonner les opérations»

SON MÉTIER. *Idriss Dabré est directeur artistique. Dans son milieu professionnel, on dit plutôt « DA ». Le jeune homme de 29 ans travaille chez Biborg, une agence spécialisée dans le digital. Son rôle : concevoir des campagnes publicitaires en fonction des attentes et de l'identité des marques qui font appel à ses services. Idriss est spécialisé dans les « formats interactifs qui sont comme de petits jeux et qui font vivre une expérience ». Expérience qui doit donner envie à l'internaute de la relayer sur les réseaux sociaux, et d'en faire lui-même la publicité.*

Comme beaucoup de DA, Idriss publie ses créations sur un portfolio en ligne. Il a notamment réalisé une application pour la Française des jeux et une campagne de sensibilisation à l'autisme pour le ministère des Solidarités et de la Santé. Le jeune homme, titulaire d'un diplôme en webdesign, travaille toujours en binôme. Il s'occupe de l'image, le concepteur-rédacteur étant chargé du texte et des accroches. Ensemble, ils réfléchissent aux concepts et supports pertinents avant de faire une proposition au client. Pour le ministère de la Santé, Idriss a ainsi eu l'idée d'un petit film interactif et pédagogique : l'internaute se glisse dans la peau d'un enfant autiste pour mieux comprendre sa maladie. « Le réalisateur d'un film est rarement derrière la caméra, rappelle-t-il. Je suis un peu comme lui, mon métier consiste à poser les bases et à coordonner l'ensemble des opérations. »

SON CONSEIL. *« Le métier évolue en permanence. Faire de la veille permet de connaître les nouvelles technologies, tendances, et les moyens de communication les plus efficaces. »*

COMMUNICATION

Plus de 150 000 salariés travaillent pour le secteur de la communication, dont près de 40 % dans des agences (Observatoire Com Media, 2018). Un secteur dynamique, toujours à la recherche de nouveaux talents, persuasifs, créatifs et motivés.

ATTACHÉ(E) DE PRESSE

- **NIVEAU D'ÉTUDES MINIMAL** : bac+5 • **SÉLECTIVITÉ** : forte • **INSERTION** : difficile
- **SALAIRE** : de 1 500 à 2 000 €

Qu'il travaille en indépendant, pour une agence, ou directement salarié par une entreprise, une personnalité ou une organisation, l'attaché de presse a une mission : convaincre les journalistes de s'intéresser à son client ou son employeur. Pour cela, il rédige des communiqués et dossiers de presse, pour vanter les mérites d'un événement, d'un produit ou d'une actualité, organise des conférences et voyages de presse, appelle les journalistes et les met en lien si besoin avec les interlocuteurs nécessaires à leurs articles et reportages. Extrêmement réactif et doté d'un très bon relationnel, en particulier avec ses contacts dans les médias, l'attaché de presse (métier où la gent féminine occupe deux tiers des postes) est également l'intermédiaire de journalistes souhaitant réaliser un article sur son client. Dans ce cas, il doit répondre au plus vite à la demande, même si elle peut parfois paraître farfelue ! À l'issue des interviews, il fait le point sur les retombées presse. Les attachés de presse sont recherchés dans tous les secteurs. Aujourd'hui, le métier évolue aussi : ces professionnels multi-casquettes doivent être très à l'aise avec le numérique et peuvent se retrouver à gérer les réseaux sociaux, ou encore les relations avec les influenceurs…

- **SES COMPÉTENCES :** communiquer, promouvoir, convaincre.
- **SA FORMATION :** un master en communication des entreprises, par exemple au CELSA, une école privée (EFAP), ou une école de commerce.

CHARGÉ(E) DE COMMUNICATION

- **NIVEAU D'ÉTUDES MINIMAL :** bac+3 • **SÉLECTIVITÉ :** moyenne à forte • **INSERTION :** bonne
- **SALAIRE :** de 2 000 à 2 500 €

C'est le porte-parole de l'entreprise. Le chargé de communication œuvre pour valoriser l'image et le savoir-faire de son entreprise. Les grandes lignes de son travail lui sont dictées par le directeur de la communication. Charge à lui ensuite de trouver tous les moyens nécessaires à la mise en place de cette politique. Les messages qu'il délivre peuvent s'adresser aux autres employés de la société (communication interne), aux actionnaires (communication *corporate*) ou encore à la presse et au grand public (communication externe). Quel que soit son profil, le « chargé de com » conçoit lui-même ses supports de communication, rédige communiqués, dossiers de presse et journaux internes, organise des manifestations événementielles de A à Z (voyages de presse, opérations de mécénat et de sponsoring…). Pour être efficace, il ne doit jamais perdre de vue sa cible et la stratégie globale de l'entreprise. Dans les grandes sociétés (il peut aussi œuvrer dans une association ou une administration), il est souvent spécialisé dans la communication événementielle, la communication de crise ou encore les relations publiques.

SES COMPÉTENCES : communiquer, informer, organiser.

SA FORMATION : le métier est accessible avec une licence pro (chargé de communication et de relation client à Rodez, chargé de communication culturelle et multimédia à Cergy, chef de projet communication, parcours communication visuelle à Grenoble...). Toutefois, un bac+5 est préférable pour accéder à de plus hautes responsabilités, par exemple une école de communication, ou en sciences de l'information, un IEP (institut d'études politiques) ou encore une école de commerce avec une spécialisation en communication.

DIRECTEUR(TRICE) DE LA COMMUNICATION

• **NIVEAU D'ÉTUDES MINIMAL :** bac+5 • **SÉLECTIVITÉ :** forte • **INSERTION :** moyenne
• **SALAIRE :** plus de 2 500 €

Le directeur de communication définit une stratégie de communication spécifique et efficace pour sa société. En collaboration avec la direction générale, il détermine l'image de l'entreprise ou de l'organisation à mettre en avant, les valeurs à promouvoir, les modes de communication, les partenaires à associer... Épaulé par une équipe, pouvant compter une vingtaine de personnes dans les grandes sociétés (chargés de communication, journalistes institutionnels, attachés de presse), le « dircom » est le garant de l'image de l'entreprise, il peut être amené à la défendre lors de conférences de presse ou tout autre type d'événement. Il doit aussi maîtriser la communication de crise. Responsable du budget de son service, il valorise toujours son employeur et fait preuve d'un sang-froid et d'une réactivité à toutes épreuves.

SES COMPÉTENCES : décider, organiser, communiquer.

SA FORMATION : grande école de commerce (type HEC) ou de communication, IEP, troisième cycle universitaire dans la communication (type CELSA)... Plusieurs années d'expérience sont nécessaires pour accéder à cette fonction.

JOURNALISTE D'ENTREPRISE

• **NIVEAU D'ÉTUDES MINIMAL** : bac+3 • **SÉLECTIVITÉ** : forte • **INSERTION** : difficile
• **SALAIRE** : de 2 000 à 2 500 €

Comme un journaliste, il enquête, réalise des interviews, des reportages et rédige des articles. Sauf que, contrairement à ses confrères en poste dans les médias, il doit mettre en avant le discours officiel de l'entreprise et valoriser celle-ci. Ses productions sont donc toujours relues et validées par le service communication de son entreprise, dont il dépend. Il participe à l'élaboration des publications périodiques de l'entreprise (lettre d'information, journal interne, rapport d'activité) destinées aux salariés, aux clients, aux actionnaires… Il n'est ainsi pas reconnu comme journaliste par la Commission de la carte d'identité des journalistes professionnels. Il doit néanmoins se montrer curieux et diplomate, et aimer écrire, le tout avec un esprit très *corporate* et loyal envers son employeur.

SES COMPÉTENCES : écrire, informer, communiquer.

SA FORMATION : les profils les plus demandés sont les diplômés d'une école de communication (CELSA, EFAP) et d'IEP. Les bac+5 en communication des entreprises, ou sciences sociales avec spécialisation communication, seront également appréciés.

> POUR ALLER + **LOIN SUR LE NET**

categorynet.com : portail de la presse et des relations presse / synap.org : syndicat national des attachés de presse et des conseillers en relations publiques / com-ent.fr : association des métiers de la communication / afci.asso.fr : association française de la communication interne.

Marine Servat | *attachée de presse*

« Mon carnet d'adresses est ma force »

SON MÉTIER. *« J'entends souvent dire que mon travail consiste à déjeuner avec des journalistes, s'amuse Marine Servat, attachée de presse chez CRC Communication. Ce n'est pas totalement faux. » Cette jeune professionnelle a pour mission de faire parler de ses clients dans la presse et les rendez-vous ont généralement lieu autour d'un plat du jour. « Je consacre beaucoup de temps à créer du lien avec les rédacteurs qui suivent le secteur d'activité de mes clients, explique-t-elle. Mon carnet d'adresses est ma force. » Marine est spécialisée dans la beauté, le bien-être et le tourisme de luxe.*

Titulaire d'un master en communication et marketing de Neoma Business School, elle démarche les entreprises qui cherchent à se faire connaître ou avec lesquelles elle aimerait collaborer. Elle leur fait ensuite parvenir une présentation de l'agence, quelques parutions dans la presse, un plan d'action sur toute une année et un devis. Parmi ses huit clients figurent un parfumeur haut de gamme, une marque de compléments alimentaires, un palace tropézien et un coiffeur parisien renommé. Pour ce dernier, Marine a notamment organisé la soirée d'inauguration d'un nouveau salon, déniché le traiteur et les cadeaux pour les invités, rédigé le communiqué de presse et invité des journalistes qu'elle a recontactés après l'événement dans l'espoir qu'ils relaient l'information.

SON CONSEIL. *« Il faut bien rédiger sa lettre de motivation. Les recruteurs y prêtent une grande attention, car, une fois en poste, l'attaché de presse doit rédiger les communiqués. »*

Alexandre Dubreuil | *directeur de la communication*

« Mon métier : permettre à la cible de déceler immédiatement l'ADN de la marque »

Témoignage

SON MÉTIER. *Devenir dircom, Alexandre en a toujours rêvé. Dès le lycée, il sait qu'il veut travailler dans la communication. Avec un souhait à l'époque : travailler chez Sony, dont il adore les publicités. Résultat des courses : s'il n'est pas employé par la multinationale japonaise, il a aujourd'hui le job qu'il espérait. Car Alexandre est directeur de la communication d'une école de commerce, l'EM Strasbourg. Pour en arriver là, il a suivi un DUT techniques de commercialisation, suivi de trois années à Sup de Pub, puis plusieurs années d'expérience en agences à Paris. Arrivé à Strasbourg pour des raisons personnelles, il crée sa propre agence. Puis trouve ce poste, qu'il occupe désormais depuis quatre ans.*

En tant que dircom, il est plus du côté de la stratégie que de l'opérationnel. « Mon métier est d'établir un mode d'expression pour une marque, une enseigne ou un produit, de permettre aux différentes cibles de déceler immédiatement l'ADN que nous avons envie de transmettre pour la marque. Cela passe par des canaux, des messages, des supports. Mes journées sont donc occupées par une vraie partie stratégique : il faut déterminer ce que l'on a envie de dire et comment on va le faire. Je gère aussi une équipe, ce qui est naturellement très prenant », explique-t-il. Ce qu'il préfère : cette réflexion, cette orientation créative nécessaire pour fixer une stratégie. Sa cible, des étudiants, nécessite également de rester bien au fait des tendances chez les plus jeunes, notamment les réseaux sociaux qu'ils utilisent, ce qui change tous les ans.

SON CONSEIL. *« Je ne pense pas qu'il soit nécessaire de se spécialiser dans un secteur donné. Finalement, les mécanismes de la communication sont les mêmes, quel que soit le domaine. L'enseignement supérieur reste un marché concurrentiel comme les autres, je recommande donc plutôt de se montrer très polyvalent. Et de ne rien lâcher, de montrer sa volonté, tout en sachant justifier ses choix. Si l'on découvre sur le tard que l'on veut travailler dans la communication, après avoir fait du droit par exemple, il faut savoir le valoriser et rebondir, pour mettre toutes les chances de son côté. »*

PARTIE 3

ADMINISTRER ET CADRER

ADMINISTRER ET CADRER

Certains travaillent dans le privé, d'autres sont fonctionnaires. Mais quel que soit leur statut, leur mission est de défendre, d'encadrer, d'assister, de trancher, parfois de protéger, parfois de sanctionner, chacun à sa manière.

FONCTION PUBLIQUE

Ils sont plus de cinq millions en France, répartis entre la fonction publique hospitalière, territoriale et de l'État. Le terme de fonctionnaire recouvre donc de nombreux métiers ! Voici ici quelques exemples de professions qui débouchent sur des fonctions administratives.

ADMINISTRATEUR(TRICE) DE LA FONCTION PUBLIQUE

- **NIVEAU D'ÉTUDES MINIMAL** : bac+3 (+ 18 ou 24 mois) • **SÉLECTIVITÉ** : forte • **INSERTION** : bonne
- **SALAIRE** : de 2 000 à 2 500 €

C'est le plus haut grade de la fonction publique. Il conduit à des postes de direction et de décision. L'administrateur peut travailler aussi bien au niveau de la fonction publique d'État que de la fonction publique territoriale. Dans le premier cas, il exerce au sein des ministères, au Conseil d'État, à la Cour des comptes, dans les préfectures, les ambassades. Dans le second, il travaille auprès d'une municipalité, d'un établissement public, d'un conseil départemental, d'un office HLM… Au niveau local ou national, tous conçoivent et mettent en œuvre les politiques publiques décidées dans les hautes sphères. Ils gèrent le budget, le personnel, et assurent un rôle de représentation. Ce qui demande une certaine polyvalence et des qualités de management évidentes.

- **SES COMPÉTENCES** : analyser, décider, diriger.
- **SA FORMATION** : après une licence ou un diplôme d'IEP, les concours d'administrateur civil (pour la fonction publique d'État) et d'administrateur territorial sont très sélectifs (moins de 15 % de réussite pour les externes). Ensuite, la formation est de vingt-quatre mois à l'ENA (École nationale d'administration) et de dix-huit mois à l'INET (Institut national des études territoriales).

ASSISTANT(E) INGÉNIEUR(E)

• **NIVEAU D'ÉTUDES MINIMAL** : bac+2 • **SÉLECTIVITÉ** : moyenne • **INSERTION** : difficile
• **SALAIRE** : 1 500 à 2 000 €

Dans les universités, les grandes écoles publiques ou les établissements de recherche (CNRS, Inserm...), il travaille dans l'ombre des enseignants-chercheurs. Garant du bon déroulement des opérations techniques il participe aux travaux de recherche en préparant et contrôlant toutes les expérimentations. Gestion du matériel, des locaux, l'assistant ingénieur est avant tout débrouillard ! Il peut également se voir confier des tâches administratives ou d'encadrement de personnel, dans les grandes écoles et rectorats.

- **SES COMPÉTENCES** : préparer, contrôler, gérer.
- **SA FORMATION** : pour passer le concours (catégorie A), il faut posséder un diplôme de niveau bac+2 de préférence en rapport avec la spécialité envisagée (l'une des huit « branches d'activité professionnelle » : sciences chimiques ; sciences du vivant ; sciences de l'ingeìnieur ; sciences humaines et sociale ; informatique statistique et calcul scientifique ; information documentation culture communication édition TICE ; gestion et pilotage ; patrimoine logistique prévention et restauration).

ATTACHÉ(E) DE LA FONCTION PUBLIQUE, ATTACHÉ(E) TERRITORIAL

• **NIVEAU D'ÉTUDES MINIMAL** : bac+3 • **SÉLECTIVITÉ** : moyenne • **INSERTION** : difficile
• **SALAIRE** : 1 500 à 2 000 €

Issu d'un IRA (institut régional d'administration), l'attaché administratif travaille au sein des ministères ou des services déconcentrés de l'État (établissements scolaires, préfectures). Il est responsable d'un service et doit gérer un budget, encadrer du personnel sous les ordres de l'administrateur et faire appliquer les textes législatifs et réglementaires. L'attaché territorial, quant à lui, exerce dans les services financiers, culturels, sociaux ou administratifs des mairies, conseils départementaux. Il met en pratique les décisions politiques des élus locaux (maire, conseiller départemental).

SES COMPÉTENCES : organiser, gérer, décider.

SA FORMATION : à chaque attaché son concours de catégorie A, ouvert aux titulaires d'une licence. La plupart des futurs attachés administratifs sont néanmoins titulaires d'un master ou diplômés d'un IEP. Le concours de recrutement des attachés administratifs permet d'intégrer l'un des cinq IRA de Bastia, Lille, Lyon, Metz et Nantes pour une formation rémunérée (1 595 € net mensuels) qui dure un an. Les attachés territoriaux doivent, eux aussi, posséder au minimum une licence pour passer le concours de recrutement. Une fois admis, il ne leur reste plus qu'à trouver un poste pour effectuer leur stage, qui dure un an également.

CONTRÔLEUR(EUSE) DES DOUANES

• **NIVEAU D'ÉTUDES MINIMAL** : bac • **SÉLECTIVITÉ** : faible à moyenne • **INSERTION** : difficile
• **SALAIRE** : 1 500 à 2 000 €

Dans les aéroports, aux frontières, dans les ports, le douanier, représentant de l'État, appartient à l'administration fiscale. Sa mission : s'assurer que les différents flux, qu'ils soient matériels ou humains, soient bien conformes à la loi. Quand il est rattaché à la branche « contrôle des opérations commerciales ou de l'administration générale », il vérifie que toutes les taxes douanières ont bien été réglées. Pour cela, il peut mener des enquêtes auprès des entreprises. Dans la branche « surveillance », il travaille en uniforme et porte une arme. Il est chargé de débusquer, sur le terrain, les contrefaçons et les contrebandes. Intuitif et doté d'une bonne condition physique, le contrôleur des douanes dispose d'une parfaite connaissance de la législation et dispose d'une certaine capacité d'analyse.

- **SES COMPÉTENCES :** contrôler, vérifier, enquêter.
- **SA FORMATION :** les épreuves du concours de catégorie B (accessibles aux bacheliers, mais la majorité des candidats qui se présentent au concours ont un bac+2 ou +3) diffèrent selon la spécialité : contrôle ou surveillance. Après la réussite au concours, le contrôleur stagiaire suit une formation théorique de six mois à Rouen (spécialité contrôle) ou à La Rochelle (spécialité surveillance), complétée par un stage pratique (6 mois) dans un service de la direction générale des douanes.

INSPECTEUR(TRICE) DES FINANCES PUBLIQUES

- **NIVEAU D'ÉTUDES MINIMAL :** bac+3 • **SÉLECTIVITÉ :** moyenne • **INSERTION :** difficile
- **SALAIRE :** 2 000 à 2 500 €

Il occupe des fonctions plus larges, avec une grande variété de métiers. Comme l'ancien inspecteur des impôts, il peut être responsable des fameux contrôles fiscaux, tant redoutés des contribuables ! Imperturbable, il épluche et interprète les pièces comptables des particuliers ou des entreprises, vérifie les calculs... Au cours de sa carrière, ce technicien des chiffres peut exercer dans différents services : auprès des entreprises ou des particuliers, mais aussi à l'inspection immobilière, au cadastre ou encore au service de recouvrement. Toutes ces fonctions nécessitent des compétences en matière juridique, fiscale et comptable.

- **SES COMPÉTENCES :** vérifier, contrôler, encadrer.
- **SA FORMATION :** ouvert au niveau licence, le concours (catégorie A) est tenté par des candidats souvent surdiplômés (diplôme d'IEP, troisième cycle...). La formation rémunérée, d'une durée de dix-huit mois dont six mois de stage, se déroule à l'École nationale des finances publiques, à Clermont-Ferrand ou Noisiel.

INSPECTEUR(TRICE) DU TRAVAIL

• **NIVEAU D'ÉTUDES MINIMAL :** bac+3 (+ 18 mois) • **SÉLECTIVITÉ :** moyenne • **INSERTION :** moyenne
• **SALAIRE :** 1 500 à 2 000 €

L'inspecteur du travail joue un rôle essentiel d'utilité publique : il veille au respect du droit du travail. Allié des salariés, il vérifie le fonctionnement de l'entreprise, de l'hygiène à la durée de travail, en passant par l'organisation du comité d'entreprise et la sécurité des locaux. Son statut lui donne le droit de consulter tous les registres du personnel. Il dialogue aussi bien avec les employés qu'avec la direction. Si une infraction est constatée, il peut infliger des amendes, allant jusqu'à la fermeture administrative de l'entreprise. Mais ce représentant de l'État a aussi un rôle de conseil, des employeurs et employés, sur leurs droits et leurs obligations respectives. Impartial et toujours objectif, il sait être pédagogue et expliquer clairement la législation, qu'il maîtrise parfaitement.

- **SES COMPÉTENCES :** contrôler, enquêter, conseiller.
- **SA FORMATION :** le concours (catégorie A) est accessible à partir de la licence et débouche sur dix-huit mois de formation rémunérée à l'INTEFP (Institut national du travail, de l'emploi et de la formation professionnelle), situé près de Lyon.

RÉDACTEUR(TRICE) TERRITORIAL(E)

• **NIVEAU D'ÉTUDES MINIMAL** : bac • **SÉLECTIVITÉ** : faible • **INSERTION** : difficile
• **SALAIRE** : 1 500 à 2 000 €

Le statut de « rédacteur territorial » regroupe une grande diversité de professions : il peut être assistant dans les mairies, les centres sociaux, les conseils régionaux. Il est souvent le lien entre l'administratif et le technique. Dans un service de ressources humaines, il est en charge des paies et participe à l'organisation des recrutements. Dans le domaine financier, il peut être assistant budgétaire ou responsable des achats. Dans un service communication, il travaille comme chargé de communication... Le concours comprend deux spécialités : administration générale et secteur sanitaire et social. Doté d'une solide connaissance de son domaine, cet employé de bureau est organisé et aime échanger avec le grand public, comme avec les autres services de son organisation.

SES COMPÉTENCES : assister, encadrer, organiser.

SA FORMATION : les épreuves du concours (catégorie B, ouvert aux bacheliers) diffèrent selon la spécialité choisie. Il est possible de se préparer aux concours pendant un an dans les centres de préparation aux IEP et dans les IPAG (instituts de préparation à l'administration générale) universitaires.

SECRÉTAIRE DES AFFAIRES ÉTRANGÈRES

• **NIVEAU D'ÉTUDES MINIMAL** : bac+3 • **SÉLECTIVITÉ** : forte • **INSERTION** : difficile
• **SALAIRE** : 1 500 à 2 000 €

Ce diplomate intervient à l'étranger, dans les ambassades ou les consulats français. Son job : faire remonter vers les autorités françaises des informations sur le pays où il réside. Grâce à lui, le gouvernement peut connaître précisément les situations politique, économique et culturelle d'un État. Le secrétaire des affaires étrangères « enquête » donc auprès des acteurs locaux, de ses collègues diplomates et lit attentivement la presse du pays. Une fois les informations recueillies, il rédige des rapports qui serviront de base de travail à ses supérieurs. Cette fonction très stratégique exige une grande curiosité pour les questions politiques et économiques.

- **SES COMPÉTENCES :** observer, analyser, communiquer.
- **SA FORMATION :** le concours (catégorie A) est accessible avec une licence, mais les candidats possèdent pour la plupart un diplôme d'IEP (institut d'études politiques) et/ou ont suivi un cursus international. Il existe deux concours de secrétaire aux affaires étrangères : le cadre d'Orient (pour les pays d'Europe orientale, d'Extrême-Orient et du Moyen-Orient), et le cadre général pour les autres pays. Seules cinq à dix places sont proposées chaque année. Il faut maîtriser au moins deux langues étrangères, plus une langue orientale pour le cadre d'Orient. Les admis sont d'abord affectés à l'administration centrale à Paris, avant de partir à l'étranger.

> POUR ALLER + LOIN SUR LE NET

fonction-publique.gouv.fr : portail de la fonction publique.

> À LIRE AUX ÉDITIONS DE L'ETUDIANT

Tout savoir sur la Fonction publique, 2020

Dora Cattuti | *diplomate*

« J'étais attirée par les affaires internationales »

SON MÉTIER. *À 28 ans, Dora Cattuti exerce le métier de diplomate à la direction Afrique du Nord et Moyen-Orient du ministère des Affaires étrangères et du Développement international (actuel ministère de l'Europe et des Affaires étrangères). Sa mission consiste à coordonner les relations de la France avec Israël, les territoires palestiniens et la communauté internationale. Dora rédige des fiches sur la base des informations fournies par ses contacts sur place, pour toutes les personnes : diplomates, conseillers ministériels, ministres, présidents, susceptibles d'évoquer le sujet du conflit israélo-palestinien avec un interlocuteur étranger. Au menu de ses notes « qui ne doivent pas dépasser une page » : un rappel de la position et des intérêts de la France et des éléments de langage.*

Être diplomate, Dora n'en rêvait pas particulièrement. Très jeune, elle affiche cependant un intérêt marqué pour l'histoire, la géographie et les langues étrangères. En première, son professeur d'histoire-géographie lui parle de Sciences po. Une mention TB au bac lui ouvre grand les portes de la prestigieuse école de la rue Saint-Guillaume, à Paris. En troisième année, plutôt que de partir étudier un an à l'étranger, comme la plupart de ses camarades, elle opte pour un stage et répond à une offre du ministère des Affaires étrangères. Elle décroche un stage de neuf mois à la mission permanente de la France auprès des Nations unies à New York.

Témoignage

SON CONSEIL. *« À mon retour des États-Unis, je me suis inscrite en master affaires publiques non par goût, j'étais bien plus attirée par les affaires internationales », mais par pragmatisme. « Tout le monde me disait que c'était une meilleure préparation aux concours de la fonction publique. » Elle ne le regrettera pas puisqu'elle sera reçue du premier coup au concours très sélectif de secrétaire des affaires étrangères.*

Témoignage

JEAN-BAPTISTE GIBILY | *attaché des systèmes d'information et communication*

« Les candidats distraits sont vite écartés du concours »

SON MÉTIER. *C'est un mélange de hasard et de déterminisme qui ont conduit Jean-Baptiste Gibily, diplômé de l'école d'ingénieurs IMT Lille-Douai, vers le ministère des Affaires étrangères. « Dans les télécoms, ce n'est pas le premier organisme auquel on pense, mais je voulais faire une carrière internationale », assure-t-il. Après un VIA (volontariat international en administration) à l'ambassade de France à Rome, il présente le concours d'attaché des systèmes d'information et de communication, qui offre alors trois postes pour 197 dossiers. « Grâce aux conseils de mes collègues de l'ambassade, je savais ce que l'on attendait des candidats et je me sentais à ma place », se souvient Jean-Baptiste.*

Le rôle de ce fonctionnaire (de catégorie A) consiste à anticiper les évolutions technologiques en matière de gestion et de communication, afin de répondre aux besoins de la diplomatie. « Je reviens par exemple de New Delhi, où j'ai observé le déploiement d'une application. » Jean-Baptiste est en poste au Quai d'Orsay, mais comme tous les fonctionnaires du ministère, il est appelé à bouger tous les trois ou quatre ans. Sa mission suivante : il partira dans une ambassade, où il sera en charge de l'exploitation du système d'information et pilotera une petite équipe. « J'aimerais être affecté dans un pays exotique ou dans un pays dont je parle déjà la langue [l'anglais, l'allemand, l'italien ou l'espagnol]. C'est viscéral, je suis attiré par les langues », sourit l'ingénieur.

SON CONSEIL. *« Le concours est assez généraliste. Mieux vaut savoir que les candidats, même s'ils sont très pointus dans un domaine, distraits qui font des fautes d'orthographe ou qui ne sont pas assez renseignés sur le formalisme du concours, sont vite écartés. »*

DROIT

Les professions juridiques exigent de longues études universitaires. La raison : ces métiers nécessitent de grandes capacités de réflexion et de synthèse, ainsi qu'une connaissance parfaite de la législation. Ils s'exercent à la fois sur le terrain et au contact des autres.

ASSISTANT(E) PARLEMENTAIRE

- **NIVEAU D'ÉTUDES MINIMAL** : bac+5 • **SÉLECTIVITÉ** : moyenne • **INSERTION** : difficile
- **SALAIRE** : de 2 000 à 2 500 €

Il est l'ombre de l'élu. À l'Assemblée nationale comme au Sénat, l'assistant parlementaire travaille aux côtés d'un député ou d'un sénateur. Il est son secrétaire, son assistant, son collaborateur direct. L'étendue de ses fonctions varie énormément en fonction de l'élu, de ses exigences et de sa notoriété. Certains assistants parlementaires sont avant tout des « super-secrétaires » : ils gèrent son emploi du temps, traitent son courrier, préparent ses dossiers, rédigent des notes de synthèse à l'issue des réunions… D'autres, véritables bras droits, ont une fonction plus tournée vers le conseil et l'aide technique, juridique ou politique : ils « décryptent » les projets de loi, rédigent les discours, préparent les propositions de lois et d'amendements, participent aux réunions publiques…

Dans tous les cas, l'assistant parlementaire doit délivrer fidèlement le message que son employeur veut faire passer, dans les médias, auprès des confrères politiques ou aux citoyens. Ce métier demande beaucoup d'énergie pour un salaire qui peut être maigre comparé à l'énergie déployée. La carrière d'un assistant dépendant de celle de l'élu, elle peut s'arrêter selon les résultats des élections.

- **SES COMPÉTENCES :** assister, organiser, communiquer.
- **SA FORMATION :** si le recrutement se fait largement grâce au réseau, un master en droit et science politique, le diplôme d'un IEP (institut d'études politiques) ou un cursus en école de commerce sera un atout et permettra d'ouvrir des portes.

AVOCAT(E)

- **NIVEAU D'ÉTUDES MINIMAL :** bac+6 • **SÉLECTIVITÉ :** forte • **INSERTION :** moyenne
- **SALAIRE :** honoraires

Son art du discours et son goût pour la théâtralité fascinent. L'avocat (profession libérale) exerce un métier « culte », au même titre que le pompier ou l'instituteur. En général, on distingue trois catégories d'avocats : les avocats d'affaires, dont les clients sont des entreprises ; les pénalistes, qui défendent notamment les auteurs présumés de crimes ou délits ; les spécialistes des affaires civiles (divorces, successions...). La plupart des jeunes avocats touchent un peu à tout, plaidant pour les particuliers comme pour les sociétés. Et si l'image de l'homme de loi, en toge noire, défendant la veuve et l'orphelin, suscite toujours de nombreuses vocations, les avocats pénalistes sont ceux qui gagnent le plus mal leur vie – exception faite de quelques « ténors du barreau » ! À l'inverse, depuis quelques années, le droit des affaires offre de bons débouchés, tout comme le droit de la sécurité sociale, le droit des retraites ou le droit des brevets. L'avocat peut ouvrir son propre cabinet, être collaborateur ou salarié. Mais dans ce dernier cas, il n'a pas le statut de professionnel libéral et ne peut pas développer sa clientèle personnelle.

SES COMPÉTENCES : défendre, aider, conseiller.

SA FORMATION : titulaire au minimum d'un master 1 de droit (plus souvent d'un M2), il a réussi l'examen d'entrée de l'un des 15 CRFPA (Centres régionaux de formation professionnelle des avocats), après une année de préparation dans un IEJ (institut d'études judiciaires), à l'université. Il suit ensuite une formation de dix-huit mois (cours, stage, projet professionnel) sanctionnée par le CAPA (certificat d'aptitude à la profession d'avocat). Il peut alors prêter serment et passer l'examen du barreau.

GREFFIER(ÈRE)

• **NIVEAU D'ÉTUDES MINIMAL :** bac+2 + 18 mois à l'ENG • **SÉLECTIVITÉ :** moyenne à forte
• **INSERTION :** bonne • **SALAIRE :** 1 500 à 2 000 €

Le greffier est la mémoire écrite de toutes les activités du tribunal. Présent lors de chaque étape d'un procès, il retranscrit par écrit les débats de l'audience, dresse des procès-verbaux et rédige les décisions du tribunal. Avant cela, il constitue les dossiers pour les juges, enregistre les affaires et prévient les différentes parties de la date d'audience. Il est en quelque sorte un assistant des juges et des procureurs. Le greffier garantit aussi l'authenticité des décisions du juge : tout jugement rendu en son absence peut être annulé pour vice de forme. Vêtu d'une robe noire lors des audiences, ce professionnel rigoureux et discret conserve ensuite les archives des actes judiciaires.

SES COMPÉTENCES : assister, organiser, archiver, rédiger, expliquer, communiquer.

SA FORMATION : le concours externe de recrutement des greffiers (427 places en 2020) est ouvert aux titulaires d'un bac+2, de préférence dans le domaine du droit, mais de plus en plus de candidats ont un bac+3. Le concours de greffier en chef est, lui, réservé aux détenteurs d'une licence. Dans les deux cas, les lauréats passent par l'ENG (École nationale des greffes) de Dijon, pour une durée de dix-huit mois durant laquelle ils sont rémunérés (1 560 € nets mensuels). À noter : à l'ENG, une classe préparatoire « égalité des chances » permet de préparer le concours en quatre mois (accès sous conditions de ressources).

HUISSIER(ÈRE) DE JUSTICE

• **NIVEAU D'ÉTUDES MINIMAL** : bac+6 • **SÉLECTIVITÉ** : forte • **INSERTION** : bonne
• **SALAIRE** : honoraires

On ne peut pas dire que l'huissier de justice soit le professionnel du droit le plus apprécié par la population… Et pour cause, c'est lui qui procède aux saisies, expulsions et recouvrements des créances. Mais ces pans peu réjouissants du métier ne constituent pas la majeure partie de son travail. Avant tout, l'huissier informe les citoyens qu'une action en justice a été engagée contre eux. Ensuite, il leur transmet le jugement du tribunal. Ce n'est qu'après qu'il veille à l'exécution des décisions judiciaires. Dans la majorité des cas, cela se règle à l'amiable : l'huissier conseille et recherche des solutions avec la personne jugée. L'huissier peut aussi établir des constats (dégâts des eaux, malfaçons…). Ces derniers servent de preuve devant les tribunaux et permettent aux victimes d'obtenir réparation. Diplomate, honnête et impartial, il sait s'adapter à son interlocuteur.

- **SES COMPÉTENCES** : informer, négocier, saisir.
- **SA FORMATION** : après une première année de master de droit ou un diplôme équivalent à bac+4, le futur huissier effectue un stage rémunéré de deux ans et suit simultanément un enseignement théorique dispensé par les chambres des huissiers. Il doit passer ensuite un examen professionnel. À noter : il est recommandé d'obtenir le certificat de clerc expert de l'ENP (École nationale de procédure) parallèlement au stage, car les places aux concours sont chères.

JUGE AUX AFFAIRES FAMILIALES

• **NIVEAU D'ÉTUDES MINIMAL** : bac+4 + 31 mois à l'ENM • **SÉLECTIVITÉ** : forte • **INSERTION** : bonne
• **SALAIRE** : de 2 000 à 2 500 €

Spécialiste du droit de la famille, le juge aux affaires familiales, ou AF, traite des affaires de divorce et de séparation, des problèmes d'autorité parentale, des demandes de changement d'état civil... Ce professionnel du tribunal de grande instance doit proposer des mesures de conciliation et prendre des décisions provisoires au cours de la procédure de divorce. C'est lui, par exemple, qui définit les droits de garde des enfants et de visite des parents, ou encore qui règle les demandes de révision des pensions alimentaires... Diplomate et conciliateur, il s'efforce de trouver des solutions acceptables pour toutes les parties, en prenant du recul face aux pressions qui peuvent être exercées sur lui, et si besoin, des peines à appliquer, sans se laisser influencer par la charge émotive dégagée par certaines situations, qui peuvent être très difficiles. Distant et impartial, il sait se montrer juste, en toutes circonstances et mesure le poids des responsabilités qui lui sont confiées.

- **SES COMPÉTENCES** : communiquer, décider, juger.
- **SA FORMATION** : il est diplômé de l'ENM (École nationale de la magistrature) de Bordeaux, dont le concours d'entrée (192 places en 2019) est ouvert aux titulaires d'une première année de master en droit (master 1) au minimum (dans les faits, plus de 50 % des reçus ont un master 2), ou d'un diplôme d'IEP. La formation à l'ENM dure au total trente et un mois, au terme desquels le juge, appelé auditeur de justice durant ses études, choisit sa spécialité en fonction de son classement de sortie.

JUGE D'INSTRUCTION

• **NIVEAU D'ÉTUDES MINIMAL** : bac+4 + 31 mois à l'ENM • **SÉLECTIVITÉ** : forte • **INSERTION** : bonne
• **SALAIRE** : de 2 000 à 2 500 €

Eva Joly, Renaud Van Ruymbeke, Philippe Courroye... Ces quelques noms ont rendu célèbre toute une profession. Pour toute affaire (crime, malversation...), c'est le procureur de la République qui saisit le juge d'instruction. À ce dernier d'organiser ensuite l'enquête judiciaire pour que la vérité éclate. Pour cela, il dirige le travail des policiers et peut ordonner des expertises, des perquisitions et des enquêtes de personnalité. Il rassemble tous les éléments de l'affaire, qu'ils soient à charge ou à décharge. Il reçoit les témoins comme les principaux suspects pour les interroger. Lorsque son travail est terminé, il prend une décision : il prononce une ordonnance de non-lieu ou, au contraire, renvoie la personne mise en examen devant le tribunal, pour qu'elle y soit jugée. Ce magistrat ne juge pas, mais ses décisions ont des conséquences sur la suite de l'affaire.

- **SES COMPÉTENCES** : coordonner, diriger, décider.
- **SA FORMATION** : une première année de master en droit (master 1) ou un diplôme d'IEP est nécessaire pour se présenter au concours de l'ENM, (voir la fiche « Juge aux affaires familiales »).

JUGE DE L'APPLICATION DES PEINES

• **NIVEAU D'ÉTUDES MINIMAL** : bac+4 + 31 mois • **SÉLECTIVITÉ** : forte • **INSERTION** : bonne
• **SALAIRE** : de 2 000 à 2 500 €

Dans le jargon judiciaire, on l'appelle le « JAP ». Ce magistrat exerce au sein du tribunal de grande instance où sont traitées toutes les affaires de droit commun. Quand une condamnation a été prononcée par le tribunal, le juge de l'application des peines doit s'assurer que cette condamnation sera bien appliquée (prison, obligation de soins...). Lorsqu'il intervient en milieu « fermé » (prison), il peut proposer des réductions de peine, des régimes de semi-liberté, des permissions de sortie. En milieu « ouvert » (dans le cas où la personne a été condamnée à une autre peine que de la prison), il contrôle régulièrement le condamné : il s'assure par exemple que le travail d'intérêt général a bien été exécuté. Il s'occupe aussi des probationnaires, c'est-à-dire des personnes tombant sous le coup d'un sursis avec mise à l'épreuve.

- **SES COMPÉTENCES** : analyser, décider, contrôler.
- **SA FORMATION** : une première année de master en droit (master 1) ou un diplôme d'IEP est nécessaire pour se présenter au concours de l'ENM.

JUGE DES ENFANTS

• **NIVEAU D'ÉTUDES MINIMAL** : bac+4 + 31 mois • **SÉLECTIVITÉ** : forte • **INSERTION** : bonne
• **SALAIRE** : de 2 000 à 2 500 €

Au tribunal, il est le spécialiste des enfants. Ce magistrat assure la protection des mineurs en danger, mais il peut aussi prendre des sanctions à l'égard de ceux qui ont commis des actes réprimés par la loi. Le juge des enfants intervient donc d'une part dans le domaine civil, en cas de danger physique ou moral menaçant l'enfant, et d'autre part dans le domaine pénal, lorsqu'il préside le tribunal pour enfants, chargé de juger les mineurs délinquants de moins de 16 ans. Quel que soit le dossier traité, le magistrat mène une enquête, pour pouvoir prendre une décision juste et impartiale. Il rencontre la famille du mineur, s'entretient avec des éducateurs spécialisés, des assistantes sociales, des responsables de centres médico-pédagogiques... Confronté à des cas parfois difficiles, il doit pourtant savoir garder la distance nécessaire au bon exercice de ses fonctions.

- **SES COMPÉTENCES** : enquêter, conseiller, décider.
- **SA FORMATION** : une première année de master en droit (master 1) ou un diplôme d'IEP est nécessaire pour se présenter au concours de l'ENM.

JURISTE D'ENTREPRISE

- **NIVEAU D'ÉTUDES MINIMAL :** bac+5 • **SÉLECTIVITÉ :** forte • **INSERTION :** bonne
- **SALAIRE :** de 2 000 à 2 500 €

Un contrat de travail à signer ? Un plan de restructuration à mettre en place ? Dans l'écheveau brouillé du droit, les dirigeants d'entreprise ont de quoi se perdre. Heureusement, pour les guider, ils peuvent compter sur les juristes d'entreprise, « conseils juridiques » à l'importance de plus en plus grande au sein des sociétés. Spécialiste du droit, le juriste d'entreprise est avant tout garant des intérêts de sa société. Il s'assure que son employeur reste en conformité avec la loi, en veillant, par exemple, au respect des normes de fabrication des produits et des réglementations. Il accompagne également les projets de développement de l'entreprise, jouant sur la législation sans jamais l'enfreindre, pour tirer le meilleur bénéfice des différentes activités mises en place. Parallèlement, il gère les contentieux et participe aux négociations commerciales. Il se charge ensuite de la rédaction et de l'exécution des contrats. Le juriste peut être généraliste (dans les plus petites entreprises) ou spécialiste (environnement, propriété intellectuelle...).

- **SES COMPÉTENCES :** analyser, conseiller, défendre.
- **SA FORMATION :** un bac+5 au minimum, de préférence en droit des affaires, avec une parfaite maîtrise de l'anglais. L'université Panthéon-Assas propose un MBA (Master of Business Administration) droit des affaires et management – gestion, en apprentissage, en partenariat avec l'AFJE (Association française des juristes d'entreprise) et une trentaine d'entreprises, institutions et cabinets. Il est en effet conseillé de doubler sa formation par un parcours en comptabilité/gestion d'entreprise comme le DJCE (diplôme de juriste conseil d'entreprise), délivré par 11 universités (1 500 candidatures sur l'ensemble des sites pour 300 admis), et très prisé par les recruteurs, ou le CAPA.

NOTAIRE

• **NIVEAU D'ÉTUDES MINIMAL** : bac+5 + 31 mois de stage • **SÉLECTIVITÉ** : forte • **INSERTION** : difficile
• **SALAIRE DÉBUTANT** : honoraires

Chaque année, 20 millions de Français poussent les portes des 6 349 offices notariaux du pays. Les notaires interviennent toujours à des moments importants d'une vie : mariage, décès, succession... En apposant sa signature sur un document (contrat, acte...), ce représentant de l'État lui donne une valeur juridique et garantit ainsi son authenticité. À partir de ce moment, le document ne peut plus être contesté et fait office de règlement officiel. Le notaire est pluridisciplinaire. Il intervient dans le droit de la famille, mais aussi dans l'immobilier (transactions immobilières) et dans le patrimoine (successions des biens). Lorsqu'il reçoit les personnes dans son office, il les conseille et les informe sur la portée de leurs engagements. Il est soumis au secret professionnel. De plus en plus fréquemment, les notaires s'investissent également dans le conseil aux entreprises : ils peuvent, par exemple, être consultés pour un montage juridique ou pour le rachat d'une société. La plupart des 15 210 notaires français travaillent dans leur propre étude, en profession libérale. Ils sont assistés par des clercs de notaire, qui gèrent toute la partie administrative. Après plusieurs années d'expérience et un contrôle des connaissances techniques, ces derniers peuvent devenir notaires à leur tour.

- **SES COMPÉTENCES** : écouter, conseiller, authentifier.
- **SA FORMATION** : après un master 1 de droit, deux voies sont envisageables. La première, dite universitaire, consiste à obtenir un master 2 professionnel en droit spécialité droit notarial, puis à préparer, en deux ans en alternance, dans un centre de formation et dans un office où il sera rémunéré, le DSN (diplôme supérieur de notariat). L'autre voie passe d'abord par un des 15 CFPN (centres de formation professionnelle notariale). Le futur notaire, titulaire d'un master 2 en droit, est sélectionné sur dossier et entretien. Pour obtenir le diplôme d'aptitude aux fonctions de notaire, il devra valider six modules d'enseignement, et trente et un mois de stage en office.

SUBSTITUT(E) DU PROCUREUR

• **NIVEAU D'ÉTUDES MINIMAL** : bac+4 + 31 mois à l'ENM • **SÉLECTIVITÉ** : forte • **INSERTION** : bonne
• **SALAIRE** : de 2 000 à 2 500 €

Au tribunal, il travaille sous l'autorité du procureur de la République. Ce magistrat du parquet, communément appelé avocat général, représente le ministère public. Il est chargé de veiller aux intérêts généraux de la société. Lorsqu'une infraction lui est signalée par les services de police, il examine le dossier. Il peut décider de classer l'affaire ou de la poursuivre et de lancer une enquête, qu'il conduit lui-même, en coordonnant les actions de ses collègues policiers. Ensuite, lorsque sonne l'heure du procès, il présente le dossier devant les juges et propose une peine. Face à lui, les avocats de la défense tentent de réduire les sanctions à l'encontre de leurs clients. Une fois le jugement prononcé, il s'assure que les décisions de justice seront bien respectées. Capable d'argumenter avec précision, ce professionnel est doté d'un excellent esprit de synthèse. Par la suite, au fil de sa carrière, il pourra devenir procureur de la République.

SES COMPÉTENCES : assister, analyser, décider.
SA FORMATION : une première année de master en droit (master 1) ou un diplôme d'IEP est nécessaire pour se présenter au concours de l'ENM, voir la fiche « Juge aux affaires familiales ».

> POUR ALLER + **LOIN SUR LE NET**

metiers.justice.gouv.fr : ministère de la Justice / village-justice.com : communauté des métiers du droit / afje.org : Association française des juristes d'entreprise.

> À LIRE **AUX ÉDITIONS DE L'ETUDIANT**

Réussir ses études de droit

Élodie Bosseler | *avocate*

« La plaidoirie n'est qu'une petite partie de mon travail »

SON MÉTIER. *Dans les esprits, qui dit avocat dit plaidoirie. « C'est la partie la plus sympa de mon métier, mais ce n'est qu'une petite partie de mon travail en termes de charge de travail. Je passe beaucoup de temps à faire de la recherche juridique ou à rédiger des conclusions », précise d'emblée Élodie Bosseler. L'avocate trentenaire a créé son cabinet en 2014 après une première expérience professionnelle. Elle a fait le choix du droit pénal et du droit de la santé, ce qui l'amène à traiter des affaires de vol, stupéfiants, terrorisme, ainsi que des litiges entre patients et praticiens.*

« En droit pénal, je suis le plus souvent appelée pour assister à l'audition de garde à vue de mon client. Mon rôle consiste alors à lui rappeler ses droits », explique-t-elle. À la suite de la garde à vue, son client est libéré, déféré devant le parquet ou jugé en comparution immédiate. Dans ce dernier cas, l'avocate dispose alors de très peu de temps pour préparer la défense avant de plaider.

« Pour moi, la deuxième année d'études est la plus difficile, car on y apprend le droit administratif. Ce dernier ne se fonde pas sur un code, mais sur des décisions de justice qu'il faut connaître », confie Élodie. Titulaire d'un master de droit pénal, elle a intégré l'École du barreau après l'institut d'études judiciaires de son université et une prépa privée. Deux mois de bachotage intensif juste avant l'examen qui l'ont « boostée à bloc ».

SON CONSEIL. *« Beaucoup d'étudiants entrent à l'École du barreau sans jamais avoir mis les pieds dans un cabinet d'avocats. À l'issue de mon master 2, le stage m'a permis de comprendre la réalité du métier, mais aussi d'être embauchée dans la foulée. »*

Témoignage

DÉFENSE, SÉCURITÉ

Tous les ans, l'armée et la fonction publique recrutent des centaines de jeunes, avec ou sans diplôme, pour assurer la sécurité et la défense des citoyens et des biens publics. Bien entendu, une bonne condition physique est exigée pour tous ces métiers.

COMMISSAIRE DES ARMÉES

- **NIVEAU D'ÉTUDES MINIMAL** : bac+3 • **SÉLECTIVITÉ** : forte • **INSERTION** : bonne
- **SALAIRE** : de 1 500 à 2 000 €

Rattaché à l'administration générale d'un régiment, d'une base aérienne, d'un navire, d'un état-major ou d'un service du ministère de la Défense, le commissaire des armées exerce des fonctions de direction dans l'administration, les finances, le conseil juridique et les ressources humaines, la logistique, le droit, les systèmes d'information… Selon son affectation, il s'occupe des fournitures et des équipements, du logement, de la restauration, du recrutement, de la formation et de la reconversion. Il gère aussi les budgets et surveille les procédures comptables dont il est responsable devant le ministère. Le commissaire intervient sur le territoire national et pour les opérations extérieures.

SES COMPÉTENCES : gérer, administrer, organiser.

SA FORMATION : le concours commun aux trois armées est ouvert aux titulaires ou aux étudiants en cours d'obtention d'un bac+3 (IEP, université de droit, d'économie, de gestion ou IAE). Une fois admis, les futurs commissaires des armées suivent une année de formation à l'École de commissaires des armées de Salon-de-Provence (13), puis huit mois à Salon-de-Provence, Lanvéoc (29), Coëtquidan, Paris, Bagneux ou Arcueil selon l'armée et le service choisis. À noter : la scolarité débouche sur un master 2 en droit et administration de la défense délivré conjointement par Aix-Marseille Université. Le concours externe s'adresse, quant à lui, à des profils d'écoles de commerce ou d'ingénieurs âgés de moins de 27 ans au 1er janvier de l'année du concours, titulaires ou en cours d'obtention d'un bac+5.

COMMISSAIRE DE POLICE

• **NIVEAU D'ÉTUDES MINIMAL :** bac+5 • **SÉLECTIVITÉ :** forte • **INSERTION :** bonne
• **SALAIRE :** à partir de 3 000 €

Le commissaire de police dirige un service de police nationale. Il peut s'agir d'un commissariat, d'un service de police judiciaire, d'un service de renseignement. Selon le lieu de son affectation, son travail varie énormément. Dans tous les cas, c'est un meneur d'hommes : il encadre l'ensemble des personnes affectées à son service (officiers, gardiens de la paix, personnel administratif) et définit les opérations à mener pour répondre aux objectifs fixés par le ministère. Après neuf ans de carrière, il peut devenir commissaire divisionnaire.

SES COMPÉTENCES : diriger, coordonner, orienter.

SA FORMATION : le concours externe est ouvert aux titulaires d'un bac+5 de préférence en droit, de moins de 35 ans. Les lauréats suivent une formation rémunérée de deux ans à l'École nationale supérieure de la police, à Saint-Cyr-au-Mont-d'Or (69) et s'engagent à rester au service de l'État pendant une durée de sept ans à compter de leur titularisation. Trente-deux postes ont été ouverts en 2020 au titre du concours externe. Le concours peut être passé trois fois. Les gardiens de la paix justifiant d'une expérience de quatre ans peuvent passer le concours interne de commissaire. Une prépa intégrée commissaire permet de préparer le concours pendant huit mois.

FUSILIER(IÈRE) MARIN(E)

• **NIVEAU D'ÉTUDES MINIMAL** : bac • **SÉLECTIVITÉ** : moyenne • **INSERTION** : bonne
• **SALAIRE** : de 1 500 à 2 000 €

La mer est son terrain d'action. Le fusilier marin assure la surveillance et la protection des sites sensibles de la Marine nationale. Bateaux, bases navales ou aéronavales, ports : lorsqu'il patrouille à terre, la mer n'est jamais bien loin ! À bord des bateaux, il est présent pour protéger le personnel contre toute attaque éventuelle. En cours de carrière, le fusilier marin peut acquérir des qualifications complémentaires et se spécialiser dans un domaine : parachutisme, tir d'élite, maître-chien, etc. Ce corps d'armée, formé pour combattre en milieu aquatique, comprend également cinq unités de commandos de marine. Si la plupart des fusiliers rêvent de porter un jour le fameux béret vert, seuls 3 % y parviennent !

SES COMPÉTENCES : protéger, surveiller, combattre.

SA FORMATION : à Brest (29), l'École de maistrance dispense aux futurs officiers marins, titulaires du bac et âgés de 17 à 30 ans, une formation générale de 17 semaines. Après sélection, les recrues rejoignent l'école des fusiliers marins, à Lorient (56), pour 18 semaines, afin d'obtenir le BAT (brevet d'aptitude technique), passage obligé pour devenir officier marinier. L'engagement initial est de 10 ans. À partir de 4 ans de service, les fusiliers mariniers peuvent suivre les cours du brevet supérieur de spécialité (5 mois) pour devenir officier supérieur. Recruté de la 3e au bac, le matelot fusilier suit, quant à lui, une formation initiale de 5 semaines au centre d'instruction de Lorient, complétée par une spécialisation de 3 semaines. Le contrat initial est de 4 ans.

GARDIEN(NE) DE LA PAIX

• **NIVEAU D'ÉTUDES MINIMAL :** bac • **SÉLECTIVITÉ :** forte • **INSERTION :** bonne
• **SALAIRE :** 1 500 à 2 500 €

Au contact direct de la population, le gardien de la paix veille à maintenir la tranquillité publique, grâce à des actions de prévention et de répression : ce fonctionnaire de la police nationale ne passe pas ses journées derrière le comptoir du commissariat. Il se rend sur le terrain, participe à des enquêtes, effectue filatures et arrestations. Le métier comporte de multiples facettes et spécialisations. Un gardien de la paix peut travailler dans une brigade des stupéfiants, une compagnie républicaine de sécurité ou devenir sauveteur en montagne. Désormais, après trois ans d'ancienneté et une formation interne de quatorze semaines, il peut devenir OPJ (officier de police judiciaire).

- **SES COMPÉTENCES :** enquêter, sécuriser, auditionner.
- **SA FORMATION :** le bac est exigé pour tenter les concours de gardien de la paix. Aujourd'hui, les candidats peuvent choisir entre le concours (pour le passer, il faut avoir 17 ans minimum et le bac) à affectation nationale et le concours à affectation régionale Île-de-France. Le choix de l'affectation se fait à la sortie de l'école, après douze mois de formation et de stages, en fonction du concours passé.

GENDARME

• **NIVEAU D'ÉTUDES MINIMAL :** bac • **SÉLECTIVITÉ :** forte • **INSERTION :** bonne
• **SALAIRE :** de 1 500 à plus de 2 500 €

En France, plus de 100 000 militaires et civils travaillent au sein de la gendarmerie nationale, selon le Sénat. Leurs affectations et leurs domaines d'intervention sont nombreux, mais leur but reste le même : assurer la protection des personnes et des biens. Affectés à la sécurité publique, les gendarmes départementaux participent à des missions de secours, de contrôle, et peuvent intervenir dans le cadre d'enquêtes judiciaires. Les gendarmes mobiles, eux, sont chargés du maintien de l'ordre public lors de grands événements (matchs, concerts, etc.). Il existe aussi des unités de gendarmes spécialisés, la plus connue étant le GIGN (Groupe d'intervention de la gendarmerie nationale). Près de huit gendarmes sur dix sont sous-officiers. Ils répondent aux ordres des officiers et sont secondés, au quotidien, par les gendarmes adjoints volontaires.

- **SES COMPÉTENCES :** secourir, défendre, analyser.
- **SA FORMATION :** pour devenir sous-officier de gendarmerie, la première condition est d'avoir entre 18 et 35 ans. Le bac est exigé pour se présenter au concours. La formation, rémunérée 1 143 € net par mois, dure douze mois en école de gendarmerie. L'École des officiers de la gendarmerie nationale, à Melun (77), est, elle, accessible sur concours, et réservée aux titulaires d'un bac+5. Son cursus dure deux ans. Enfin, les gendarmes adjoints volontaires sont formés en neuf semaines dans l'une des sept écoles de gendarmerie, sans condition de diplôme. Douze semaines de stage en unité complètent la formation. Quel que soit le niveau visé (sous-officier, gendarme adjoint volontaire), l'accès à la formation est conditionné par la réussite à différents tests et épreuves physiques, qui sont réputés ardus. En devenant gendarme, on devient aussi militaire.

MÉDECIN MILITAIRE

• **NIVEAU D'ÉTUDES MINIMAL :** bac+9 • **SÉLECTIVITÉ :** forte • **INSERTION :** bonne
• **SALAIRE :** plus de 2 500 €

Il exerce au sein d'une unité, d'un hôpital des armées ou en centre de recherche. Le médecin des armées intervient en France comme à l'étranger. Sur le terrain, lors d'opérations extérieures, il soigne les militaires blessés comme les civils, victimes des combats. En hôpital, il travaille dans l'un des neuf hôpitaux d'instruction des armées du pays, des établissements également ouverts au grand public. Le plus souvent, ce professionnel de santé est spécialisé : médecin généraliste, chirurgien, cardiologue, anesthésiste… Le service de santé des armées emploie également des chirurgiens-dentistes, pharmaciens, infirmiers, kinésithérapeutes, biologistes… Et même des vétérinaires, pour prendre soin des chiens et des chevaux de l'armée !

- **SES COMPÉTENCES :** soigner, aider, conseiller.
- **SA FORMATION :** les médecins militaires, comme la plupart des autres personnels médicaux et paramédicaux des armées, sont recrutés sur concours et ponctuellement sur titre (médecins diplômés d'État). Le concours d'entrée à l'École de santé des armées est ouvert aux bacheliers et aux étudiants en médecine : il y a environ une centaine de postes par an, toutes spécialités confondues, pour 1 900 candidats. Les études durent neuf ans au sein de l'École de santé des armées à Bron (69) et sont complétées par une formation militaire. Les infirmiers sont formés à l'EPPA (École du personnel paramédical des armées), à Toulon (83). Quant aux pharmaciens, après cinq années passées à Lyon, ils rejoignent l'École du Val-de-Grâce, à Paris, pour un an.

MILITAIRE DU RANG

- **NIVEAU D'ÉTUDES MINIMAL :** aucun diplôme • **SÉLECTIVITÉ :** faible • **INSERTION :** bonne
- **SALAIRE :** de 1 500 à 2 000 €

Cuisinier, conducteur de grue, matelot, pilote de lance-roquettes, musicien, plongeur… Les trois armées regroupent des centaines de métiers ! Autant dire que le militaire du rang a l'embarras du choix. Ce professionnel de l'armée est avant tout un soldat, prêt à intervenir sur le terrain en cas de besoin, mais c'est aussi un technicien, spécialiste en son domaine. Solidaire de ses « frères d'armes » qu'il côtoie vingt-quatre heures sur vingt-quatre, il doit aimer la vie de groupe, la rigueur et l'autorité.

- **SES COMPÉTENCES :** défendre, assister, secourir.
- **SA FORMATION :** il n'est pas utile d'être diplômé pour rejoindre l'armée, mais la détention d'un CAP est appréciée. Après deux jours de sélection, le jeune soldat suit une formation militaire

de quinze semaines dispensée au sein d'un CFIM (centre de formation initiale des militaires du rang), parfois complétée par une formation professionnelle courte au métier choisi.

OFFICIER(ÈRE) DE L'ARMÉE

- **NIVEAU D'ÉTUDES MINIMAL** : bac+2 ou bac+3 • **SÉLECTIVITÉ** : forte • **INSERTION** : bonne
- **SALAIRE** : 1 500 à 2 000 €

Derrière cette appellation très générale se cachent des centaines de métiers différents. Le grade d'officier est présent dans les trois armées (terre, mer, air). Il a un rôle d'encadrement et de soutien des troupes. Mais il reste avant tout un militaire de terrain, expert dans sa spécialité. Il peut être pilote de chasse, chef de peloton amphibie, officier de tir, capitaine de vaisseau… Ses responsabilités sont importantes. Sur le terrain, il commande, seul, son unité. À côté de ces officiers de carrière, l'armée emploie aussi des OSC (officiers sous contrat), qui n'exercent pas un métier militaire à proprement parler. Diplômés de l'enseignement supérieur civil, les OSC s'engagent pour une durée variable selon leurs corps d'appartenance et occupent diverses fonctions, à des postes d'encadrement ou de spécialistes (informatique par exemple).

SES COMPÉTENCES : diriger, coordonner, combattre.

SA FORMATION : les officiers sont recrutés sur concours. Leur formation dure plusieurs mois ou plusieurs années selon l'armée, le métier visé et le niveau de recrutement. Elle a lieu dans différentes écoles militaires : l'ESM (École spéciale militaire) de Saint-Cyr, l'École de l'air de Salon-de-Provence, l'École navale de Lanvéoc-Poulmic après un bac+2 ou bac+3…

POMPIER(ÈRE) PROFESSIONNEL(LE)

• **NIVEAU D'ÉTUDES MINIMAL** : diplôme national du brevet • **SÉLECTIVITÉ** : forte • **INSERTION** : bonne
• **SALAIRE** : de 1 500 à 2 000 €

Ils font rêver de nombreux jeunes. Les pompiers professionnels (ils sont un peu plus de 40 000 en France) représentent un élément essentiel de la sécurité civile. À toute heure du jour et de la nuit, ces soldats du feu partent en mission pour éteindre un incendie ou pour aider une personne en difficulté. Quand ils ne sont pas sur le terrain, les pompiers participent à la vie de la caserne : entretien des locaux, entraînement, cours. Mais le métier a bien changé : les sorties sur un incendie sont de plus en plus rares et les missions consacrées aux services à la personne de plus en plus nombreuses. À côté de ces professionnels, la France compte 195 000 sapeurs-pompiers volontaires.

SES COMPÉTENCES : porter secours, assister, soigner.

SA FORMATION : le concours de pompier professionnel est organisé au niveau départemental par le SDIS (service départemental d'incendie et de secours). Les candidats doivent posséder le DNB (diplôme national du brevet) ou un CAP. Une fois reçus au concours, ils sont inscrits sur une liste d'aptitude, en vue d'une affectation. Le concours est valable trois ans. À Paris et à Marseille, les pompiers sont des militaires – armée de terre pour les premiers, Marine pour les seconds. Après un concours national (de brevet à bac+2), les recrues (âgées de 18 à 25 ans) suivent une formation de deux à six mois. Quel que soit le concours, préparez-vous à passer des tests médicaux, théoriques, sportifs…

SOUS-OFFICIER(ÈRE)

• **NIVEAU D'ÉTUDES MINIMAL** : bac • **SÉLECTIVITÉ** : moyenne • **INSERTION** : bonne
• **SALAIRE** : de 1 500 à 2 000 €

Qu'il ait choisi d'exercer son métier dans l'armée de terre, la Marine ou l'armée de l'air, le sous-officier est un militaire de terrain. Il travaille au cœur des troupes, pour diriger, encadrer et conseiller les militaires du rang sur les opérations. Technicien chevronné, il est également spécialisé dans un domaine. Ainsi, il peut être contrôleur aérien, mécanicien, dessinateur-cartographe ou encore chef de char. Pour répondre aux besoins de sa hiérarchie, il part régulièrement en opérations extérieures pendant plusieurs mois, pour des missions de dissuasion, de maintien de la paix ou d'assistance. Le sous-officier peut progresser en grade : chaque année, près de la moitié des officiers nommés sont issus du corps des sous-officiers de carrière.

- **SES COMPÉTENCES :** former, encadrer, servir.
- **SA FORMATION :** ouverte aux candidats âgés de 18 à 25 ou 30 ans (selon les armées), titulaires du baccalauréat et ayant réussi les tests de sélection, la formation se déroule pendant huit mois, dans les centres des différentes armées : l'École nationale des sous-officiers d'active, à Saint-Maixent, pour l'armée de terre, l'École de maistrance, à Brest, pour la Marine nationale, l'École de formation des sous-officiers, à Rochefort, pour l'armée de l'air. Les futurs sous-officiers sont ensuite formés à leur spécialité pendant une période allant de six à trente-six mois.

> POUR ALLER + LOIN SUR LE NET

lapolicenationalerecrute.fr : un site du ministère de l'Intérieur dédié à la police nationale / lagendarmerierecrute.fr : le site du ministère de l'Intérieur dédié à la gendarmerie nationale / recrutement.terre.defense.gouv.fr : site de recrutement de l'armée de terre / commissairesdanslesarmees.defense.gouv.fr : site d'information pour devenir commissaire des armées / pompiers.fr : pompiers de France / pompiersparis.fr : pompiers de Paris / marinspompiersdemarseille.com : pompiers de Marseille / air-touteunearmee.fr : site de recrutement de l'armée de l'air / defense.gouv.fr : ministère de la Défense / etremarin.fr : site de recrutement de la Marine nationale / uspsecurite.fr : Union des entreprises de sécurité privée.

> À LIRE AUX ÉDITIONS DE L'ETUDIANT

Les Métiers de la prévention, de la défense et de la sécurité

AUDIT, COMPTABILITÉ, GESTION

Restructurer des entreprises, optimiser les coûts ou assainir les finances : le secteur a le vent en poupe. En cabinet ou en grande entreprise, les professionnels exercent dans diverses structures, et les passerelles sont aisées, mais exigent des profils rigoureux et des études souvent longues.

AUDITEUR(TRICE) FINANCIER(IÈRE)

- **NIVEAU D'ÉTUDES MINIMAL** : bac+5 • **SÉLECTIVITÉ** : forte • **INSERTION** : bonne
- **SALAIRE** : de 2 000 à 2 500 €

Il existe trois grandes catégories d'auditeurs financiers : les auditeurs externes, internes et à la Cour des comptes. Les premiers, externes, travaillent pour un cabinet d'audit. Lorsqu'une entreprise les contacte, ils se rendent sur place pour rencontrer ses dirigeants, ses employés et vérifier avec minutie la bonne tenue des finances. À partir de ces échanges, ils établissent un diagnostic sur la santé de l'entreprise. Les auditeurs internes sont quant à eux salariés d'une entreprise, ils se déplacent régulièrement dans les filiales du groupe, ses usines, ses succursales. Ils analysent le fonctionnement et l'organisation des activités. S'ils détectent la moindre anomalie, ils en informent leur direction, qui prendra les mesures nécessaires pour corriger cette irrégularité. Les auditeurs à la Cour des comptes, enfin, contrairement à leurs collègues, travaillent exclusivement pour le service public. Ils auditent les administrations de l'État, les entreprises publiques, la Sécurité sociale, les associations bénéficiant de subventions… Quel que soit son employeur, ce professionnel rigoureux et organisé achève sa mission en rédigeant un compte rendu détaillé de son audit, avec des conseils.

- **SES COMPÉTENCES :** contrôler, enquêter, diagnostiquer.
- **SA FORMATION :** l'idéal est un master audit, contrôle de gestion, fiscalité ou un diplôme d'école supérieure de commerce complétés le plus souvent par un diplôme comptable. Pour devenir associé dans un cabinet, il est nécessaire d'être titulaire du DEC (diplôme d'expertise comptable – bac+8) qui permet d'être légalement responsable de la publication des comptes d'une entreprise. Pour le passer, il faut être titulaire d'un DSCG (diplôme supérieur de comptabilité et de gestion) ou du CAFCAC (certificat d'aptitude aux fonctions de commissaire aux comptes). Les auditeurs de la Cour des comptes sont recrutés quant à eux parmi les meilleurs élèves issus de l'ENA (École nationale d'administration).

COMPTABLE

• **NIVEAU D'ÉTUDES MINIMAL** : bac+2 • **SÉLECTIVITÉ** : moyenne • **INSERTION** : bonne
• **SALAIRE** : de 1 500 à 2 000 €

Toute la journée, il compte, calcule et triture des centaines de chiffres, vérifie dépenses et recettes. Achat de fournitures, paiement des salaires, vente de produits, rien ne lui échappe : il contrôle tous les mouvements d'argent. En fin d'année, c'est lui qui élabore le bilan comptable de l'entreprise. Ce résumé de l'activité annuelle sera vérifié par un expert-comptable. Le comptable voit son métier varier d'une entreprise à l'autre. Dans les PME (petites et moyennes entreprises), ses responsabilités sont nombreuses et ses activités variées. Dans les grandes entreprises, son poste est généralement spécialisé (paiement des salaires, factures). Il est alors placé sous la responsabilité du directeur comptable. Enfin, il peut travailler dans un cabinet d'expertise comptable, où il gérera la comptabilité de plusieurs entreprises.

- **SES COMPÉTENCES :** compter, analyser, administrer.
- **SA FORMATION :** un BTS comptabilité et gestion, un DUT GEA (gestion des entreprises et des administrations) option gestion comptable et financière, un DCG (diplôme de comptabilité et de gestion) ou une licence pro métiers de la gestion et de la comptabilité (bac+3).

CONTRÔLEUR(SE) DE GESTION

• **NIVEAU D'ÉTUDES MINIMAL :** bac+5 • **SÉLECTIVITÉ :** forte • **INSERTION :** bonne
• **SALAIRE :** plus de 2 500 €

Son métier : faire parler les chiffres ! Grâce à son analyse rigoureuse et minutieuse, le contrôleur de gestion aide l'entreprise à choisir une bonne stratégie de développement. Il établit des prévisions de budget, à l'aide des informations fournies par les services commerciaux, et fixe des objectifs chiffrés détaillés. Ensuite, il élabore des outils de contrôle qui lui permettront de vérifier si l'entreprise a atteint ses objectifs. Si ce n'est pas le cas, il conseille la direction sur les actions à mettre en place pour rectifier le tir, ou pour anticiper d'éventuels pépins budgétaires à venir. À l'aise avec les chiffres, mais aussi doté de qualités humaines, ce professionnel se montre fiable et rigoureux.

- **SES COMPÉTENCES :** analyser, prévoir, conseiller, maîtriser une ou plusieurs langues étrangères.
- **SA FORMATION :** plusieurs années d'expérience sont généralement nécessaires avant d'atteindre ce poste, souvent en tant qu'assistant de gestion. Pour cela, prévoir un bac+5 : une école supérieure de commerce avec spécialisation finance et contrôle de gestion ou management et contrôle de gestion, un master professionnel spécialisé en contrôle de gestion, un master en comptabilité, contrôle, audit (CCA) ; finances ;

sciences du management ou stratégie d'entreprise, un diplôme comptable, un diplôme d'IEP (institut d'études politiques) section économie et finance, une école d'ingénieurs doublée d'une spécialisation finance ou gestion (notamment pour exercer dans le secteur industriel).

DIRECTEUR(TRICE) FINANCIER(IÈRE)

• **NIVEAU D'ÉTUDES MINIMAL** : bac+5 • **SÉLECTIVITÉ** : forte • **INSERTION** : bonne
• **SALAIRE** : plus de 2 500 €

C'est l'une des figures de l'entreprise. Surnommé « DAF » (directeur administratif et financier), ce professionnel, à la fois excellent comptable et manager, supervise la gestion financière de toute une société. En collaboration avec ses collègues comptables, financiers et administratifs, il veille à garantir l'équilibre financier de l'entreprise et à optimiser ses performances. Pour cela, il décide des placements à effectuer et conseille la direction générale sur les projets d'investissement (fusion, acquisition, prise de participation dans une société tierce...). Si le directeur financier passe beaucoup de temps dans les chiffres, c'est également un fin négociateur : il gère les relations avec les banques et rencontre tous les investisseurs potentiels. Tout cela dans un seul but : que l'entreprise se développe. Rigueur, gestion du stress et qualités managériales lui sont essentielles pour réussir cette mission.

SES COMPÉTENCES : analyser, gérer, négocier, prévoir.

SA FORMATION : les diplômés d'école supérieure de commerce titulaires du DSCG (diplôme supérieur de comptabilité et de gestion) sont particulièrement recherchés. La profession est aussi ouverte aux titulaires d'un master comptabilité, contrôle, audit (université Paris-Dauphine, IAE de Grenoble, université d'Angers), d'un diplôme juridique ou fiscal complété par une formation en finance-comptabilité ou issus d'un IEP, spécialisation économique et financière. Ce poste n'est accessible dans tous les cas qu'après au moins 5 années d'expérience minimum en tant que directeur comptable ou contrôleur de gestion.

EXPERT(E)-COMPTABLE

• **NIVEAU D'ÉTUDES MINIMAL** : bac+5 • **SÉLECTIVITÉ** : forte • **INSERTION** : bonne
• **SALAIRE** : plus de 2 500 €

L'expert-comptable aide les entreprises et artisans à élaborer leurs bilans annuels et tous les documents fiscaux et sociaux exigés par la loi. Mais son rôle ne s'arrête pas là : l'expert-comptable est pour ces entrepreneurs un véritable coach ! Il peut conseiller et assister ses interlocuteurs dans leurs choix stratégiques. Création d'entreprise, réformes fiscales, lutte contre la fraude… Il est incollable sur tout ce qui touche à la vie de l'entreprise. Neuf experts-comptables sur dix sont aussi commissaires aux comptes. Observateur indépendant, il vérifie les comptes publiés par les entreprises pour s'assurer qu'aucune fraude n'a été dissimulée (fausses factures, détournement de fonds…). Si fraude il y a, il doit les révéler au conseil d'administration et aux actionnaires de l'entreprise. Il peut travailler en interne pour le service comptabilité d'un grand groupe, ou pour un cabinet. Friand de chiffres, il est aussi précis que pédagogue.

- **SES COMPÉTENCES** : conseiller, assister, contrôler.
- **SA FORMATION** : pour pouvoir s'inscrire à l'Ordre des experts-comptables et exercer, il faut obtenir trois diplômes successifs : le DCG (diplôme de comptabilité et gestion) à bac+3, le DSCG (diplôme supérieur de comptabilité et de gestion) à bac+5, et le DEC (diplôme d'expertise comptable), obtenu après trois années de stage.

FISCALISTE

• **NIVEAU D'ÉTUDES MINIMAL** : bac+5 • **SÉLECTIVITÉ** : forte • **INSERTION** : bonne
• **SALAIRE** : plus de 2 500 €

Les impôts n'ont aucun secret pour lui ! Conseiller spécialisé en droit et en fiscalité, il aide l'entreprise à appliquer avec rigueur les normes fiscales nationales et internationales. Il lui propose également des solutions pour réduire ses impôts, en choisissant le régime fiscal le plus adapté à son client. Pour cela, il doit connaître sur le bout des doigts toute la réglementation en vigueur. Chargé de faire le lien avec l'administration fiscale, il assiste aux contrôles fiscaux et trouve des arguments de poids en cas de contentieux. Il conseille aussi l'entreprise sur des dossiers importants : opérations de fusion, de restructuration... À l'aise avec les chiffres, il est diplomate et aussi à l'aise à l'oral. Et très rigoureux quant à la législation.

- **SES COMPÉTENCES :** conseiller, défendre, proposer.
- **SA FORMATION :** au minimum un master en droit fiscal ou droit des affaires et fiscalité, un master pro ingénierie juridique et financière des sociétés ou un diplôme d'école de commerce avec spécialisation en finance. Cette profession est également accessible aux avocats spécialisés dans le droit des affaires.

RESPONSABLE CONSOLIDATION

• **NIVEAU D'ÉTUDES MINIMAL** : bac+5 • **SÉLECTIVITÉ** : forte • **INSERTION** : bonne
• **SALAIRE** : plus de 2 500 €

Ce cadre expérimenté doit son titre à un anglicisme : dans la langue de Shakespeare, « *to consolidate* » signifie « grouper ». Le responsable consolidation s'occupe donc de rassembler les comptes des différentes filiales d'un même groupe, comme s'il s'agissait d'une seule et même entreprise. L'objectif : refléter avec exactitude la réalité économique du groupe. Dans un contexte actuel de fortes restructurations et de concentrations, les postes ne manquent pas pour les profils qualifiés. Rarement confiée aux débutants, cette fonction à responsabilités est accessible après au moins trois ans d'expérience en audit ou dans un service de consolidation.

- **SES COMPÉTENCES :** analyser, contrôler, synthétiser.
- **SA FORMATION :** master professionnel en comptabilité ou en finances, diplôme comptable (DCG, DSCG), école supérieure de commerce.

TRÉSORIER(IÈRE)

• **NIVEAU D'ÉTUDES MINIMAL** : bac+5 • **SÉLECTIVITÉ** : forte • **INSERTION** : bonne
• **SALAIRE** : plus de 2 500 €

Proche conseiller du directeur financier, ce professionnel veille sur le « trésor » de l'entreprise qui possède plusieurs comptes bancaires à alimenter, à équilibrer et parfois à combler. C'est là tout le rôle du trésorier. Une grosse facture arrive ? Il s'assure que les comptes sont assez fournis pour payer la somme due. Un investissement important est programmé pour les prochains mois ? Il se renseigne auprès des banques pour trouver des placements financiers intéressants et lucratifs. Après plusieurs scandales financiers intervenus ces dernières années, les opérations bancaires de ce genre sont observées à la loupe. Chaque semaine, le trésorier transmet à sa hiérarchie un état des lieux des finances de l'entreprise.

- **SES COMPÉTENCES** : analyser, équilibrer, placer.
- **SA FORMATION** : une école supérieure de commerce option finance ; un master pro management, spécialité trésorerie d'entreprise ; un master comptabilité, contrôle, audit ; un master ingénierie financière et bancaire de l'entreprise ; un diplôme supérieur de comptabilité et de gestion ; ou un cursus en IEP spécialisé en économie et finance.

RISK MANAGER

• **NIVEAU D'ÉTUDES MINIMAL** : bac+5 • **SÉLECTIVITÉ** : forte • **INSERTION** : bonne
• **SALAIRE** : plus de 2 500 €

Également appelé gestionnaire de risque, le *risk manager* est d'abord chargé d'identifier et de recenser les points de vulnérabilité de l'entreprise dans laquelle il travaille. Mais aussi d'en informer ses collègues qu'il sensibilise et forme au gré d'ateliers. Il dialogue avec les assureurs et les courtiers afin de négocier les meilleurs contrats. Il cherche à optimiser les coûts, car, en cas de pépin, il doit gérer la crise et, surtout, assurer la poursuite du fonctionnement de la société. Il développe, anime et forme un réseau de correspondants qui lui font remonter des informations du terrain. Dans les PME-PMI, c'est souvent le dirigeant qui gère les risques. Dans de plus grosses sociétés, le manager peut être rattaché à d'autres missions : audit, contrôle, assurance. Dans les entreprises du CAC 40, la fonction est souvent divisée en pôles : intelligence économique, contrôle interne, *risk management*...

- **SES COMPÉTENCES :** identifier, analyser, réagir.
- **SA FORMATION :** une école d'ingénieurs ; une école de commerce ; un master de droit, de science politique, etc. ; un diplôme de l'école notariale Lyon 3 (droit de l'environnement et de l'urbanisme) ou de l'ENASS (École nationale d'assurance) ; un mastère spécialisé en management ou gestion des risques.

> POUR ALLER + **LOIN SUR LE NET**

futurexpert.com : Ordre des experts-comptables / dfcg.fr : association des directeurs financiers et de contrôle de gestion

> À LIRE **AUX ÉDITIONS DE L'ETUDIANT**

Les Métiers de la banque, finance, assurance et expertise comptable

VALÉRIE BEYAERT | *experte-comptable*

« Je veux casser l'image du comptable éloigné de tout rapport humain »

SON MÉTIER. *L'image de l'expert-comptable, caché sous ses dossiers dans un bureau exigu, ne rend pas compte de la réalité du métier, comme en témoigne Valérie Beyaert. Cette passionnée d'informatique a découvert la comptabilité en classe de première STMG. Elle a alors décroché le DCG, le DSCG puis, le DEC (diplôme d'expertise comptable). Après avoir enseigné la comptabilité au centre de formation d'apprentis Bessières, à Paris, elle a fondé son cabinet, Solution Entreprises.*

L'experte-comptable s'occupe la plupart du temps de la gestion de budgets et comptes de PME (petites et moyennes entreprises). Elle assure aussi, une journée et demie par semaine, des consultations auprès de patrons qui gèrent de très petites entreprises. « Je rencontre des personnes très différentes, directement sur leur lieu de travail. Aujourd'hui par exemple, je vois un coiffeur et un architecte. Cette part de mon activité repose énormément sur le présentiel. Le contact est donc très important. Et je veux casser l'image du comptable éloigné de tout rapport humain. Je vois d'abord la personne plutôt que les chiffres. »

Valérie met un point d'honneur, au sein de l'Ordre des experts-comptables, à participer à des commissions, principalement sur l'usage de l'informatique et des nouvelles technologies. Elle propose d'ailleurs à ses clients une application smartphone pour leur rappeler leurs échéances.

SON CONSEIL. *« Ce métier a besoin d'un souffle "jeune". Les futurs diplômés doivent développer leurs idées, échanger le plus possible avec leurs confrères. L'idéal est d'être dans un bureau partagé pendant les premiers stages, pour saisir les réflexes d'un professionnel expérimenté. »*

Témoignage

SECRÉTARIAT

Nécessaires dans toutes les organisations, de l'association à la multinationale, les secrétaires sont surtout des super-assistants, à qui on demande de multiples compétences transversales et de grandes qualités relationnelles.

ASSISTANT(E) COMMERCIAL(E)

• **NIVEAU D'ÉTUDES MINIMAL** : bac+2 • **SÉLECTIVITÉ** : faible à moyenne • **INSERTION** : bonne • **SALAIRE** : de 1 500 à 2 000 €

Factures, devis, demandes d'informations… Au cœur du service commercial d'une entreprise, l'assistant commercial assure tout le suivi des ventes en cours. Les tâches classiques de secrétariat remplissent de moins en moins son emploi du temps, au profit d'activités de gestionnaire : il rédige et envoie les devis, reçoit et traite les factures, met à jour la base de données clients, actualise les tableaux de vente… Il peut aussi se rendre sur le terrain pour rencontrer directement les clients. À l'aise avec les outils numériques et les chiffres, ce professionnel aime aussi le contact. Dans un contexte de plus en plus international, il parle une, voire plusieurs langues étrangères.

- **SES COMPÉTENCES :** administrer, gérer, coordonner.
- **SA FORMATION :** un BTS assistant de manager, un BTS assistant de gestion PME-PMI à référentiel commun européen, un BTS management commercial opérationnel, un DUT gestion administrative et commerciale des organisations, un DUT techniques de commercialisation, ou encore une licence de gestion ou d'AES (administration économique et sociale). Une licence pro en commerce ou gestion, ou encore une école de gestion ou de commerce constituent aussi des voies d'accès à ce métier.

ASSISTANT(E) DE MANAGER

• **NIVEAU D'ÉTUDES MINIMAL :** bac+2 • **SÉLECTIVITÉ :** faible à moyenne • **INSERTION :** bonne
• **SALAIRE :** de 1 500 à 2 000 €

Voici le bras droit du dirigeant de l'entreprise, son plus proche collaborateur et sa personne de confiance. L'assistant de manager (poste majoritairement occupé par des femmes) gère les rendez-vous et l'emploi du temps de son supérieur. Celui que l'on nomme aussi assistant de direction organise également les déplacements, les réunions, rédige les courriers, prend les appels, rédige des comptes rendus… Plus qu'un secrétaire, il assiste le patron dans la gestion de sa société ou de son service, en lui simplifiant les tâches administratives et la « paperasse ». Il peut parfois avoir des secrétaires sous ses ordres. Discret et organisé, il reste toujours à l'écoute de son boss.

- **SES COMPÉTENCES :** organiser, gérer, superviser.
- **SA FORMATION :** le classique BTS assistant de manager, un BTS assistant de gestion de PME-PMI à référentiel commun européen ou une licence pro management des PME-PMI, parcours adjoint de direction (Angers, Bordeaux, Pau…).

ASSISTANT(E) TRILINGUE

• **NIVEAU D'ÉTUDES MINIMAL** : bac+2 • **SÉLECTIVITÉ** : faible à moyenne • **INSERTION** : bonne
• **SALAIRE** : de 1 500 à 2 000 €

L'assistant(e) trilingue n'est pas un secrétaire comme un autre. En plus des tâches « classiques » du métier, il gère les relations avec les clients et les fournisseurs étrangers. Au téléphone, par courrier, par mail ou lors de réunions, il traduit les documents et les conversations. Il doit donc maîtriser plusieurs langues étrangères : l'anglais, indispensable, et d'autres langues européennes usuelles (allemand, espagnol, italien) ou des langues plus rares qui seront utiles à son entreprise (chinois ou russe par exemple).

- **SES COMPÉTENCES** : assister, organiser, traduire.
- **SA FORMATION** : le BTS assistant de manager avec de vraies compétences en langues est le diplôme le plus adapté. Mais d'autres formations peuvent aussi mener à ce métier : un BTS commerce international à référentiel commun européen, une licence LEA (langues étrangères appliquées), une licence professionnelle (assistant export trilingue, collaborateur des activités internationales, assistant import-export des PME-PMI).

SECRÉTAIRE ADMINISTRATIF(VE)

• **NIVEAU D'ÉTUDES MINIMAL** : bac • **SÉLECTIVITÉ** : forte • **INSERTION** : moyenne
• **SALAIRE** : de 1 500 à 2 000 €

Dans la fonction publique, les postes en secrétariat ne manquent pas ! Les secrétaires administratifs gèrent l'organisation pratique du service auquel ils sont rattachés. Mais, selon leur lieu d'affectation (association, ministère, commune, université, lycée…), leur travail est bien différent : comptabilité, communication, rédaction de notes, ou encore préparation de circulaires. L'avantage du secteur public est sans nul doute l'évolution de carrière, facilitée par l'organisation régulière de concours internes. Organisé et agréable avec tous ses interlocuteurs, le secrétaire administratif peut aussi mener des réunions et sait se montrer indispensable à sa hiérarchie.

SES COMPÉTENCES : assister, organiser, s'adapter.

SA FORMATION : le concours de secrétaire administratif et de secrétaire administratif de l'Éducation nationale et de l'Enseignement supérieur sont des concours de catégorie B accessibles après un bac. Les épreuves et la sélectivité varient selon les filières. Par exemple, beaucoup de candidats au concours très prisé de la chancellerie (15 à 20 places au concours externe) suivent au préalable une préparation dans un IPAG (institut de préparation à l'administration générale) ou un CPAG (centre de préparation à l'administration générale) après une formation en sciences politiques, en droit ou en économie. Le concours de secrétaire administratif de classe supérieure est quant à lui ouvert aux bac+2.

SECRÉTAIRE COMPTABLE

• **NIVEAU D'ÉTUDES MINIMAL :** bac+2 • **SÉLECTIVITÉ :** faible • **INSERTION :** moyenne
• **SALAIRE :** de 1 500 à 2 000 €

Au service financier d'une entreprise, il est chargé de tâches administratives et comptables. Les missions qui lui sont confiées varient beaucoup en fonction de la taille et de la structure de l'entreprise. Il peut ainsi s'occuper de l'accueil téléphonique et du courrier aussi bien que du suivi du livre comptable, de l'enregistrement des données fiscales et financières, d'éditer les feuilles de paie, de gérer les relations avec les fournisseurs et les clients, ou encore de surveiller les frais généraux et les recouvrements de créances... À l'aise sur les logiciels de gestion comptable et les tableurs, ce professionnel polyvalent et méthodique n'a pas peur des chiffres.

SES COMPÉTENCES : calculer, gérer, surveiller.

SA FORMATION : les formations les plus recherchées par les recruteurs pour ce poste sont les BTS assistant de gestion de PME-PMI, comptabilité et gestion des organisations, ou les DUT gestion des entreprises et des administrations. Un titre professionnel « secrétaire comptable » peut également être une bonne formation pour se spécialiser vers ce métier.

SECRÉTAIRE JURIDIQUE

• **NIVEAU D'ÉTUDES MINIMAL** : bac+2 • **SÉLECTIVITÉ** : faible à moyenne • **INSERTION** : bonne
• **SALAIRE** : de 1 500 à 2 000 €

Dans ce métier, aimer le droit est une condition indispensable ! Le secrétaire (ou assistant) juridique gère le standard téléphonique, organise les rendez-vous et l'emploi du temps des avocats pour lesquels il travaille et programme les réunions. Mais il doit aussi disposer de connaissances en droit, notamment le vocabulaire, pour être à l'aise avec ce qui lui est demandé. Il peut être amené à réaliser des dossiers pour ses employeurs ou à effectuer une veille documentaire sur un texte de loi. Ses lieux de travail sont variés : dans un cabinet d'avocats, d'huissiers ou de notaires au sein du service juridique d'une entreprise, ou bien pour le compte de la fonction publique.

SES COMPÉTENCES : organiser, préparer, informer.
SA FORMATION : privilégiez un BTS assistant de manager ou un DUT carrières juridiques, complétés par une licence professionnelle assistant juridique à Amiens, Bordeaux, Lyon, Montpellier, ou métiers du notariat à Paris 13, Rennes, ou Brest… Il existe aussi un DU secrétaire juridique en deux ans après le bac à l'université Lumière Lyon 2, et un DEUST assistant juridique à Valenciennes. Mais il est préférable d'acquérir une double compétence (juridique et administrative).

SECRÉTAIRE MÉDICAL(E)

• **NIVEAU D'ÉTUDES MINIMAL** : bac • **SÉLECTIVITÉ** : faible • **INSERTION** : moyenne
• **SALAIRE** : de 1 500 à 2 000 €

Le secrétaire médical accueille les patients et organise la vie du cabinet médical. Standard téléphonique, rédaction de comptes rendus de consultation, gestion des stocks de médicaments… Il est la mémoire du cabinet médical et l'assistant indispensable des médecins. Si ce professionnel (souvent une femme) peut travailler dans le privé ou pour la fonction publique (hôpitaux, établissements sociaux...), le développement des cabinets de groupes et des centrales de secrétariat rend plus difficile l'accès à un premier emploi dans le secteur privé. Avenant et organisé, ce professionnel est le premier contact des patients et sait donc se montrer rassurant et discret, secret médical oblige.

- **SES COMPÉTENCES :** accueillir, organiser, gérer.
- **SA FORMATION :** il n'existe pas de diplôme propre à la profession. Cependant, après un bac ST2S (sciences et technologies de la santé et du social), une formation spécialisée en secrétariat médical s'impose. Plusieurs établissements proposent des formations en un an : les 12 écoles de la Croix-Rouge française, Pigier, le CNED (Centre national d'enseignement à distance). Pour la fonction publique hospitalière, les concours de secrétaire médical et adjoint des cadres hospitaliers sont ouverts aux bacheliers.

> POUR ALLER + LOIN SUR LE NET

assistanteplus.fr : site d'information et d'offres d'emploi pour les métiers de l'assistanat et du secrétariat / ffmas.com : Fédération française des métiers de l'assistanat et du secrétariat.

Témoignage

ÉLODIE PAUSICLÈS | *assistante de direction*

« La bonne humeur dans l'entreprise est essentielle »

SON MÉTIER. *Élodie Pausiclès est l'assistante à la fois de Dan Serfaty, le cofondateur et P-DG de Viadeo, qui travaille depuis Pékin, et de Michel Meyer, le directeur général de l'entreprise basé au siège, à Paris. Elle gère leurs agendas et déplacements, organise les réunions et les « conf'call ». « Ma priorité, c'est Dan. Quand il est en Chine, on communique* via *les mails, les SMS, le chat… Et il passe généralement deux semaines par mois à Paris », décrit l'assistante.*

Également chargée des services généraux de Viadeo, Élodie a notamment mis en place la politique de voyages de l'entreprise, dont elle assure le suivi. « Concrètement, ça veut dire qu'on évite de prendre un vol à 1 000 € quand on peut trouver moins cher », souligne-t-elle. Il lui arrive aussi de chercher un appartement pour un expatrié rejoignant les bureaux parisiens, « voire de trouver une école pour les enfants », quand elle n'organise pas « le programme pour la venue des Chinois à Paris ». Ce qu'elle aime le plus dans son métier, c'est « l'esprit de la boîte et la bonne humeur qu'il y règne, qui est essentielle ! ».

Cette trentenaire a connu plusieurs expériences dans l'assistanat, après ses deux années en fac de droit. Elle a troqué l'uniforme – « tailleur et talons, tout en noir et blanc ou bleu marine, avec quelques bijoux discrets » –, dans lequel elle a passé ses entretiens d'embauche, contre « des jeans, des boucles d'oreilles créoles et quelques bracelets fantaisie » et n'hésite pas à comparer son entreprise à « une grande famille ».

SON CONSEIL. *Élodie, qui est passée par l'intérim, recommande fortement son parcours pour se construire une expérience professionnelle « sans oublier de demander des lettres de recommandation aux employeurs lorsque les missions se sont bien passées », assure-t-elle. C'est un bon moyen ensuite de « choisir son poste, son entreprise et son environnement de travail ».*

RESSOURCES HUMAINES

Qui dit ressources humaines dit « humain », comme l'illustrent ces métiers. Ils exigent de grandes capacités d'écoute et d'empathie, mais aussi des compétences administratives. Le secteur se porte en tout cas très bien : selon l'Apec et l'association des DRH, 8 000 cadres sont recrutés chaque année dans les ressources humaines, en particulier en Île-de-France.

ASSISTANT(E) DES RESSOURCES HUMAINES

- **NIVEAU D'ÉTUDES MINIMAL** : bac+2 • **SÉLECTIVITÉ** : moyenne • **INSERTION** : bonne
- **SALAIRE** : de 1 500 à 2 000€

Sous les ordres du responsable des ressources humaines, il gère tout le côté administratif du service : fiches de paie, congés payés… Mais l'administratif n'est pas sa seule occupation. L'assistant des ressources humaines peut aussi s'occuper du recrutement du personnel non cadre et de gestion des carrières. Dans les grandes entreprises, ses attributions sont spécialisées, alors que dans les moyennes structures, cet assistant est plus polyvalent. Traditionnellement confié aux jeunes diplômés, ce poste est un excellent tremplin.

- **SES COMPÉTENCES :** assister, organiser, recruter.
- **SA FORMATION :** plusieurs bac+2 sont adaptés, comme le DUT gestion des entreprises et des administrations, le BTS comptabilité et gestion ou le BTS assistant de manager. Il existe des licences professionnelles assistant ressources humaines (université de Lorraine, Paris-Est-Créteil-Val-de-Marne, Limoges, Rouen, Paris-Descartes…). Les diplômés bac+5 (master, école de commerce) peuvent espérer gravir plus vite les échelons dans l'entreprise.

CHARGÉ(E) DE RECRUTEMENT

• **NIVEAU D'ÉTUDES MINIMAL :** bac+5 • **SÉLECTIVITÉ :** forte • **INSERTION :** moyenne
• **SALAIRE :** de 2 000 à 2 500 €

Le chargé du recrutement, aussi appelé *talent acquisition specialist* ou *talent acquisition manager*, doit sélectionner la personne la plus adaptée à un poste, parmi des dizaines de candidatures. Ses critères portent sur la formation, les compétences et l'expérience, mais aussi les qualités personnelles. Après avoir fait passer des annonces (sites spécialisés, réseaux sociaux…), il trie les CV reçus, puis mène les entretiens d'embauche. Le chargé de recrutement peut être rattaché au service du personnel d'une société ou employé dans un cabinet de conseil en recrutement. Le métier de « chasseur de têtes » se rapproche par certains points du chargé de recrutement, à un détail près : c'est lui qui va chercher (et souvent débaucher) des salariés hautement qualifiés pour leur proposer un « poste en or ».

- **SES COMPÉTENCES :** tester, recruter, décider.
- **SA FORMATION :** un diplôme d'une école de commerce ou d'un IEP (institut d'études politiques), un master professionnel de psychologie du travail, ou encore de ressources humaines. Les jeunes diplômés débutent le plus fréquemment à un poste d'assistant chargé de recrutement.

CONSULTANT(E) EN ORGANISATION / EN ACCOMPAGNEMENT

• **NIVEAU D'ÉTUDES MINIMAL** : bac+5 • **SÉLECTIVITÉ** : forte • **INSERTION** : moyenne
• **SALAIRE** : plus de 2 500 €

Qu'il soit indépendant (en libéral) ou salarié d'un cabinet de conseil, ce consultant propose des solutions à l'entreprise cliente pour adapter et repenser son organisation. Cela peut être dans le cadre d'un reclassement de salariés, d'une situation financière compliquée, ou tout simplement de l'implantation d'une stratégie ou d'un nouveau système d'information. Il réalise alors un audit, rencontre les salariés, leurs managers, et fait le point sur leurs retours, puis pose un diagnostic, qu'il présente au client. Si son plan est accepté, il accompagne le changement et participe à la mise en place de son projet. Observateur et diplomate, il dispose d'une excellente résistance au stress et d'une bonne capacité de synthèse et d'analyse. Un allié de choix, pour ses clients !

- **SES COMPÉTENCES :** informer, conseiller, accompagner.
- **SA FORMATION :** mieux vaut partir sur un bac+5 : une école de commerce, un IEP ou un master (psychologie du travail, des organisations et du personnel à Paris-Descartes ; psychologie du travail – management des relations humaines et des communications à l'université de Bourgogne ; psychologie du travail, de l'orientation et des organisations à Bordeaux…).

DIRECTEUR(TRICE) DES RESSOURCES HUMAINES

• **NIVEAU D'ÉTUDES MINIMAL** : bac+5 • **SÉLECTIVITÉ** : forte • **INSERTION** : bonne
• **SALAIRE** : plus de 2 500 €

Le DRH est le chef du personnel. Recrutement, mutation, licenciement, son bureau est un passage quasi obligé pour les salariés. Il définit la politique de ressources humaines de l'entreprise, la fait appliquer et valide toute décision prise en matière de personnel. Avec son équipe, et conformément aux souhaits de la direction, il évalue les besoins humains, encadre la gestion administrative des employés (préparation des contrats, suivi des dossiers) et supervise le déroulement des campagnes de recrutement, mais aussi, si besoin, négocie avec les représentants du personnel et mène des opérations de licenciement. Il n'a pas toujours le beau rôle : il doit prendre des décisions difficiles sur le plan humain, mais il est tenu de suivre les directives de la direction de son entreprise. À l'aise avec les autres, il est avant tout un négociateur et un manager disponible et rigoureux.

- **SES COMPÉTENCES :** diriger, organiser, décider.
- **SA FORMATION :** ce métier n'est accessible qu'après plusieurs années d'expérience dans le milieu. Il existe plusieurs masters pro spécialisés : gestion des ressources humaines à Aix-en-Provence ; gestion des ressources humaines et management public à Panthéon-Assas et Strasbourg ; humanités et management, parcours management des ressources humaines en environnement numérique à Paris-Nanterre ; gestion des ressources humaines à Caen, Rennes, Poitiers... Un master en psychologie du travail ou en droit social (droit social et relations sociales dans l'entreprise à Paris 13 et à l'université Lumière Lyon 2), un diplôme d'école de commerce (notamment Audencia à Nantes qui propose une spécialité management et conseil en ressources humaines) ou d'un IEP après des études en droit ou économie peuvent aussi convenir.

GESTIONNAIRE DE CARRIÈRES (*TALENT MANAGER*)

- **NIVEAU D'ÉTUDES MINIMAL :** bac+5 • **SÉLECTIVITÉ :** forte • **INSERTION :** bonne
- **SALAIRE :** plus de 2 500 €

Un ingénieur quitte la France pour rejoindre une filiale au Canada ? Un technicien souhaite changer de poste ? Le gestionnaire de carrières gère ces « flux » de salariés. Il conseille ces derniers et les oriente en fonction de leurs souhaits et compétences, mais aussi des besoins de l'entreprise. Pour travailler efficacement, ce professionnel doit avoir une vision à long terme des ressources humaines et prévoir bien en amont les besoins futurs en personnel. Pour cela, il se rend fréquemment sur le terrain pour rencontrer les personnels et leurs managers. Véritable « chasseur de têtes » au sein de l'entreprise, il repère également les futurs cadres dirigeants de l'entreprise et suit de très près leur parcours. Il peut être également amené à gérer les paies et les contrats des salariés de l'entreprise.

- **SES COMPÉTENCES :** conseiller, organiser, anticiper.
- **SA FORMATION :** ce métier n'est accessible qu'après plusieurs années d'expérience. Il existe plusieurs masters pro spécialisés : alter management et responsabilité sociale de l'entreprise à Aix-Marseille Université ; gestion des ressources humaines et management public à Panthéon-Assas (Paris) ; management des ressources humaines en environnement numérique à Paris-Nanterre ; management de projet en GRH (gestion des ressources humaines) internationale à Rennes 1... Un master en psychologie du travail, un diplôme d'écoles de commerce ou d'un IEP après des études en droit ou économie peuvent aussi être une bonne formation.

JURISTE SOCIAL(E)

• **NIVEAU D'ÉTUDES MINIMAL :** bac+5 • **SÉLECTIVITÉ :** moyenne à forte • **INSERTION :** moyenne
• **SALAIRE :** de 2 000 à 2 500 €

Dans une grande entreprise ou dans un cabinet-conseil, ce spécialiste du Code du travail conseille la direction des ressources humaines, et plus généralement les directions opérationnelles de l'entreprise, en matière de législation du travail. Il requalifie les contrats, prévient les conflits, apporte des solutions en cas de litige, répond aux questions juridiques des managers et des salariés, sécurise l'ensemble des *process* de l'entreprise. La négociation fait partie intégrante de son métier, tout comme le sens du détail : la moindre erreur dans le traitement d'un dossier peut entraîner des procédures coûteuses pour l'entreprise.

- **SES COMPÉTENCES :** assister, conseiller, négocier.
- **SA FORMATION :** le DJCE (diplôme de juriste conseil d'entreprise)

est accessible aux titulaires d'un M1 en droit (de préférence droit des affaires) et est préparé dans 11 centres en France, dont l'université Panthéon-Assas (Paris), Strasbourg et l'université Jean-Moulin (Lyon). La formation, sélective (1 500 candidats pour 300 places environ chaque année), dure un an. Il existe également plusieurs masters pro adaptés. Citons notamment les masters droit des affaires à l'université de Corse Pasquale-Paoli ; droit social spécialité droit et pratique des relations de travail à Montpellier ; droit social et gestion des ressources humaines à Orléans ; droit social et relations du travail à l'université Jean-Moulin (Lyon).

> POUR ALLER + *LOIN SUR LE NET*

assistanteplus.fr : site d'information et d'offres d'emploi pour les métiers de l'assistanat et du secrétariat / ffmas.com : Fédération française des métiers de l'assistanat et du secrétariat / rhjob.com : site de recrutement dédié aux fonctions des ressources humaines et de la formation / apec.fr : pour suivre l'évolution des secteurs (*via* l'Observatoire des métiers) et se renseigner sur les professions d'encadrement / focusrh.com : actualité et évolution des ressources humaines / e-rh.org : site dédié aux professionnels de la fonction ressources humaines.

Léa Giorgi | *consultante en recrutement*

« J'interviens sur toute l'opération »

SON MÉTIER. *Recruter, c'est le rôle de Léa. Installée à Nice depuis 6 mois, elle travaille en tant que consultante en recrutement pour FI Group, un cabinet spécialisé dans le conseil en financement en innovation, qui propose une offre recrutement à ses clients. C'est là que Léa entre en jeu. « Aujourd'hui, les entreprises ont besoin de talents, mais ne parviennent pas toujours à recruter les bons profils. Elles demandent alors de l'aide à des sociétés comme la mienne. Dès lors, j'interviens sur toute l'opération : je rencontre le client, qui ne sait souvent pas exprimer son besoin, pour comprendre exactement quel profil lui est nécessaire, je cherche les candidats, puis j'encadre son recrutement et sa négociation salariale. Enfin, je m'assure que tout se passe bien entre mon client et sa nouvelle recrue », explique-t-elle. Pour trouver les bons candidats, elle cherche sur les réseaux sociaux professionnels, mais aussi en échangeant directement avec les écoles, et en organisant des conférences,* afterworks *et ateliers. De quoi bien occuper Léa, et lui offrir une variété de tâches au quotidien, avec de nombreux interlocuteurs. Et pourtant, au lycée, elle n'avait « absolument aucune idée » d'orientation. Après un bac littéraire, puis une hypokhâgne, elle intègre l'Institut catholique de Paris, pour une année de licence en sciences sociales et économiques, afin de s'ouvrir des portes. « On me disait souvent que j'étais à l'aise dans le contact humain. Ma tante travaillait dans les RH, elle m'a permis de décrocher un stage d'observation et cela m'a beaucoup plu », se souvient-elle. Léa décide de passer le sélectif concours du CELSA, en spécialité RH, bûche, et l'obtient. Et si elle juge sa formation parfois « un peu trop théorique », l'école lui permet de trouver facilement un emploi. « Avant même d'être diplômée, j'avais déjà signé mon CDI. Je suis partie en Angleterre, pour un emploi de chargée de recrutement, puis à Barcelone, où je me suis spécialisée en numérique et R&D », détaille-t-elle. Avant de rentrer en France, pour occuper son poste actuel, dans lequel elle se déclare « heureuse ».*

SON CONSEIL. *« Faire des stages ! Pour bien identifier ce que l'on veut faire dans les RH, car c'est un domaine très vaste. Le recrutement n'a pas toujours de succès, car il faut être patient dans sa progression de carrière. Au départ, j'ai fait beaucoup de* sourcing, *de tâches répétitives. Mais cela était nécessaire pour maîtriser les compétences opérationnelles et passer à la partie plus stratégique et pluridisciplinaire. »*

Témoignage

DOCUMENTATION, BIBLIOTHÈQUE

Pour travailler dans les bibliothèques (municipales, nationales, universitaires...) il faut être fonctionnaire. Les documentalistes et archivistes, de leur côté, peuvent exercer leur métier dans le public ou dans le privé.

ARCHIVISTE

- **NIVEAU D'ÉTUDES MINIMAL** : bac+3 • **SÉLECTIVITÉ** : forte • **INSERTION** : moyenne
- **SALAIRE** : de 1 500 à 2 000 €

Sa tâche : collecter, classer et protéger des documents. Il peut s'agir de pièces d'état civil, d'actes notariés, de photographies, mais aussi de traités politiques ou de manuscrits vieux de plusieurs siècles ! En tout cas, l'archiviste doit les préserver, des détériorations liées au temps comme d'éventuels actes malveillants. Lorsque l'état des documents se révèle critique, l'archiviste peut décider d'en réaliser des copies, par exemple sur support numérique. Bien qu'il travaille sur des pièces dont l'origine remonte parfois à plusieurs siècles, ce professionnel utilise aussi au quotidien les nouvelles technologies ! La majorité des archivistes travaille dans la fonction publique (archives nationales, départementales, municipales...), mais un nombre croissant de grandes entreprises recherchent des spécialistes de l'archivage pour prendre soin de leur « mémoire ».

Ce sont elles, surtout, qui recrutent des jeunes diplômés. Quel que soit son employeur, il a aussi la tâche de rendre accessible les documents et de communiquer régulièrement sur leur existence.

- **SES COMPÉTENCES :** collecter, classer, conserver.
- **SA FORMATION :** l'École nationale des chartes forme en 3 ans et 9 mois des archivistes-paléographes (les spécialistes des écritures anciennes). L'accès en première année s'effectue sur concours ouvert aux élèves de classe préparatoire littéraire (une vingtaine de postes par an). Les chartistes et les titulaires d'un bac+3 au minimum peuvent intégrer sur concours l'INP (Institut national du patrimoine, à Paris) qui forme en 18 mois au métier de conservateur du patrimoine spécialité archives. Plusieurs masters universitaires débouchent également sur cette profession : archives à Angers ; histoire, civilisations, patrimoine parcours gestion contemporaine des archives à Mulhouse ; archivistique et monde du travail à Lille ; métiers du patrimoine historique et culturel à Caen…

BIBLIOTHÉCAIRE

- **NIVEAU D'ÉTUDES MINIMAL :** bac+3 • **SÉLECTIVITÉ :** forte • **INSERTION :** bonne
- **SALAIRE :** de 1 500 à 2 000 €

Spécialiste des livres, et souvent grand lecteur, le bibliothécaire conseille, oriente et accueille le public. Il veille à ce que les documents empruntés (livres, CD, films) soient rendus et choisit les livres qui rejoindront ses rayons. Dans les petites structures, comme les médiathèques municipales, le bibliothécaire peut être responsable de l'établissement et avoir les attributions du conservateur : il se charge alors de la gestion du personnel et organise des événements. Cet amoureux de la lecture a aussi un rôle de sensibilisation, il accompagne les jeunes dans leur découverte des livres et conseille les adultes. En charge de la promotion de sa bibliothèque, il peut envoyer une newsletter aux abonnés. L'occasion de mettre en avant ses coups de cœur.

SES COMPÉTENCES : accueillir, conseiller, organiser, sélectionner, gérer.

SA FORMATION : le ministère de l'Enseignement supérieur, de la Recherche et de l'Innovation organise le concours de bibliothécaire d'État (10 à 15 postes). La formation de six mois est assurée par l'ENSSIB (École nationale supérieure des sciences de l'information et des bibliothèques). Le bibliothécaire stagiaire rejoint ensuite son établissement d'affectation. Le CNFPT (Centre national de la fonction publique territoriale), quant à lui, gère le concours de conservateur territorial de bibliothèque (une douzaine de postes). Les deux examens sont ouverts aux titulaires d'un diplôme de niveau bac+3. Les CRFCB (Centres régionaux de formation aux carrières des bibliothèques, du livre et de la documentation), le CNED (Centre national d'enseignement à distance) et le CDML (Centre de documentation sur les métiers du livre) peuvent aider les candidats à préparer les concours.

CONSERVATEUR(TRICE) DE BIBLIOTHÈQUE

- **NIVEAU D'ÉTUDES MINIMAL :** bac+3 • **SÉLECTIVITÉ :** forte • **INSERTION :** bonne
- **SALAIRE :** 2 000 à 2 500 €

Il gère « sa » bibliothèque comme s'il s'agissait de sa propre entreprise. Ce professionnel, souvent passionné de lecture, est le maître à bord : il choisit, enrichit et évalue les ouvrages présents dans ses rayons. Lorsqu'il décide de l'acquisition de nouveaux documents, il tient compte des besoins de son public, mais aussi de son budget. Car le conservateur de bibliothèque est avant tout un gestionnaire : financier donc, ainsi que manager, puisqu'il a sous ses ordres les bibliothécaires. Toujours au fait des dernières avancées en matière de technologie de l'information, il contrôle l'indexation du fonds, la gestion des bases de données informatiques et s'assure que les usagers puissent utiliser les ressources (électroniques par exemple) mises à leur disposition. Enfin, il encadre les animations de promotion de la lecture, régulièrement proposées dans les bibliothèques. Ce manager doit donc avoir des qualités relationnelles, savoir gérer une équipe, tout en étant minutieux et organisé.

- **SES COMPÉTENCES** : coordonner, encadrer, organiser.
- **SA FORMATION** : après un concours ouvert au niveau licence pour les conservateurs d'État comme pour les territoriaux, les conservateurs de bibliothèque sont formés pendant 18 mois à l'ENSSIB (École nationale supérieure des sciences de l'information et des bibliothèques), à Villeurbanne (69).

DOCUMENTALISTE

• **NIVEAU D'ÉTUDES MINIMAL** : bac+2 • **SÉLECTIVITÉ** : moyenne à forte • **INSERTION** : moyenne
• **SALAIRE** : de 1 500 à 2 000 €

En poste dans un groupe de presse, une grande entreprise ou le centre de ressources d'une association ou d'un syndicat, le documentaliste gère un fonds de documents qu'il tient à la disposition de son « public » : journalistes, salariés, adhérents... Grand consommateur d'actualité, il constitue des dossiers thématiques, des catalogues, des revues de presse. Chaque jour, il les alimente et doit se montrer réactif face aux demandes qui lui sont transmises. Aujourd'hui, la plupart des bases de données sont informatisées. De ce fait, de nouvelles spécialisations ont fait leur apparition : cyberdocumentation, gestion de bases de données... Derrière le documentaliste peuvent se cacher plusieurs métiers : le gestionnaire de données, donc, mais aussi le rédacteur documentaliste, ou encore le chargé de veille.

- **SES COMPÉTENCES** : analyser, classer, sélectionner.
- **SA FORMATION** : un DUT information-communication option information numérique dans les organisations, une formation assez sélective (10 % à 20 % de taux d'accès selon Parcoursup), un DEUST métiers des bibliothèques et de la documentation (par exemple à Lille) ou une licence en lettres, langues ou sciences humaines (parcours documentation), peut suffire. Mais la tendance est de privilégier le

niveau bac+5 : par exemple les masters spécialisés dans les domaines de l'information, du document et de la documentation ; le master informatique documentaire, ingénierie du document électronique à l'université Jean-Jaurès de Toulouse ; le master document électroniques et flux d'informations de Paris 10 ; ou le titre professionnel de chef de projet en ingénierie documentaire de l'INTD (Institut national des techniques de la documentation) de Paris. Il existe également plusieurs formations spécialisées, notamment dans la documentation audiovisuelle.

> POUR ALLER + **LOIN SUR LE NET**

adbs.fr : Association des professionnels de l'information et de la documentation / abf.asso.fr : Association des bibliothécaires de France / archivistes.org : Association des archivistes français / cepid.eu : site d'emploi des professionnels de l'information et de la documentation.

NADÈGE DEMARTY | *archiviste*

« Mon rôle est aussi de sensibiliser à l'importance de la trace écrite »

SON MÉTIER. *Depuis la fin de son master archives à l'université d'Angers, Nadège est archiviste itinérante. Concrètement, elle est employée par le Centre de gestion de la fonction publique territoriale du Finistère, et son rôle est de circuler, de collectivité en collectivité, afin d'organiser les archives des mairies, communautés de communes et syndicats du département. « Les missions peuvent durer quelques jours comme plusieurs mois ! Mon travail consiste à trier et classer les documents, à proposer des archives à la destruction, à séparer les choses à conserver et celles qui peuvent être éliminées tout de suite, ou à terme », explique-t-elle. En arrivant, elle doit souvent effectuer un grand tri, seule dans la salle des archives, puis classer de façon thématique les documents, pour qu'ils puissent être facilement retrouvés ensuite.*

À côté de cette mission assez solitaire, son rôle est aussi de former les personnels. « L'objectif est d'avoir un classement uniforme et homogène dans tout le département. Ainsi, on s'y retrouve même avec du turnover. *Mais cela demande énormément de pédagogie et de diplomatie, il n'est pas évident de montrer d'autres manières de gérer les documents à des personnes en poste depuis trente ans, qui ont leur façon de faire et leur zone de confort », détaille Nadège, qui apprécie beaucoup cette partie de son travail, cet échange permanent. « Le rôle de l'archiviste, c'est aussi cette sensibilisation, où l'on montre l'importance du document, de la trace écrite. D'autant que dans les fonds des communes, il y a la grande Histoire, mais aussi la petite, qui est tout aussi passionnante », souligne l'archiviste. Naturellement, l'organisation est une qualité clef de son métier, tout comme l'autonomie. Et l'amour de l'histoire.*

SON CONSEIL. *« Ne pas choisir ce métier par défaut ! Quand j'ai commencé à m'y intéresser, j'ai fait deux petits stages d'une semaine, au centre historique de la défense de Brest et aux archives départementales, et cela m'a permis de bien me rendre compte des réalités du métier. Résultat : j'ai rempli mon dossier pour l'université d'Angers dans la foulée, après ces deux stages ! Je le conseille vraiment, d'autant que les archives municipales et départementales prennent facilement des stagiaires. »*

Témoignage

PARTIE 4

CRÉER ÉCRIRE ET DÉCOUVRIR

CRÉER, ÉCRIRE ET DÉCOUVRIR

Imaginer, rêver, creuser, comprendre, écrire, représenter. Ces métiers, tantôt créatifs, tantôt techniques, ont ces points communs, qu'ils soient dans l'imagination pure ou dans la retranscription du réel, dans une démarche commerciale ou purement artistique.

CULTURE, PATRIMOINE

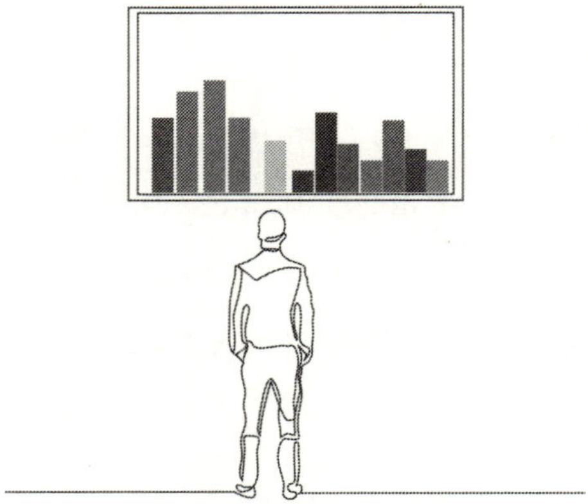

Les métiers de ce secteur s'exercent très majoritairement dans la fonction publique, au sein des musées, bibliothèques, offices de tourisme... Ils nécessitent une excellente culture générale et une grande disponibilité, car ils sont souvent tournés vers le public. L'insertion professionnelle n'est pas toujours aisée, mais les plus passionnés et déterminés réussissent à dénicher le poste de leur rêve.

ANIMATEUR(TRICE) DE L'ARCHITECTURE ET DU PATRIMOINE

• **NIVEAU D'ÉTUDES MINIMAL** : bac+3 • **SÉLECTIVITÉ** : moyenne à forte • **INSERTION** : difficile
• **SALAIRE** : de 1 500 à 2 000 €

L'animateur de l'architecture et du patrimoine travaille pour les villes disposant du label « Villes et pays d'art et d'histoire ». De Pontoise à Royan en passant par Clisson, Valence et Basse-Terre, ce réseau regroupe 195 communes et pays attachés à la valorisation de leurs richesses culturelles locales. Des richesses que l'animateur du patrimoine s'efforce de mettre en valeur, en organisant des expositions temporaires et permanentes, des visites découvertes, des animations dans les écoles, en publiant des brochures... Pour cela, il doit évaluer avec discernement les atouts du site et les attentes du public, mais aussi se montrer créatif dans ses projets pour se « démarquer » des villes environnantes. Fonctionnaire territorial, l'animateur du patrimoine encadre et forme également les professionnels qui iront à la rencontre du public, en particulier les guides-conférenciers de la région. Il travaille en étroite collaboration avec les services touristiques, culturels et administratifs de la ville, et connaît bien les acteurs, les enjeux et les réseaux des politiques du patrimoine. Naturellement, une bonne connaissance de l'histoire de l'art et de l'architecture, ainsi qu'un amour du patrimoine sont nécessaires pour ce poste.

SES COMPÉTENCES : animer, sensibiliser, coordonner.

SA FORMATION : le recrutement sur concours est accessible aux titulaires d'un bac+3 en histoire, histoire de l'art et archéologie, architecture ou médiation culturelle, et est organisé par les collectivités. Il faut se tourner directement vers elles pour connaître les modalités d'inscription (vous pouvez retrouver la liste des Drac sur https://www.culture.gouv.fr/Regions/) Cependant, la majorité des candidats dispose d'un bac+5 : master pro mention esthétique, arts et culture spécialité projets culturels dans l'espace public à l'université Panthéon-Sorbonne (Paris), master développement culturel des territoires à Angers, par exemple. Il est évident que vous devez bien connaître l'histoire de la région dans laquelle vous postulez.

ARCHÉOLOGUE

- **NIVEAU D'ÉTUDES MINIMAL :** bac+5 • **SÉLECTIVITÉ :** forte • **INSERTION :** difficile
- **SALAIRE :** à partir de 1 500 €

En France, environ 85 % de l'activité archéologique est dite préventive : avant la construction d'un bâtiment ou d'une route, l'archéologue examine le terrain pour prévenir toute destruction d'éventuels vestiges. Employés notamment par l'INRAP (Institut national de recherches archéologiques préventives), les musées, les collectivités locales, les universités, ou des opérateurs privés, les quelque 3 000 archéologues français peuvent également travailler sur des chantiers programmés, où le but est de rechercher et d'étudier toutes les traces laissées par les civilisations anciennes. Mais ces scientifiques n'interviennent pas uniquement sur le terrain. Ils passent aussi beaucoup de temps en laboratoire, où ils analysent le résultat de leurs fouilles et mettent par écrit leurs découvertes et leurs réflexions. L'archéologue est méticuleux, organisé et bien sûr passionné d'histoire.

- **SES COMPÉTENCES :** découvrir, examiner, analyser.
- **SA FORMATION :** un cursus jusqu'au master, et plus souvent un doctorat en histoire de l'art et en archéologie, est indispensable. Il peut être complété par une compétence en lettres classiques, par exemple. Un double cursus est d'ailleurs recommandé. Certaines écoles préparent au métier d'archéologue : l'École du Louvre, les ENS en lettres et sciences humaines de Paris et Lyon, ainsi que l'INP (Institut national du patrimoine) de Paris, l'EHESS, l'EPHE… Pour une première expérience, notez que le ministère de la Culture publie chaque année une liste de chantiers bénévoles.

COMMISSAIRE-PRISEUR(SE)

• **NIVEAU D'ÉTUDES MINIMAL :** bac+3 + 2 ans de stage • **SÉLECTIVITÉ :** forte • **INSERTION :** difficile
• **SALAIRE :** honoraires + commissions

« Deux fois trois fois. Adjugé… vendu. » Cette formule est célèbre et c'est le commissaire-priseur qui la prononce. C'est lui qui procède aux ventes aux enchères publiques d'œuvres d'art ou d'objets appartenant à des particuliers ou à des entreprises, ou saisis par la justice. Cela peut aller du tableau de maître à un lot d'argenterie, du matériel informatique à du mobilier. Le sens de la mise en scène de ce professionnel libéral et son aisance orale contribuent à susciter l'intérêt, et donc à faire grimper les prix ! Cependant, la vente n'est que l'aboutissement d'un long travail que le commissaire-priseur commence plusieurs semaines en amont : fin connaisseur en matière d'art, il inventorie les objets, les estime, prépare le catalogue de vente. Il doit être titulaire d'une étude. Il peut aussi faire partie d'une société commerciale. Mais dans ce dernier cas, il n'a pas le droit de s'occuper des ventes judiciaires. En somme, le commissaire-priseur dispose d'un sens commercial et relationnel, connaît parfaitement la législation et, bien entendu, aime l'art.

- **SES COMPÉTENCES :** inventorier, expertiser, vendre, estimer.
- **SA FORMATION :** après un double cursus en droit et histoire de l'art, droit et arts appliqués, droit et arts plastiques, droit et archéologie (d'un niveau licence), la réussite à l'examen, très sélectif, de la Chambre nationale des commissaires-priseurs judiciaire, permet de suivre un stage rémunéré de deux ans dont au moins six mois chez un commissaire-priseur judiciaire. Un dernier examen dit « d'aptitude judiciaire » donne ensuite le droit d'exercer.

CONSERVATEUR(TRICE) DU PATRIMOINE

• **NIVEAU D'ÉTUDES MINIMAL** : bac+3 + 18 mois à l'INP • **SÉLECTIVITÉ** : forte • **INSERTION** : bonne
• **SALAIRE** : de 1 500 à 2 000 €

Ange gardien des œuvres d'art, le conservateur du patrimoine est fonctionnaire de l'État ou d'une collectivité territoriale. Chaque conservateur est spécialisé : archéologie, archives, monuments historiques et inventaire, musées ou patrimoine scientifique, ou encore technique et naturel. Tout dépend de sa formation et de ses goûts. Dans un musée, il est chargé d'inventorier, étudier, mettre en valeur et conserver les collections. Son but : que les objets d'art traversent le temps dans les meilleures conditions. Pour cela, il contrôle le taux d'humidité et la température du musée, planifie les campagnes de restauration, gère les inventaires, prépare les expositions… Il peut même chercher à étoffer l'offre du musée en prospectant de nouvelles acquisitions. Ses fonctions le conduisent à coordonner différents corps de métiers : scientifiques, restaurateurs, personnels administratifs ou techniques…

- **SES COMPÉTENCES :** protéger, organiser, administrer.
- **SA FORMATION :** l'INP (Institut national du patrimoine), ouvert sur concours aux titulaires d'une licence ou d'un équivalent, forme les conservateurs en dix-huit mois. Une dizaine d'établissements proposent des préparations au concours : l'École du Louvre, l'INP, le CNFPT (Centre national de la fonction publique territoriale), le Cnam, l'université Paris-Nanterre, Sorbonne Université, l'université Lumière-Lyon 2, l'université Paul-Valéry à Montpellier...

GALERISTE

- **NIVEAU D'ÉTUDES MINIMAL :** bac+5 • **SÉLECTIVITÉ :** moyenne • **INSERTION :** difficile
- **SALAIRE :** variable, selon le pourcentage des ventes (25 à 50 % de la vente d'œuvres)

Directeur et/ou propriétaire d'une galerie, il s'occupe de tout : choisir avec attention ses artistes, préparer les expositions, créer un catalogue, organiser les vernissages, inviter les bonnes personnes, et bien sûr, promouvoir et vendre les œuvres à sa clientèle. Le galeriste peut se spécialiser (photographie, peinture, sculpture...), ou non. En tout cas, il se doit de connaître parfaitement le marché de l'art, afin d'être capable de négocier chaque œuvre au meilleur prix, disposer de qualités commerciales et d'un grand sens du contact. Son carnet d'adresses sera sa force : plus le galeriste détiendra un solide réseau, de journalistes, de commissaires-priseurs, d'artistes, mais surtout de collectionneurs et d'acheteurs potentiels, plus il mettra des chances de son côté de vendre. Même si les postes sont rares, il y a tout de même près de 2 200 galeries d'art contemporain en France, pour environ 1,4 milliard d'euros de chiffre d'affaires.

- **SES COMPÉTENCES :** vendre, organiser, communiquer, négocier.
- **SA FORMATION :** s'il n'existe pas d'études fléchées pour devenir galeriste, il est bien entendu essentiel de disposer d'un solide bagage dans le domaine du marché de l'art. Par exemple, avec un master marché de l'art (Paris 1), ou un diplôme de l'École du Louvre, parcours marché de l'art. Des écoles privées

proposent également des formations : mastère management du marché de l'art (EAC), MBA marché international de l'art (Icart), mastère professionnel marché de l'art (IESA), ou encore MSc marché de l'art et négociation à l'international (Inseec).

GUIDE-CONFÉRENCIER(ÈRE) DE MUSÉE ET MONUMENT

- **NIVEAU D'ÉTUDES MINIMAL** : bac+3 • **SÉLECTIVITÉ** : moyenne • **INSERTION** : difficile
- **SALAIRE** : de 1 500 à 2 000 €

Qui n'a pas arpenté un musée, un château ou une ville sous la conduite énergique et passionnée d'un guide-conférencier ? Féru d'art et d'histoire et doté de talents de conteur, ce professionnel dévoile au public l'histoire et les secrets des sites et des œuvres exposées. Mais ses interventions ne sont pas improvisées : il prépare longuement chacune de ses « conférences » en s'informant sur les œuvres, leurs auteurs, des anecdotes qui leur sont liées... Pédagogue, il sait adapter son discours à son public, qui peut être composé d'amateurs comme de personnes à la culture artistique plus étendue, de seniors comme d'enfants. Les guides-conférenciers travaillent essentiellement pour la Réunion des musées nationaux, le Centre des monuments nationaux et les « Villes et pays d'art et d'histoire ». Pour réussir dans ce métier de contact, il faut de la patience, une belle culture générale, mais aussi de la passion et du charisme, pour embarquer les visiteurs dans l'histoire des lieux.

- **SES COMPÉTENCES** : transmettre, raconter, communiquer.
- **SA FORMATION** : pour obtenir la carte professionnelle, une licence pro guide-conférencier ou un master sont désormais indispensables. La première est accessible notamment après un BTS tourisme, une L2 histoire, histoire de l'art, LLCE (langues, littératures et civilisations étrangères), LEA (langues étrangères appliquées). Le master doit sanctionner au minimum trois unités d'enseignement complémentaire : compétences des guides-conférenciers, mise en situation et pratique professionnelle et langue vivante étrangère. La pratique de deux langues étrangères est obligatoire.

MÉDIATEUR(TRICE) CULTUREL(LE)

• **NIVEAU D'ÉTUDES MINIMAL** : bac+5 • **SÉLECTIVITÉ** : forte • **INSERTION** : bonne
• **SALAIRE** : de 2 000 à 2 500 €

Derrière ce titre générique se cachent en réalité plusieurs professions : chargé du développement culturel, guide de musée, animateur du patrimoine, responsable du service des publics... Toutes ont cependant un objectif commun : assurer l'accès à la culture au plus grand nombre. Cela passe par des activités d'administration, de gestion, de management ou de communication. Dans une bibliothèque, un musée, une galerie, le médiateur culturel travaille en concertation avec une équipe et au contact du public. Il anticipe, organise et prépare les actions culturelles, comme des expositions, des ateliers, des parcours pédagogiques. Interlocuteur privilégié des artistes, c'est aussi lui qui prévoit et diffuse les documents d'informations et supports de visite. À l'heure du numérique et des nouvelles technologies, il recherche en permanence de nouveaux outils de sensibilisation. Également parmi ses responsabilités : la gestion du budget et la promotion auprès des médias, locaux ou nationaux.

SES COMPÉTENCES : gérer, administrer, communiquer, vulgariser, transmettre.

SA FORMATION : un bac+5 est souvent nécessaire. Par exemple : master métiers de la culture, développement et action culturels dans les territoires à Lille ; médiation culturelle des arts (AMU) ; direction de projets ou établissements culturels, projets culturels et diversification des publics, à Rouen... Plusieurs écoles privées proposent aussi des cursus spécialisés en trois ou cinq ans : bachelor médiateur culturel (bac+3) ou mastère management culturel (bac+5) à l'EAC Lyon, chef de projets en événementiel culturel (bac+3) à l'Esupcom Lille...

RÉGISSEUR(EUSE) D'ŒUVRES D'ART

• **NIVEAU D'ÉTUDES MINIMAL :** bac+5 • **SÉLECTIVITÉ :** forte • **INSERTION :** difficile
• **SALAIRE :** de 1 500 à 2 000 €

Transporter un tableau de Léonard de Vinci ne s'improvise pas ! Pour gérer ce véritable casse-tête logistique, les musées peuvent compter sur un professionnel : le régisseur d'œuvres d'art. Il gère l'organisation matérielle de tout mouvement d'œuvres, du transport au stockage. Il obtient les autorisations douanières quand les pièces doivent partir à l'étranger, souscrit les contrats d'assurances, vérifie leur bonne protection lors de l'emballage... Touche-à-tout, habile de ses mains, il a, en plus, le sens des responsabilités : il n'a pas le droit à l'erreur. Les œuvres qu'il déplace sont parfois estimées à plusieurs millions d'euros. Le régisseur d'œuvres d'art a donc un profil hybride, entre parfaite connaissance de la législation et de l'histoire de l'art.

SES COMPÉTENCES : transporter, protéger, organiser.

SA FORMATION : l'AFROA (Association française des régisseurs d'œuvres d'art) recense quelques masters qui forment plus particulièrement à la régie comme le diplôme de deuxième cycle de l'École du Louvre (parcours métiers du patrimoine), le master professionnel régie des œuvres et montage d'expositions de l'université Picardie-Jules-Verne, à Amiens, ou le master régie des œuvres de l'université Bordeaux-Montaigne. Un cursus en histoire de l'art doublé d'une formation dans le domaine de la conservation préventive est également recommandé. Une formation en logistique est un atout. Néanmoins, il existe peu de régisseurs d'œuvres d'art, les places sont chères !

> POUR ALLER + *LOIN SUR LE NET*

culturecommunication.gouv.fr : ministère de la Culture / inp.fr : Institut national du patrimoine / syndeac.org : syndicat des entreprises artistiques et culturelles.

Témoignage

ERWAN BERGOT | *archéologue*

« J'aime gratter la terre sans savoir ce qu'il y a en dessous »

SON MÉTIER. *« J'avais 20 ans et étais inscrit en troisième année d'histoire de l'art. Un camarade de classe m'a proposé de faire des fouilles sur un chantier bénévole pendant l'été. Le petit matin, le contact avec la terre et le travail d'équipe… Dès le premier jour, j'ai su que je ferai ça toute ma vie », se souvient Erwan Bergot. Le jeune homme quitte alors l'université et s'inscrit dans une formation plus pratique de technicien de fouilles, cursus d'une durée de huit mois aujourd'hui disparu.*

Son diplôme en poche, il enchaîne les petits contrats et les déplacements avant de poser ses valises à l'INRAP (Institut national de recherches archéologiques préventives). « Contrairement aux salariés du CNRS (Centre national de la recherche scientifique) par exemple, je n'interviens pas sur les espaces de découverte mais sur des terrains vierges qui accueilleront bientôt une autoroute ou un centre commercial », précise Erwan.

Le travail de l'équipe d'archéologues techniciens qu'il supervise se fait en deux temps : sonder 10 % de la surface du terrain puis, selon les résultats, effectuer des fouilles. « J'aime particulièrement gratter la terre sans savoir ce qu'il y a en dessous ni dans quel état c'est. Mais je passe quasiment autant de temps à décortiquer les rapports des céramologues ou des anthropologues funéraires », souligne l'archéologue spécialiste du Moyen Âge.

SON CONSEIL. *« Difficile désormais d'embrasser la profession sans un master 2 d'archéologie. Par ailleurs, la vocation est plus importante encore que le diplôme. Qu'il vente, pleuve ou fasse une chaleur étouffante, je sais ce que je fais là. »*

ÉDITION, LIVRE

Les métiers de l'édition comprennent toutes les étapes de la création d'un livre : de la conception à la vente, en passant par la correction et la fabrication. Chaque étape nécessite des compétences différentes, tantôt créatives, techniques et commerciales.

AUTEUR(E), ÉCRIVAIN(E)

• **NIVEAU D'ÉTUDES MINIMAL** : aucun diplôme nécessaire • **SÉLECTIVITÉ** : forte • **INSERTION** : difficile
• **SALAIRE** : variable

Que ce soit avec un roman, une pièce de théâtre, un essai, un recueil de poèmes ou un guide, l'auteur est un créatif. Pour rédiger son manuscrit, la toute première version du texte, il peut suivre son inspiration, puis démarcher les maisons d'édition pour être publié, ou travailler sur commande. Mais s'il se doit de maîtriser sur le bout des doigts les règles d'orthographe et de grammaire, et d'être à l'origine d'idées intéressantes pour ses écrits, l'auteur doit aussi et surtout disposer d'un bon réseau. Il lui faudra rencontrer des éditeurs, échanger avec les libraires, se rendre sur des salons du livre, ou en librairies, pour faire découvrir ses ouvrages au public. Le métier est donc à la fois un travail solitaire et autonome, et très social. À noter que les auteurs vivant uniquement de leur plume sont relativement rares, ils multiplient souvent les activités (rédaction d'articles, conférences, ateliers...). Chaque année, 75 000 livres sont publiés en France, selon l'Observatoire de l'économie du livre (2016).

- **SES COMPÉTENCES :** imaginer, écrire, échanger, vendre.
- **SA FORMATION :** aucun cursus n'est bien entendu obligatoire. Tous les profils peuvent se révéler de bons auteurs. D'autant qu'il existe des ateliers d'écriture un peu partout en France, pour peaufiner son style ou structurer son récit, par exemple. Néanmoins, il est évidemment important de travailler sa plume. Des études littéraires (prépa littéraire, licence lettres modernes, lettres classiques, philosophie, humanités, LLCE...) peuvent être un bon premier pas.

CHEF(FE) DE FABRICATION

• **NIVEAU D'ÉTUDES MINIMAL :** bac+2 • **SÉLECTIVITÉ :** moyenne • **INSERTION :** difficile
• **SALAIRE :** de 2 000 à 2 500 €

Le livre, bien culturel de choix, n'en reste pas moins un produit. Il faut donc le fabriquer, avant qu'il ne rejoigne les rayons des librairies. Pour veiller sur cette étape, le chef de fabrication a un œil sur tout : planning, choix du papier et de l'encre, négociation des prix avec les fournisseurs... Il n'a pas le droit à l'erreur ! Une faille dans la pagination ou l'impression aurait de fâcheuses conséquences, notamment financières. Bon communicant, manager, gestionnaire, technicien, il peut se rendre à l'imprimerie pour vérifier la qualité des ouvrages. Il conseille également l'éditeur pour optimiser les coûts. Ces dernières années, le chef de fabrication a dû se mettre au numérique : il veille à la fabrication d'ouvrages papier mais aussi diffusés sur le Web. Il doit être précis, pragmatique et résister au stress, notamment lors d'un problème de fabrication.

- **SES COMPÉTENCES :** coordonner, contrôler, décider.
- **SA FORMATION :** le BTS études de réalisation d'un projet de communication, option études de réalisation de produits

imprimés, un BTS édition, après notamment un bac pro production graphique ou production imprimée, ou encore la licence professionnelle médias imprimés et numériques interactifs de Grenoble INP Pagora. Toutefois, on ne devient chef de fabrication qu'après plusieurs années d'expérience comme technicien ou assistant de fabrication.

CORRECTEUR(TRICE)

• **NIVEAU D'ÉTUDES MINIMAL :** bac+3 • **SÉLECTIVITÉ :** moyenne • **INSERTION :** difficile
• **SALAIRE :** de 1 500 à 2 000 €

Aucune faute d'orthographe ou de grammaire ne lui résiste. Le correcteur passe au peigne fin des centaines et des centaines de pages, à la recherche de la moindre erreur d'écriture, syntaxe, ponctuation, typographie… La forme, mais aussi le fond : il rectifie aussi les contresens, les maladresses, va parfois jusqu'à couper ou réorganiser le texte, reformuler. Garde-fou des auteurs, ce professionnel – qui travaille souvent en indépendant, chez lui – doit rendre un texte clair, facile à lire. Pour cela, il n'y a pas de secret : il maîtrise parfaitement la langue française. Parfois mieux que les auteurs eux-mêmes ! Il doit en plus être pointilleux et disposer d'une grande capacité de concentration. Néanmoins, il ne doit jamais trahir la pensée de l'auteur.

SES COMPÉTENCES : lire, corriger, contrôler.

SA FORMATION : une licence universitaire en lettres modernes peut être un atout. Il existe quelques cursus dédiés, à l'image de la licence pro techniques rédactionnelles et développements numériques, à l'université Jean-Jaurès de Toulouse, ainsi que des écoles délivrant des certificats professionnels. L'École Estienne propose une formation de lecteur-correcteur : https://www.cdma.greta.fr/fiches/lecteur-correcteur-en-communication-ecrite/. Une formation type master métiers du livre et de l'édition ou édition multimédia et rédaction professionnelle peut aussi mener au métier. Il existe enfin des formations courtes au métier à l'EMI-CFD au CFPJ ou au CEC. (formation courte au métier de correcteur)

ICONOGRAPHE

- **NIVEAU D'ÉTUDES MINIMAL** : bac+2 • **SÉLECTIVITÉ** : moyenne • **INSERTION** : difficile
- **SALAIRE** : de 1 500 à 2 000 €

Son métier, c'est l'image. Le rôle de l'iconographe est de rechercher et choisir les images (photos, dessins) qui illustreront un texte, un ouvrage scolaire, ou encore une couverture de roman. Mais il n'a pas complètement carte blanche : il doit tenir compte du sens du texte, de la ligne éditoriale de la maison d'édition et des attentes de l'éditeur et de l'auteur. Pour mener ses recherches, il consulte des logiciels d'archivage et des bases de données spécialisées, il peut aussi contacter des agences ou des photographes indépendants. Lorsqu'il a fait son choix, l'iconographe négocie les tarifs, gère les relations avec le fournisseur (réception de l'image, gestion des droits), puis archive le visuel. L'iconographe peut être salarié ou *free-lance*.

- **SES COMPÉTENCES** : analyser, chercher, illustrer.
- **SA FORMATION** : les formations en documentation sont particulièrement appréciées (École de bibliothécaires documentalistes, INTD [Institut national des techniques de la documentation]). Les études en histoire de l'art, un DUT information-communication, option métiers du livre et du patrimoine, un deuxième ou troisième cycle universitaire en édition ou métiers du livre offrent également de bonnes bases. Une bonne culture générale et un intérêt pour la photographie sont en tout cas indispensables. Selon l'Association nationale des iconographes, plus d'un tiers de ces professionnels disposent d'un bac+5.

LIBRAIRE

- **NIVEAU D'ÉTUDES MINIMAL** : CAP • **SÉLECTIVITÉ** : faible à moyenne • **INSERTION** : difficile
- **SALAIRE** : de 1 500 à 2 000 €

Malgré la concurrence des grandes surfaces, la librairie reste le premier vecteur de distribution des livres. La France en compte tout de même 3 300. Mais le libraire n'est pas un simple vendeur. Une clientèle souvent exigeante lui impose de détenir une bonne culture générale, d'être au fait de l'actualité littéraire et d'organiser régulièrement des animations (vitrines thématiques, signatures d'auteur…). Il range, gère le stock, conseille les clients, mais prend aussi le temps de rencontrer les maisons d'édition et les auteurs. Lorsqu'il est responsable ou propriétaire de sa librairie, il gère aussi les commandes et la comptabilité de la boutique.

- **SES COMPÉTENCES :** conseiller, vendre, animer.
- **SA FORMATION :** le CAP employé de vente spécialisé option librairie-papeterie-presse est le premier niveau d'accès à la profession. Il peut être complété par un brevet professionnel libraire, apprécié des employeurs. Après le bac, il est possible de préparer un DUT information-communication, option métiers du livre et du patrimoine, une licence professionnelle métiers du livre, parcours édition et commerce du livre (à l'université de Lille, Bordeaux-Montaigne, Gustave Eiffel…), ou une licence pro métiers du livre, ressources documentaires et bases de données, à l'université de Picardie Jules-Verne. Il existe aussi une licence de lettres, parcours métiers de l'écrit (Paris 7) ou un master sciences humaines et sociales, métiers du livre et de l'édition à Paris-Nanterre. Il est néanmoins possible de trouver un poste en librairie, notamment avec des études de lettres.

RESPONSABLE D'ÉDITION

- **NIVEAU D'ÉTUDES MINIMAL :** bac+5 • **SÉLECTIVITÉ :** moyenne à forte • **INSERTION :** difficile
- **SALAIRE :** de 2 000 à 2 500 €

Il est le lien entre l'auteur et la maison d'édition. Le responsable d'édition, également appelé responsable éditorial (ou, par raccourci, éditeur), suit le livre de sa conception à sa mise sur le marché. Interlocuteur privilégié de l'écrivain, il le conseille dans ses choix et l'oriente pour que son travail « colle » au style voulu par la maison d'édition. Ce pro du livre coordonne également la fabrication de l'ouvrage, pour que ce dernier soit en rayon à la date prévue et que sa qualité (littéraire et technique) soit à la hauteur des moyens mis en œuvre. Dénicheur de talent, il part aussi à la recherche d'auteurs et les recommande à sa direction. Le responsable d'édition est passionné de lecture, il a de l'intuition et aime travailler en équipe.

- **SES COMPÉTENCES :** orienter, conseiller, coordonner.
- **SA FORMATION :** les parcours sont variés, mais globalement le niveau monte. Un master est souvent exigé pour accéder à cette profession, notamment métiers du livre et de l'édition (à Paris, Caen, Montpellier 3, Angers, Cergy...), mais cela est aussi possible, avec de l'expérience, après un master information et communication, lettres, ou encore arts et culture. Des mastères spécialisés en management des biens et activités culturelles (ESCP) permettent d'acquérir des compétences managériales et relationnelles. Une partie des jeunes responsables éditoriaux sont issus d'une école de commerce ou d'un IEP.

> POUR ALLER + LOIN SUR LE NET

Sne.fr : Syndicat national de l'édition / centrenationaldulivre.fr : Centre national du livre.

Roseline Artal | *libraire*

« Le libraire n'est pas payé à lire toute la journée ! »

Témoignage

SON MÉTIER. *Quand elle était petite, Roseline voulait devenir écrivaine. Elle a aussi pensé à la traduction, au journalisme, à la bibliothèque. Devenir libraire, cette amoureuse de lettres n'y avait tout simplement pas vraiment pensé. Elle se dirige vers une licence d'anglais, puis un master d'information-communication. Pendant ses études, grande lectrice, elle va souvent à la librairie britannique WHSmith, à Paris. « Un jour, j'ai vu qu'ils recrutaient quelqu'un pour l'été. J'ai été prise, notamment grâce à mon niveau d'anglais. J'ai commencé à apprécier l'aspect relationnel avec les clients », se souvient-elle, désormais responsable de librairie à Brentano's, une librairie américaine. Le job d'été est finalement devenu sa carrière.*
L'activité principale de son métier : vendre. « C'est le quotidien, ranger, conseiller le client, commander tel tome de telle série qu'il manque, gérer les stocks. Mais il y a aussi un travail administratif et relationnel, lorsque l'on rencontre les représentants des éditeurs, pour négocier sa remise sur les livres ou obtenir des cadeaux. Il ne faut donc pas avoir peur de cet aspect commercial du métier, mais aussi être curieux et écouter sa propre originalité et ses goûts », conseille Roseline. Il faut aimer lire, mais sur son temps personnel : « Non, le libraire n'est pas payé à lire toute la journée ! » Et bien sûr, savoir inciter ses interlocuteurs de dévorer l'ouvrage en question. La toute première qualité d'un libraire, selon Roseline : « Je me rappelle, à l'école, la maîtresse nous avait demandé de prendre un livre et de le raconter aux autres, pour leur donner envie de le lire. Finalement, c'est notre quotidien. »

SON CONSEIL. *« Commencer par des stages ou de l'apprentissage, il n'est pas difficile d'obtenir un petit stage d'observation dans une librairie. Et ne pas hésiter à toquer à la porte du libraire du coin, pour lui poser des questions sur son métier. C'est un job de contact, il est donc facile de discuter. »*

Témoignage

AURÉLIE GERLACH | *auteure de romans jeunesse*

« L'aspect créatif n'est qu'une partie du métier »

SON MÉTIER. *Écrire un roman, Aurélie en a toujours rêvé. Attirée jeune par la littérature, elle se tourne vers un Master communication, médias et industries créatives, à Sciences po. « Mais en réalité, j'avais envie d'écrire, pas d'éditer ! », lance-t-elle. La jeune diplômée se tourne vers le journalisme pour débuter sa carrière. Et puis, à côté de son travail, elle commence à rédiger un manuscrit, en participant à un concours de premier roman. « Mon héroïne avait 18 ans. Je l'ai donc envoyé à des éditeurs adulte et jeunesse, ce sont ces derniers qui ont été intéressés », se souvient l'auteure. Son histoire, racontant les aventures de Lola Frizmuth, lycéenne quittant tout pour fuguer au Japon, séduit notamment les éditions Gallimard, avec qui elle signe un premier contrat d'édition. « J'étais surprise et très heureuse ! »*
Depuis, Aurélie a publié une quinzaine de livres, majoritairement des romans. Mais en dehors de l'écriture elle-même, elle liste de nombreuses autres tâches : « L'aspect créatif n'est qu'une partie du métier. L'administratif peut prendre du temps. Les auteurs sont aussi souvent en charge de leur propre communication, en étant actifs sur les réseaux sociaux, en animant une communauté, en tenant un blog personnel… Tout cela prend du temps. Il faut aussi prévoir les rencontres avec les professionnels et le public, des représentations auprès des librairies, des interventions dans des salons, où l'on va dédicacer… » Et aussi, dans son cas, puisque son lectorat est très jeune, des rencontres scolaires.

SON CONSEIL. *« Ce n'est pas un métier évident, car les conditions d'existence et de rémunération des auteurs demeurent faibles, sans sécurité de l'emploi. Il faut de la passion et de la persévérance pour continuer. Il vaut donc mieux assurer ses arrières avec un plan B, et prévoir une activité complémentaire, pour garder des revenus réguliers. La majorité des auteurs le font », recommande Aurélie. Un conseil qu'elle s'applique elle-même : à côté de ses romans, elle poursuit justement quelques piges journalistiques.*

JOURNALISME

Ce secteur est en pleine mutation : les métiers évoluent pour s'adapter aux nouvelles technologies de diffusion de l'information. Néanmoins, les médias ont toujours besoin de professionnels formés et compétents. Les nouveaux arrivants dans le secteur doivent se montrer polyvalents et maîtriser plusieurs compétences (texte, image, son, correction...). La France compte 35 000 journalistes disposant d'une carte de presse, selon la Commission de la carte d'identité des journalistes professionnels.

AGENCIER(ÈRE)

• **NIVEAU D'ÉTUDES MINIMAL** : bac+2 • **SÉLECTIVITÉ** : moyenne à forte • **INSERTION** : difficile
• **SALAIRE** : de 1 500 à 2 000 €

Dans la grande chaîne de l'actualité quotidienne, les agences de presse sont souvent les premières à collecter les informations, reprises ensuite par les journaux, les chaînes de télévision, les radios... Au « desk », gare de transit de l'information, le rédacteur trie, corrige, réécrit, voire traduit et vérifie les infos. Il identifie les bonnes sources, va sur le terrain, réalise son enquête. Certaines agences sont généralistes (AFP, Reuters), d'autres plus spécialisées (AEF, APMnews...). Maîtrisant parfaitement leur sujet, toujours dans l'actualité, elles sont souvent sources d'exclusivité et de scoops ! Après quelques années d'expérience, l'agencier peut prendre des responsabilités managériales, ou être nommé correspondant. Les agences de presse emploient également souvent des monteurs, des JRI (journalistes reporters d'images), des photographes… La maîtrise de l'anglais, tout comme la réactivité et la curiosité, sont indispensables.

- **SES COMPÉTENCES :** analyser, synthétiser, informer.
- **SA FORMATION :** elle doit être à la fois généraliste et technique. Le passage par l'une des 14 écoles de journalisme reconnues est un plus. Si les deux IUT de Cannes et Lannion proposent un DUT (diplôme universitaire de technologie) accessible directement après le bac, les autres (IPJ, CFJ, CELSA, IFP, Sciences po, IJBA, CUEJ, EPJT, EJCAM, EJDG, EJT) recrutent des candidats ayant au moins un bac+3. Les concours doivent être préparés avec soin, car ils sont très sélectifs. Vous pouvez retrouver la liste des 14 écoles sur : https://www.letudiant.fr/palmares/palmares-des-ecoles-de-journalisme/concours-et-bourses.html#indicateurs=903211&criterias.

DATA JOURNALISTE

• **NIVEAU D'ÉTUDES MINIMAL :** bac+2 • **SÉLECTIVITÉ :** moyenne à forte • **INSERTION :** difficile
• **SALAIRE :** de 1 500 à 2 000 €

Excel est son ami ! Le data journaliste (ou journaliste de données) travaille à partir de données publiques complexes et/ou nombreuses. Sa mission : les extraire, les classer, les analyser, les vérifier, les interpréter et les recouper, dans le but de les rendre accessibles et compréhensibles à ses lecteurs. Son profil, à la fois généraliste et technique, lui permet de raconter des histoires visuellement, à l'aide de graphiques, d'infographies… Journaliste avant tout, il doit toutefois maîtriser les fondamentaux du métier et les techniques rédactionnelles. Ces profils hybrides, entre journalisme et technique, sont de plus en plus recherchés.

- **SES COMPÉTENCES :** vérifier, analyser, informer.
- **SA FORMATION :** les 14 écoles de journalisme reconnues par la profession proposent aujourd'hui *a minima* une initiation au data journalisme. À noter que le CFJ et Sciences po Lyon ont créé à la rentrée 2019 un double diplôme de data journalisme et enquête. Il existe aussi des masters universitaires, moins sélectifs, mais aussi moins réputés, pouvant mener à la profession (journalisme et médias numériques à Metz, journalisme à Cergy...).

JOURNALISTE EN PRESSE ÉCRITE ET WEB

• **NIVEAU D'ÉTUDES MINIMAL** : bac+2 • **SÉLECTIVITÉ** : moyenne à forte • **INSERTION** : difficile
• **SALAIRE** : de 1 500 à 2 000 €

Presse quotidienne régionale, nationale, hebdomadaire, mensuelle, trimestrielle, magazine, Web... Ce journaliste peut exercer dans de nombreux supports, sur différentes temporalités. Souvent, la PQR (presse quotidienne régionale) se révèle accessible aux débutants, très friande de jeunes diplômés, en particulier pour des remplacements d'été. Dans tous les cas, le travail du journaliste commence par la collecte de l'information, puis la rédaction de son article. Certains rédacteurs sont généralistes, d'autres se spécialisent dans un domaine (économie, politique, éducation, sport, culture, international...). Après plusieurs années d'expérience, le journaliste peut devenir chef de rubrique, voire rédacteur en chef. De plus en plus, les journalistes travaillent en bimédia : autant sur le Web que pour l'édition papier (s'il y en a une). Pour les médias en ligne, le journaliste doit se montrer d'autant plus polyvalent et réactif, et maîtriser la mise en ligne et l'enrichissement de son article, l'ajout de textes, photos, vidéos, sons...

- **SES COMPÉTENCES :** écrire, analyser, informer.
- **SA FORMATION :** la plupart des écoles de journalisme (reconnues ou non) intègrent le multimédia dans leur cursus. Il est aussi possible de passer par une formation universitaire : licence pro techniques journalistiques pour les nouveaux médias à l'université Paris 8, master journalisme et médias numériques à l'université de Lorraine...

JOURNALISTE PIGISTE

• **NIVEAU D'ÉTUDES MINIMAL** : bac+2 • **SÉLECTIVITÉ** : moyenne à forte • **INSERTION** : difficile
• **SALAIRE** : variable (moyenne : 2 000 bruts mensuels)

Il est journaliste autant que les autres, également salarié des médias. La différence : il travaille « à la pige », cela signifie qu'il est rémunéré à l'article. Il peut travailler pour des journaux papier, des sites web, des radios, des télévisions... De nombreux jeunes journalistes passent par la pige, mais des profils plus expérimentés la choisissent également, par envie de liberté, ou de travailler sur des sujets et supports variés. Selon la Commission de la carte d'identité des journalistes professionnels, ils sont 7 700 en France, mais ils seraient bien plus nombreux, ce chiffre ne comptant que ceux détenant la carte de presse. Le pigiste est comme un indépendant : il doit démarcher des médias, leur proposer des sujets avec un angle précis, leur vendre, puis réaliser l'article, en respectant le calibrage donné, les délais et la ligne éditoriale de son « client ». Lorsqu'une relation de confiance s'instaure avec un chef de rubrique ou un rédacteur en chef, ces derniers peuvent lui faire des commandes. Ce professionnel de l'information doit donc être curieux, autonome et force de proposition, mais surtout savoir s'organiser. À noter : un journaliste, qu'il soit pigiste ou titulaire, doit légalement être payé en salaire, avec une fiche de paie.

: SES COMPÉTENCES : écrire, analyser, informer, vendre.

: SA FORMATION : là encore, mieux vaut passer par l'une des 14 écoles reconnues par la profession, permettant de se former et d'acquérir un réseau, bien utile ensuite pour démarcher les rédactions. Il est également possible de choisir un master universitaire en journalisme. Mais il n'est pas obligatoire d'avoir une formation en journalisme pour le devenir : certains pigistes peuvent obtenir des commandes d'articles par exemple grâce à une expertise dans un sujet et de bonnes idées d'angles.

JOURNALISTE RADIO

• **NIVEAU D'ÉTUDES MINIMAL** : bac+2 • **SÉLECTIVITÉ** : moyenne à forte • **INSERTION** : difficile
• **SALAIRE** : de 1 500 à 2 000 €

Dans une station de radio, plusieurs catégories de journalistes cohabitent : les reporters, qui vont sur le terrain recueillir l'information et rencontrer leurs interlocuteurs ; les chroniqueurs, qui conçoivent et présentent leurs chroniques ; les « flash-men », qui préparent et présentent les journaux d'actualité. Sans oublier les animateurs… qui animent les émissions. Tous travaillent aux côtés des techniciens, indispensables au bon fonctionnement de l'antenne. Chaque émission est calibrée à la seconde près : en radio, le rapport au temps est particulier et ne laisse aucune place à l'improvisation ! Naturellement, ce média exige une aisance orale et une diction parfaite, surtout quand on intervient en direct à l'antenne. Si la radio attire beaucoup les jeunes journalistes, les CDI sont néanmoins rares. Il faut être passionné et souvent accepter une certaine précarité en début de carrière, pour accéder à un bon poste dans une radio, privée ou publique. À noter que la réalisation de podcasts peut être une autre source de travail pour les journalistes radio.

- **SES COMPÉTENCES** : analyser, informer, énoncer.
- **SA FORMATION** : une formation spécialisée en radio permet de pousser plus facilement les portes des grandes stations. Les écoles de journalisme reconnues, comme l'IPJ, l'IJBA, ou le CUEJ, proposent toutes ces spécialisations.

JOURNALISTE REPORTER D'IMAGES (JRI)

• **NIVEAU D'ÉTUDES MINIMAL** : bac+2 • **SÉLECTIVITÉ** : moyenne à forte • **INSERTION** : difficile
• **SALAIRE** : de 1 500 à 2 000 €

À la fois rédacteur, reporter, cameraman et preneur de son, le JRI est une équipe à lui tout seul ! Ce qui fait bien l'affaire des chaînes de télévision, qui cherchent à réduire aujourd'hui les délais et coûts de production. Lorsqu'il part en reportage, cet homme-orchestre élabore son sujet, filme et, parfois même, monte les images. Ce métier est le fruit de l'évolution du matériel audiovisuel, qui s'est allégé, compacté et simplifié au fil du temps. 97 % des JRI travaillent pour la télévision. Les autres sont employés par des agences d'images. Pour être JRI, il faut être polyvalent, très réactif et maîtriser l'aspect technique du métier (caméras, micros, logiciels de montage...). Comme en radio, il n'est pas facile d'obtenir un CDI en début de carrière dans cette branche.

- **SES COMPÉTENCES :** filmer, réaliser, monter.
- **SA FORMATION :** une école de journalisme s'impose pour être rapidement opérationnel. La plupart d'entre elles proposent une spécialisation de JRI. Parmi les 14 formations reconnues par la profession, seuls les IUT de Cannes et Lannion recrutent après le bac. Les autres recrutent à partir de bac+3, mais les candidats sont souvent plus diplômés (bac+4, +5...).

MAQUETTISTE DE PRESSE

• **NIVEAU D'ÉTUDES MINIMAL :** bac+2 • **SÉLECTIVITÉ :** forte • **INSERTION :** difficile
• **SALAIRE :** de 1 500 à 2 000 €

Colle et ciseaux étaient encore ses outils il y a quelques années. Bien entendu, le maquettiste utilise désormais un ordinateur et des logiciels de PAO (publication assistée par ordinateur). Au sein d'une rédaction, il s'occupe de la mise en pages des journaux et magazines, mais travaille aussi pour des sites web. Aujourd'hui, le maquettiste de presse est souvent aussi infographiste ou graphiste. Afin de rendre attractifs ces différents supports d'information et en faciliter la lecture, ce créatif joue avec les couleurs et la typographie, positionne les photos, trouve le bon équilibre entre textes et images, tout en tenant compte d'une charte graphique qui donnera au produit final une homogénéité et une identité visuelle. Ce métier peut aussi s'exercer dans la publicité et l'édition.

- **SES COMPÉTENCES :** imaginer, créer, mettre en page.
- **SA FORMATION :** un DN MADE (diplôme national des métiers

d'art et du design), de niveau bac+3, mention graphisme, dispensé dans des lycées, écoles d'art et CFA. Il est aussi possible de réaliser un DNA, diplôme national d'art dans une école supérieure d'art. Les licences pro maquettiste numérique de l'université d'Angoulême ou de Poitiers peuvent aussi être des formations intéressantes.

PHOTOGRAPHE DE PRESSE

• **NIVEAU D'ÉTUDES MINIMAL** : bac pro • **SÉLECTIVITÉ** : faible à moyenne • **INSERTION** : difficile
• **SALAIRE** : variable

Avec l'apparition des appareils numériques, la photographie semble à la portée de tous. Pourtant, en faire son métier ne s'improvise pas et demande un « œil » artistique particulier. La plupart des photographes de presse exercent de manière indépendante. Ils peuvent réaliser des reportages qu'ils vendent ensuite à des journaux ou à des agences, ou bien travailler sur commande : ils partent alors en reportage avec un rédacteur et réalisent les photos. Il faut néanmoins bien trouver son créneau et ses médias clients, afin de survivre dans ce domaine très concurrentiel. L'essor du numérique a modifié le travail du photographe, qui ne développe plus ses photos en chambre noire mais les travaille sur ordinateur.

- **SES COMPÉTENCES** : observer, photographier, informer, vendre.
- **SA FORMATION** : s'il n'existe pas de formation spécifiquement orientée vers la photographie de presse, un cursus en photographie (bac pro photographie, BTS photographie, diplôme de l'École nationale supérieure de la photographie d'Arles, etc.), une école de journalisme ou une spécialisation à l'université pourront vous ouvrir des portes.

RÉDACTEUR(TRICE) EN CHEF

• **NIVEAU D'ÉTUDES MINIMAL** : bac+2 • **SÉLECTIVITÉ** : moyenne à forte • **INSERTION** : difficile
• **SALAIRE** : plus de 2 500 €

Inutile de rêver d'un tel poste en début de carrière ! La plupart des rédacteurs en chef le sont devenus après des années de bons et loyaux services au sein d'une rédaction. Car le « rédac' chef » est le responsable du contenu des pages publiées dans un journal ou sur un site web, d'une tranche horaire à la radio, d'un magazine ou encore d'un journal télévisé. Il veille au respect de la ligne éditoriale, choisit les sujets avec ses chefs de rubrique et relit, écoute ou visionne la production des journalistes. Il réfléchit également aux moyens de faire évoluer son support média pour conquérir de nouveaux lecteurs, auditeurs, téléspectateurs ou internautes. Sa capacité à diriger une équipe importe autant, voire davantage, que ses qualités d'écriture ou d'enquêteur.

- **SES COMPÉTENCES** : informer, décider, diriger.
- **SA FORMATION** : une formation universitaire en lettres, droit ou sciences humaines, le diplôme d'un IEP, d'une école de journalisme (accessible après un bac+3) ou un DUT information-communication option journalisme avec plusieurs années d'expérience à faire valoir.

SECRÉTAIRE DE RÉDACTION

• **NIVEAU D'ÉTUDES MINIMAL** : bac+2 • **SÉLECTIVITÉ** : moyenne à forte • **INSERTION** : difficile
• **SALAIRE** : de 1 500 à 2 000 €

Ce journaliste, plus souvent dénommé « SR », ne va pas sur le terrain. Il passe ses journées devant son ordinateur, à relire les articles rendus par le journaliste rédacteur. Attentif et minutieux, il corrige les fautes d'orthographe, de grammaire et de syntaxe, ainsi que les incohérences, il trouve un titre, écrit les légendes des photos… Il remanie l'article si celui-ci est trop long ou mal construit. C'est le dernier garde-fou avant l'impression ou la publication : gare à ne laisser passer aucune erreur ! Un secrétaire de rédaction se doit également de maîtriser les outils informatiques, notamment les logiciels de PAO (publication assistée par ordinateur).

- **SES COMPÉTENCES :** relire, vérifier, corriger.
- **SA FORMATION :** certains secrétaires de rédaction sont passés par une école de journalisme (reconnue ou non) ou l'IUT de Lannion ou de Cannes. D'autres ont suivi une formation spécialisée (EMI-CFD – École des métiers de l'information – par exemple), après un cursus dans le supérieur en lettres ou sciences humaines.
  L'École Estienne propose une formation de secrétaire de rédaction : http://www.ecole-estienne.paris/formation/secretaire-de-redaction/presentation/.

> POUR ALLER + LOIN SUR LE NET

ccijp.net : le site de la Commission de la carte d'identité des journalistes professionnels recense les 14 formations reconnues par la profession.

Témoignage

JULIE LANIQUE | *journaliste agencière*

« Quand une actualité tombe, il faut tout arrêter pour la traiter »

SON MÉTIER. *Une candidature spontanée : c'est ce qui a permis à Julie de trouver son poste. À la recherche d'un contrat à la suite de son master de journalisme culturel à l'université Sorbonne Nouvelle, à Paris, la jeune diplômée réfléchit à ses options. On lui parle d'une agence de presse dédiée aux professionnels. Sans trop y croire, elle envoie un CV et une lettre de motivation, pour se présenter, à l'un des rédacteurs en chef. Et ouvre de grands yeux en recevant une réponse positive ! « Je n'avais aucun moyen de le savoir, mais le timing était parfait : deux journalistes de la rédaction venaient d'annoncer leur départ en congé maternité », lance Julie en riant. Résultat, elle est embauchée pour un CDD de six mois. C'était il y a six ans, elle y est toujours.*

Alors, que fait-elle exactement ? « Je travaille pour l'AEF, une agence de presse spécialisée dans plusieurs domaines : le social, l'urbanisme, l'éducation, la fonction publique… Nos lecteurs sont abonnés au site, ce sont des professionnels qui veulent se tenir informés et les grands médias, qui ont tous un abonnement pour suivre l'actualité de ces secteurs bien spécifiques », détaille la journaliste. Concrètement, au quotidien, elle écrit et publie des dépêches. « À l'AEF, la dépêche est un article, souvent long, en profondeur, qui prend le temps d'entrer dans le sujet, de le détailler, d'être technique. Pour cela, nous sommes beaucoup sur le terrain, avec un réseau très développé. C'est grâce à ces contacts privilégiés que nous obtenons des informations exclusives et que nous pouvons offrir à nos lecteurs la primeur sur de nombreux sujets », précise Julie. Autre caractéristique : contrairement à certains journaux ouvertement politisés, l'agencier se doit d'être neutre. Son opinion ne doit jamais se voir dans la dépêche. Parmi les qualités essentielles à ce métier, Julie cite la réactivité. « Quand une actualité tombe, il faut tout arrêter et la traiter. Il faut aussi de la rigueur, une grande précision, car nos lecteurs sont des experts du secteur, qui ne laisseront pas passer des erreurs. Et être proactif, ne pas avoir peur d'aller vers les autres, discuter, se présenter, récupérer des cartes de visite. » Cette professionnelle enthousiaste met également en avant son plaisir de travailler sur différents formats d'articles : brèves, enquêtes, interviews…

SON CONSEIL. *« Même si elle est méconnue de nombreux étudiants en journalisme, la presse professionnelle est la seule à se porter bien, et elle recrute ! C'est un excellent moyen de débuter sa carrière, car l'on apprend énormément. »*

SYLVIE LECHERBONNIER | *journaliste pigiste*

« J'aime la variété des sujets sur lesquels je travaille »

SON MÉTIER. *Devenir journaliste était une évidence. Depuis le collège, Sylvie a toujours eu l'envie d'écrire. Pour ses études supérieures, elle choisit donc une prépa littéraire, puis une licence de lettres, pour tenter les concours des écoles de journalisme reconnues par la profession. Direction le CUEJ, à Strasbourg, pour deux ans ! « J'ai voulu ensuite me spécialiser dans l'éducation, un sujet qui m'intéressait beaucoup. J'ai donc postulé dans une agence de presse dédiée à ce sujet, puis dans un média plus grand public, où je suis devenue progressivement rédactrice en chef. »*
Aujourd'hui, Sylvie est pigiste. Concrètement : elle travaille pour plusieurs médias différents, comme un indépendant. Parmi les journaux avec lesquels elle collabore : Le Monde, Phosphore, Challenges *et* Sciences et Avenir.
« Mon quotidien est très varié : je réfléchis à des sujets d'articles à proposer, j'envoie des synopsis pour les présenter, puis s'ils sont retenus, je pars en reportage, je fais des interviews, et enfin j'écris mon article. J'aime le fait de toujours apprendre et la variété des sujets sur lesquels je travaille », se réjouit-elle. Notre journaliste a travaillé pour une dizaine de médias différents l'année dernière. Autant de journaux auxquels il faut s'adapter en permanence.
À côté des articles, elle donne aussi des formations : « Je prépare des étudiants aux concours des écoles de journalisme, j'encadre des apprentis journalistes sur de l'enquête et j'assiste à des jurys de diplôme. C'est très intéressant : cela me permet de réfléchir à la pratique de ce métier qui me passionne, tout en transmettant ce que j'ai appris dans ma carrière. » Un quotidien varié et libre, en somme, que Sylvie apprécie beaucoup.

SON CONSEIL. *« Tout est plus facile lorsque l'on a déjà un carnet d'adresses. Il faut donc se constituer un réseau. Cela peut passer par des stages : si l'on fait bonne impression, son maître de stage et ses collègues peuvent rester de bons contacts. Une école peut ouvrir des portes. Je conseille aussi d'être présent sur les réseaux sociaux de façon professionnelle : cela permet de montrer ce que l'on fait, les sujets qui nous intéressent, de suivre des journalistes et des médias. Cela peut être un Twitter actif, des vidéos, un blog, peu importe, l'important est de disposer d'une forme d'expression, cela rassurera les rédacteurs en chef. »*

MÉTIERS D'ART

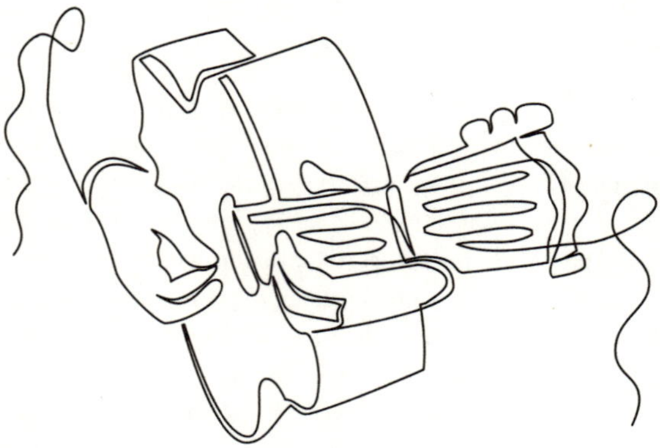

L'Institut national des métiers d'art en recense 281, sur 16 domaines, dont la biljouterie, le cuir, le métal, le textile, la mode ou encore le spectacle. Ce sont des professions qui demandent de la patience et de la minutie, mais surtout beaucoup de passion et de persévérance.

BIJOUTIER(ÈRE)-JOAILLIER(ÈRE)

- **NIVEAU D'ÉTUDES MINIMAL** : CAP • **SÉLECTIVITÉ** : faible à moyenne • **INSERTION** : difficile
- **SALAIRE** : de 1 500 à 2 000 €

Quelques grammes d'or, un petit diamant... De précieuses parures prennent vie entre les mains de cet artisan. À partir d'un dessin, réalisé par un styliste, le bijoutier-joaillier fabrique une broche, une bague, un pendentif... Son travail est précis et minutieux. Il faut étirer le métal, le graver, sertir la pierre, le tout avec des outils qui peuvent être traditionnels (lime, marteau) ou au contraire ultra-modernes (laser, ordinateur). Certains bijoutiers, appelés créateurs, conçoivent et fabriquent leurs bijoux de A à Z puis les commercialisent. Mais la plupart sont salariés d'une marque (Cartier, Maty...) et travaillent en atelier. En boutique, le bijoutier peut aussi réparer ou transformer des bijoux.

SES COMPÉTENCES : concevoir, fabriquer, réparer.

SA FORMATION : pour acquérir les techniques de base, il est possible de viser l'un des CAP arts et techniques de la bijouterie-joaillerie ou le CAP lapidaire, option diamant ou pierres de couleur. Pour s'installer à son compte, le BMA art du bijou et du joyau est nécessaire. Cette formation (qui peut se préparer à la SEPR de Lyon par exemple) peut être complétée par un DN MADE objet, spécialité art du bijou et du joyau, nouveau diplôme des métiers d'art et de design, en trois ans.

CÉRAMISTE

• **NIVEAU D'ÉTUDES MINIMAL :** CAP • **SÉLECTIVITÉ :** faible à forte • **INSERTION :** moyenne
• **SALAIRE :** de 1 500 à 2 000 €

Son atelier sent l'humidité et l'argile. L'artisan céramiste, également appelé potier, fabrique de la vaisselle, des pots, des tuiles, des carrelages décoratifs avec pour unique matériau la terre cuite, qu'il fabrique lui-même. Habile et minutieux, il travaille la matière à l'aide de tours et de moules, voire directement avec des spatules, des stylets et des racloirs. Le céramiste peut par ailleurs travailler pour l'industrie. Son rôle est alors tourné vers l'encadrement et le contrôle qualité.

SES COMPÉTENCES : fabriquer, modeler, décorer.

SA FORMATION : les CAP tournage en céramique et décoration en céramique apportent les techniques de base. Le BMA céramique et le BT dessinateur en arts appliqués, option céramique, permettent en plus d'acquérir les techniques de décor. Après le BMA ou après un bac général, technologique ou professionnel, il est possible de poursuivre avec le DN MADE matériaux, spécialité conception, création, innovation, céramique au lycée Léonard-de-Vinci d'Antibes (06), ou spécialité recherches et process en volume céramique, au lycée Jean-Pierre-Vernant à Sèvres (92). Enfin, l'ENSA Limoges propose un DNSEP en cinq ans après le baccalauréat.

ÉBÉNISTE

• **NIVEAU D'ÉTUDES MINIMAL** : CAP • **SÉLECTIVITÉ** : faible à forte • **INSERTION** : difficile
• **SALAIRE** : de 1 500 à 2 000 €

Cet artisan tient son nom d'un bois prestigieux, l'ébène. Dans son atelier, il fabrique, rénove et restaure des meubles en bois. Avant de passer au travail, il choisit les essences à utiliser (chêne, hêtre, olivier...), puis dessine la forme du meuble et prépare le bois nécessaire à sa fabrication. Le meuble est ensuite conçu dans le respect des techniques anciennes. Découpe, assemblage, placage, finitions... Ici, tout est fait à la main. Dans son propre atelier ou en usine, l'ébéniste passe la majeure partie de son temps debout, dans un environnement chargé de fines particules de bois. Allergiques, s'abstenir !

- **SES COMPÉTENCES** : fabriquer, réparer, restaurer.
- **SA FORMATION** : la filière comprend un CAP ébéniste, un BMA ébéniste, un BM menuisier de bâtiment et d'agencement, et un BTM ébéniste. Vous pouvez ensuite préparer un DN MADE, nouveau diplôme d'art, par exemple à la prestigieuse école Boulle, à Paris, ou encore au lycée des métiers d'art de Saint-Quentin (02), spécialité ébénisterie.

FACTEUR(TRICE) D'INSTRUMENTS

• **NIVEAU D'ÉTUDES MINIMAL** : CAP • **SÉLECTIVITÉ** : moyenne • **INSERTION** : difficile
• **SALAIRE** : variable

Cet artisan fabrique des pianos, des violons, des guitares, des trompettes... Passionné de musique et souvent musicien lui-même, il est toujours spécialisé dans une famille d'instruments : à vent, à percussion, à cordes... Le plus connu, le luthier, donne naissance aux violons, violoncelles, contrebasses. À partir d'une matière première (bois, cuivre...), le facteur réalise, à la main, l'instrument dans son intégralité. La plupart de ces professionnels s'occupent aussi de la réparation et de l'entretien des instruments.

SES COMPÉTENCES : fabriquer, restaurer, vendre.

SA FORMATION : les CAP lutherie, accordeur de piano, ouvrier archetier et ATIM (assistant technique en instruments de musique) option guitare, accordéon, piano, instruments à vent se préparent en deux ans après la troisième. Il est conseillé de passer ensuite un BMA technicien en facture instrumentale (option piano, guitare, accordéon, instruments à vent), mais il existe aussi un bac pro artisanat et métiers d'art (option organier ou tuyautier). Les DN MADE option instrument permettent d'obtenir un diplôme bac+3. Dans le secteur, l'ITEMM (Institut technologique européen des métiers de la musique), au Mans, est l'école phare.

RELIEUR(SE)-DOREUR(SE)

- **NIVEAU D'ÉTUDES MINIMAL :** CAP • **SÉLECTIVITÉ :** forte • **INSERTION :** difficile
- **SALAIRE :** de 1 500 à 2 000 €

Avec minutie et dextérité, il démonte et remonte des livres pour les rénover ou les réparer. Le relieur-doreur dégage les pages de leur reliure, les nettoie, puis les relie à nouveau en les collant ou en les cousant. Ces différentes étapes le conduisent à travailler à la fois le papier, le carton, le cuir et la toile. Aujourd'hui, cet artisan s'occupe surtout de livres récents, par exemple des ouvrages de bibliothèque abîmés. Mais il prend parfois en charge des livres rares et précieux. Il réalise alors la dorure du livre pour lui redonner une apparence proche de l'origine. La Bibliothèque nationale de France, le Sénat, l'Assemblée nationale ainsi que certains musées possèdent leurs propres ateliers.

SES COMPÉTENCES : rénover, restaurer, protéger.

SA FORMATION : le CAP art de la reliure permet de poursuivre vers le BMA art de la reliure et de la dorure, puis vers le DN MADE reliure, création et patrimoine, dispensé par exemple à l'école Estienne à Paris. Un passage par les Arts-Décos peut être aussi apprécié.

RESTAURATEUR(TRICE) D'ŒUVRES D'ART

- **NIVEAU D'ÉTUDES MINIMAL** : bac+5 • **SÉLECTIVITÉ** : moyenne à forte • **INSERTION** : difficile
- **SALAIRE** : de 1 500 à 2 000 €

Le restaurateur d'art redonne aux œuvres d'art une seconde jeunesse. Peinture, sculpture, céramique, photo… il redonne à l'œuvre son apparence d'origine en s'appuyant sur les analyses préalables, réalisées en laboratoire. À coups de rayons X et autres technologies, il évalue le temps et le coût de la rénovation, ainsi que les opérations à réaliser : nettoyage, lavage, retouche… Ce travail peut prendre des mois, voire des années, pour une seule œuvre.

SES COMPÉTENCES : réparer, entretenir, restaurer.
SA FORMATION : le département des restaurateurs de l'INP (Institut national du patrimoine), qui recrute des bacheliers sur concours, délivre en cinq ans un diplôme d'État de restaurateur du patrimoine ayant le grade de master, et pour lequel existent sept options : arts graphiques et livre, arts textiles, peinture, photographie, sculpture, mobilier, arts du feu. D'autres cursus existent, qui permettent d'exercer auprès des collections des musées de France : le DNSEP, le mastère conservation-restauration du patrimoine de l'école de Condé de Paris et le master conservation et restauration des biens culturels de l'université Panthéon-Sorbonne (Paris) par exemple.

TAILLEUR(SE) DE PIERRE

- **NIVEAU D'ÉTUDES MINIMAL** : CAP • **SÉLECTIVITÉ** : faible • **INSERTION** : bonne
- **SALAIRE** : de 1 500 à 2 000 €

Le tailleur de pierre n'est pas un sculpteur ! Il réalise la structure d'un édifice, et non sa décoration. Il est amené à pratiquer le dessin, la géométrie ou la géologie pour concevoir les tailles avant de les réaliser. Spécialisé dans un type de pierre (marbre, granit), il sait en reconnaître la qualité au premier coup d'œil et il s'y limite. Des critères esthétiques, culturels ou environnementaux déterminent généralement le type de pierre utilisé pour rénover ou construire un bâtiment. Cette profession nécessite la maîtrise d'un savoir-faire très précis. La découpe, l'agencement et la pose de la pierre, traditionnellement associés au marteau-burin et à la force des bras, s'effectuent aujourd'hui avec de nouveaux outils qui nécessitent une formation de niveau bac au minimum.

- **SES COMPÉTENCES :** concevoir, restaurer, réaliser.
- **SA FORMATION :** le CAP tailleur de pierre peut être complété par un bac pro métiers et arts de la pierre (première session en 2018), ou intervention sur le patrimoine bâti, ou par un BP (brevet professionnel) métiers de la pierre, ou encore un BMA gravure sur pierre.

VERRIER(ÈRE)

- **NIVEAU D'ÉTUDES MINIMAL :** CAP • **SÉLECTIVITÉ :** faible à moyenne • **INSERTION :** difficile
- **SALAIRE :** de 1 500 à 2 000 €

C'est un métier rare, qui demande beaucoup de technique. Ce professionnel travaille le verre ou le cristal à la main ou au chalumeau. Dans un premier temps, le matériau est fondu à 1 300 °C. Puis il faut très rapidement se saisir de la quantité nécessaire qui sera étirée, arrondie et façonnée pour fabriquer des vases, des flacons… Le verre est ensuite cuit dans un four et, une fois refroidi, il est taillé et gravé à l'aide d'une meule. Ce métier demande de l'habilité manuelle, mais surtout de la rapidité, car le verre refroidit très vite. Le verrier commence souvent sa carrière dans un atelier ou un laboratoire, avant de devenir chef d'équipe, ou de s'installer à son compte.

- **SES COMPÉTENCES :** imaginer, créer, fabriquer.
- **SA FORMATION :** le CAP arts et techniques du verre, option décorateur ou vitrailliste ou le CAP arts du verre et du cristal. Il est possible de préparer ensuite un BMA souffleur de verre ou verrier décorateur. Voire de poursuivre jusqu'à un

DN MADE, par exemple matériaux, spécialité créateur verrier au lycée Jean-Monnet (03), ou spécialité verre au lycée Lucas-de-Nehou (Paris).

> POUR ALLER + *LOIN SUR LE NET*

annuaire-metiersdart.com : annuaire officiel des métiers d'art / institut-metiersdart.org : Institut national des métiers d'art.

> À LIRE *AUX ÉDITIONS DE L'ETUDIANT*

Les Métiers de l'artisanat

Mélanie Kaltenbach | *luthière*

« Je ne passe que 30 à 40 % de mon temps à l'établi »

SON MÉTIER. *La musique est sa passion, depuis toujours. Violoncelliste, Mélanie sait ce qu'elle veut faire : devenir luthière. Pour cela, après le bac, elle part pour l'Angleterre. Elle étudie quatre ans à l'école de lutherie de Newark. « J'ai adoré, car c'était exactement ce que je voulais faire. Nous avons appris, grâce à une formation très manuelle, la création d'instruments, étape par étape », se réjouit-elle. Une fois diplômée, à 22 ans, elle trouve du travail chez des luthiers, où elle découvre l'aspect commercial du métier.*

Mais Mélanie ne souhaite pas rester salariée, elle décide de s'installer rapidement à son compte, puis d'ouvrir son atelier, situé à Paris. Elle nous décrit sa journée type, entre travail d'artisanat et impératifs de cheffe d'entreprise. « Le matin, je passe une heure sur la comptabilité, je suis mes comptes, je paie mes factures aux fournisseurs… Je préfère en faire un peu tous les jours, pour ne pas me retrouver dépassée. Ensuite, j'arrive à 10 heures à l'atelier et je fais le point sur le travail à réaliser. Je fabrique moins d'instruments qu'avant, mais je m'occupe beaucoup de réparations, de préparation d'instruments de location… Finalement, je ne passe que 30 à 40 % de mon temps à l'établi. Tout le reste, c'est répondre au téléphone, accueillir les clients, vendre des accessoires. J'aime tout dans ce métier, il faut être très polyvalent », explique-t-elle, uniquement aidée d'un comptable. Le luthier doit donc disposer, au-delà d'une grande minutie et précision techniques, d'un vrai sens du client.

Pour réussir, il faut être passionné, mais surtout persévérant, souligne Mélanie. « Il faut toujours être bon, se dépasser, avoir le goût du travail bien fait. Il est aussi nécessaire d'avoir une culture du beau, et pour cela rester curieux, aller dans des musées, s'intéresser aux autres métiers de l'artisanat… », détaille-t-elle. D'autant plus si l'on est une femme : « Nous ne sommes que deux luthières à être installées à Paris. » Mais aucun regret pour Mélanie, qui confie aimer chaque aspect de son quotidien.

SON CONSEIL. *« Il faut impérativement avoir un bon bagage de musicien ! Si l'on est déjà formé au niveau de l'oreille, de l'œil, cela permettra d'être plus efficace et de connaître le perfectionnisme dans le milieu de la musique classique. »*

AUDIOVISUEL, CINÉMA

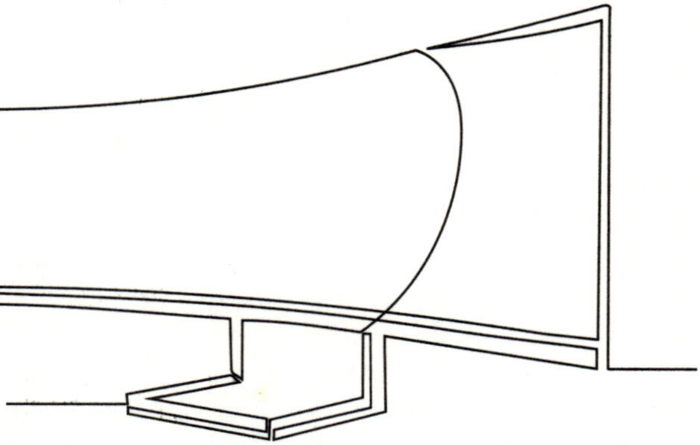

Du réalisateur au monteur en passant par le cadreur, les métiers qui gravitent dans la sphère du cinéma et de l'audiovisuel sont nombreux. Et font rêver de nombreux jeunes ! Si le talent, la passion et le réseau sont essentiels pour percer dans ce milieu, le passage par une formation spécialisée est un excellent premier pas.

CADREUR(SE)

• **NIVEAU D'ÉTUDES MINIMAL** : bac+2 • **SÉLECTIVITÉ** : moyenne à forte • **INSERTION** : difficile
• **SALAIRE** : plus de 2 500 €

Il est l'œil du réalisateur : sur ses conseils, il détermine les mouvements et les angles de prise de vue (les fameux cadres). Aux commandes de sa caméra, il anticipe et suit le déplacement des acteurs en veillant toujours sur son cadre. Si certains réalisateurs tiennent la caméra pour diriger plus facilement les acteurs, la plupart d'entre eux travaillent avec un cadreur, en donnant des indications plan par plan, à celui-ci. En fiction télé, le cadreur est souvent secondé par un assistant opérateur, chargé du matériel de prise de vue, de sa mise en place et de son bon fonctionnement. Quand il est sur les plateaux de télévision, il travaille sous la direction d'un réalisateur en régie. Pour multiplier les opportunités professionnelles, les cadreurs ont souvent plusieurs cordes à leur arc : cadrage et réalisation ou montage, fiction et documentaire... Bien sûr, il doit savoir travailler en équipe et détenir un sens artistique.

- **SES COMPÉTENCES** : filmer, cadrer, échanger.
- **SA FORMATION** : un BTS métiers de l'audiovisuel, option métiers de l'image, complété éventuellement par un cursus à la fac (licence pro techniques de l'image et du son à Nantes, Angoulême, Toulon...) ou en école spécialisée. De nombreuses écoles privées proposent des formations de cadreur, plus ou moins chères, mais deux seulement sont reconnues par le CNC (Centre national du cinéma et de l'image animée) : la Fémis (Fondation européenne des métiers de l'image et du son), à Paris, et l'ENS Louis-Lumière, à Saint-Denis. En somme, la sélection est rude !

CHARGÉ(E) DE DIFFUSION

• **NIVEAU D'ÉTUDES MINIMAL** : bac+2 • **SÉLECTIVITÉ** : moyenne • **INSERTION** : difficile
• **SALAIRE** : de 2 000 à 2 500 €

Tout ce qui passe à l'antenne est soumis à son œil d'expert. Le responsable de diffusion veille en premier lieu à ce qu'aucun imprévu ne vienne perturber le cours normal d'une émission en direct. Au moindre incident, il doit trouver la parade sans que les téléspectateurs ne s'en aperçoivent. Posté dans la régie centrale, il s'assure que le conducteur (document indiquant à la seconde près ce qui est diffusé à l'antenne) est parfaitement respecté. Si un animateur « déborde » en fin d'émission, il peut décider de le « couper » ou d'écourter un générique. Le responsable de diffusion intervient également hors direct, traquant le moindre contretemps. Enfin, il contrôle que la durée des spots publicitaires est bien conforme aux normes édictées par le CSA. Un bon chargé de diffusion devra donc conserver son sang-froid et être capable de réagir efficacement face à l'imprévu.

- **SES COMPÉTENCES :** contrôler, gérer, organiser
- **SA FORMATION :** le BTS métiers de l'audiovisuel, option techniques d'ingénierie et exploitation des équipements, peut ouvrir les portes d'une chaîne de télévision. Il existe aussi des licences professionnelles en techniques du son et de l'image, pour se spécialiser. Mais quel que soit le diplôme, quelques années d'expérience sont nécessaires avant d'accéder à ce poste.

INGÉNIEUR(E) DU SON

• **NIVEAU D'ÉTUDES MINIMAL :** bac+2 • **SÉLECTIVITÉ :** moyenne à forte • **INSERTION :** difficile
• **SALAIRE :** plus de 2 500 €

Sur un plateau de tournage, l'ingénieur du son (ou chef opérateur du son) est l'oreille du réalisateur. À la fois artiste doté d'une bonne culture musicale et technicien de haut vol, il est le responsable de l'identité sonore du film. Qualité du son, tonalité des dialogues, choix des bruitages, son travail commence dès la lecture du scénario, durant laquelle il imagine la couleur sonore du film. En fonction de ses choix et de son analyse, il adapte le matériel de prise de son. Lors du tournage, il collabore avec les perchistes, qui positionnent les micros selon ses indications. La hantise de « l'ingé son » : les parasites et interférences. Après le tournage, il réalise le mixage, étape essentielle qui consiste à mélanger et à doser les différentes sources sonores pour obtenir la bande-son définitive du film. Quand il ne travaille pas pour l'audiovisuel, l'ingénieur du son peut évoluer dans le monde musical : il enregistre alors des albums en studio, sonorise des salles de concert…

- **SES COMPÉTENCES :** enregistrer, mixer, sonoriser.
- **SA FORMATION :** un BTS métiers de l'audiovisuel, option métiers du son, une formation en école spécialisée (bac+3 à bac+5), comme la Fémis, l'ENS Louis-Lumière, ou le Conservatoire national supérieur de musique à Paris. Il existe aussi des formations universitaires, comme le master professionnel image

et son à Brest, la licence SATIS (sciences, arts et techniques de l'image et du son) à Aix-Marseille Université, ou encore le master ingénierie du son, à Clermont-Ferrand.

MONTEUR(SE)

- **NIVEAU D'ÉTUDES MINIMAL** : bac+2 • **SÉLECTIVITÉ** : forte • **INSERTION** : difficile
- **SALAIRE** : plus de 2 500 €

Pour tirer quinze minutes de film à partir de vingt heures de *rushes*, le monteur passe des jours entiers, les yeux rivés sur un banc de montage numérique. Il visionne l'ensemble des images et fait une sélection, ne gardant que les prises de vues les plus intéressantes. Doté d'un sens artistique aigu et d'un sens du rythme, il fait ensuite un premier montage qu'il affine peu à peu. Il met en place d'éventuels effets, puis synchronise la bande-son avec les images. Durant le montage, le réalisateur n'est jamais loin pour superviser cette étape essentielle de la construction d'un film. Spécialisé dans les effets, le monteur truquiste fait l'habillage des chaînes et des émissions télévisées ; il est omniprésent dans la publicité. À l'aide de logiciels d'images et d'effets spéciaux, entouré d'infographistes et d'animateurs 2D ou 3D, il déforme les perspectives, incruste des personnages, superpose des images… Souvent intermittent du spectacle, le monteur doit parfaitement maîtriser les logiciels, naturellement, mais aussi se montrer à l'écoute de son réalisateur, et concentré.

SES COMPÉTENCES : visionner, choisir, monter.

SA FORMATION : le BTS métiers de l'audiovisuel, option métiers du montage et de la postproduction (surtout pour la télé) et/ ou une école spécialisée (Fémis, ESRA [École supérieure de réalisation audiovisuelle], EMC). À côté de ces écoles prestigieuses, où les places sont chères, d'autres moins sélectives proposent des formations au métier de monteur. Un indicateur de la valeur de l'école : les postes occupés par les étudiants deux ans après leur sortie.

PRODUCTEUR(TRICE)

• **NIVEAU D'ÉTUDES MINIMAL** : bac+2 • **SÉLECTIVITÉ** : moyenne à forte • **INSERTION** : difficile
• **SALAIRE** : au pourcentage

Pas de producteur, pas d'argent pour le film ! Ce professionnel a la lourde charge de trouver des financements : aides de l'État, prêts bancaires, partenariats avec une chaîne de télévision, les solutions sont nombreuses et, souvent, le producteur investit lui-même une partie de son argent dans le projet. Il a donc son mot à dire sur la création : il peut demander au réalisateur de modifier la fin du scénario s'il juge qu'elle ne correspond pas aux attentes des spectateurs. Pendant la préparation et le tournage du film, le producteur passe le relais au directeur de production : c'est ce dernier qui va définir, en fonction du budget, les besoins en personnel, négocier les rémunérations, participer au choix des prestataires (location de matériel, de lieux, hébergement et restauration…). À ses côtés, l'assistant de production, sorte de super-comptable, contrôle chaque dépense et s'assure qu'il n'y a pas d'écart entre le budget prévisionnel et le coût réel du film.

SES COMPÉTENCES : négocier, financer, accompagner.

SA FORMATION : il n'y a pas de formation définie, mais un BTS métiers de l'audiovisuel option gestion de production, une école spécialisée, un cursus production proposé par l'ISCPA, l'université (licence pro gestion de la production audiovisuelle), voire une école de commerce, un master production audiovisuelle à l'Ina SUP ou un master cinéma et audiovisuel – production et réalisation à Aix-Marseille Université peuvent constituer un bon premier pas.

RÉALISATEUR(TRICE)

• **NIVEAU D'ÉTUDES MINIMAL** : bac+2 • **SÉLECTIVITÉ** : moyenne à forte • **INSERTION** : difficile
• **SALAIRE** : plus de 2 500 €

Au cinéma, il est souvent à l'origine du projet de film, parfois même du scénario. À la fois auteur, technicien et manager, le réalisateur coordonne les étapes de création d'un long-métrage, de la recherche d'un producteur au montage et au mixage final. Il peut même participer à la promotion du film, lorsque son nom fait figure de référence. Sur le tournage, le réalisateur doit, dans un délai limité, mener techniciens et acteurs vers ce qu'il désire, tout en coordonnant le travail de chacun. Il est aidé par des assistants-réalisateurs qui prennent en charge la préparation du tournage et veillent à son bon déroulement. À la télévision, le rôle du réalisateur de plateau est plus technique, moins créatif : celui-ci supervise la préparation puis l'enregistrement des émissions, en se conformant aux directives du producteur. Sélection des participants, choix des décors et du générique, position des caméras, il faut tout prévoir. Durant l'enregistrement ou le direct, le réalisateur, en régie, donne des indications de prises de vues aux cadreurs, par micro et oreillettes interposés. Tenace, inventif et résistant au stress, il est aussi organisé et capable de mener une équipe.

SES COMPÉTENCES : diriger, coordonner, créer.

SA FORMATION : là non plus, il n'y a pas de voie royale. Ce qui s'en approche le plus : le département réalisation de la Fémis, mais c'est une formation très sélective (en 2019 : 1 259 inscrits, pour 39 admis, soit 3 % de taux d'admission dans l'ensemble de l'école. La filière réalisation est encore plus difficile d'accès : 1,2 % d'admission…). Autres options : l'école de la Cité, un BTS métiers de l'audiovisuel option métiers de l'image (ou un autre diplôme audiovisuel de niveau bac+2/3) suivi d'une école spécialisée comme la Fémis, 3iS, l'ESRA (École supérieure de réalisation audiovisuelle) à Paris, Nice, Rennes, Bruxelles… L'université propose aussi quelques masters professionnels en réalisation (Panthéon-Sorbonne, Vincennes Saint-Denis).

RÉGISSEUR(EUSE) GÉNÉRAL(E)

• **NIVEAU D'ÉTUDES MINIMAL** : bac+2 • **SÉLECTIVITÉ** : moyenne à forte • **INSERTION** : difficile
• **SALAIRE** : plus de 2 500 €

Véritable nounou des équipes de production, il veille à l'organisation quotidienne du tournage : demandes d'autorisations pour le transport des équipes ou le blocage des rues, réservations de l'hébergement et de la restauration, recrutement des figurants... Même s'il prépare chaque tournage plusieurs semaines à l'avance, il doit toujours gérer une multitude de petits contretemps, qu'ils soient liés à la météo ou aux caprices des acteurs ! Sur un long-métrage, le régisseur général est assisté par un ou plusieurs régisseurs adjoints. En amont, il participe aussi au repérage et à la recherche de décors. Le régisseur général est débrouillard, persévérant et très organisé.

- **SES COMPÉTENCES** : organiser, coordonner, administrer.
- **SA FORMATION** : le BTS métiers de l'audiovisuel, option gestion de la production, constitue une bonne base mais il est préférable de la compléter par une licence pro gestion de la production audiovisuelle à l'université Paris-Est-Marne-la-Vallée ou une formation à la Fémis (École nationale supérieure des métiers de l'image et du son). Toutefois, il est parfois encore possible d'apprendre le métier sur le terrain, sans avoir suivi de formation spécifique, au poste d'assistant de régie.

SCÉNARISTE

• **NIVEAU D'ÉTUDES MINIMAL** : aucun diplôme • **SÉLECTIVITÉ** : faible à forte • **INSERTION** : difficile
• **SALAIRE** : variable

Loin des caméras et des plateaux de tournage, le scénariste invente des histoires pour le cinéma et la télévision. À la demande d'un réalisateur ou d'un producteur, il tisse la trame du futur film. Il y a autant de manières de concevoir un scénario qu'il existe de scénaristes. En revanche, le travail consiste toujours à construire une histoire, des personnages, des dialogues... À noter : certains scénaristes sont spécialisés dans l'écriture des dialogues. Selon le sujet, le scénariste se documente pour nourrir son imagination et décrire certaines scènes. À la télévision, mesure d'audience oblige, il doit, en plus, tenir compte des attentes des téléspectateurs. Les scénaristes de télévision travaillent souvent en équipe et dans l'urgence. Il est créatif, imaginatif, mais aussi doté d'un bon sens du relationnel.

- **SES COMPÉTENCES :** inventer, écrire, scénariser.
- **SA FORMATION :** les rares formations sont dispensées par les écoles de cinéma comme la Fémis, qui dispose d'un département scénario, l'ESRA Paris, le CEEA (Conservatoire européen d'écriture audiovisuelle) à Paris ou l'école de la Cité. L'université délivre également des diplômes appropriés, tels que le master professionnel scénario et écritures audiovisuelles à l'université Paris-Nanterre ou le master professionnel scénario, réalisation, production à Panthéon-Sorbonne.

> POUR ALLER + **LOIN SUR LE NET**

ina.fr : Institut national de l'audiovisuel / videadoc.com : Centre de documentation sur la création cinématographique, audiovisuelle et multimédia / cpnef-av.fr : la commission paritaire nationale emploi et formation de l'audiovisuel.

> À LIRE **AUX ÉDITIONS DE L'ETUDIANT**

Les Métiers du cinéma, des effets spéciaux et des jeux vidéo

Témoignage

CLÉMENCE LUCAS | *assistante-monteuse*

« Le secret, c'est d'être très disponible, sociable, et proactif ! »

SON MÉTIER. *« Le cinéma peut faire peur, surtout quand on ne vient pas de ce milieu. » Clémence s'est spécialisée en postproduction en deuxième année d'école d'audiovisuelle. Après son bac ES, elle envisageait de faire des études d'art, mais ce n'était pas assez concret pour elle. Elle s'est alors retrouvée un peu par hasard chez 3iS, l'Institut international de l'image et du son, et en est sortie trois ans plus tard « avec un vrai savoir-faire ». Elle raconte : « J'ai fait mon stage de fin d'études dans un laboratoire numérique, et j'ai très vite commencé à travailler sur des longs-métrages ».*

En tant qu'assistante-monteuse, elle intervient dès le début du tournage pour faire de la synchronisation, c'est-à-dire accorder les images et les sons, qui sont tournés sur deux appareils différents. « Je ne suis pas en plateau, mais dans un studio ou labo. C'est un travail plutôt solitaire, je ne connais pas l'équipe du film, j'interviens essentiellement sur la partie technique », explique-t-elle. Lorsque le monteur arrive, soit environ deux semaines après le début du tournage, elle l'assiste : en plus de la « synchro », elle prépare le déroulement du film. Car les scènes ne sont pas tournées dans l'ordre du scénario, elles arrivent en vrac. « Mon but est alors de créer un projet propre sur un logiciel spécialisé afin que le monteur puisse travailler », souligne Clémence. Elle se charge également de trouver des sons pour habiller le film, recréer des ambiances, et, selon son binôme, de prémonter des séquences.

Une fois le tournage terminé, il lui reste des semaines de travail, notamment pour exporter les éléments vers les créateurs d'effets, les techniciens sons, l'étalonneur qui travaille les couleurs et les contrastes…

Pour le moment, Clémence n'a jamais eu à chercher du travail. Les projets sont toujours venus à elle ! « Le secret, c'est d'être très disponible. Si je fais généralement des horaires de journée, je ne peux rien prévoir, je n'ai pas de week-end, pas de jour férié, pas de vacances d'été… Et je travaille essentiellement à Paris, car c'est là qu'est le travail ! »

SON CONSEIL. *« Il faut être ouvert, sociable, proactif, avoir la tchatche, être passionné par le cinéma, un milieu qui compte des dizaines de métiers différents, mais qui est difficile : il y a beaucoup de demandes, et très peu d'élus. »*

Yoann Garel | *réalisateur*

« L'aspect humain est au moins aussi important que l'aspect artistique »

Témoignage

SON MÉTIER. *Un sniper charismatique à la fois mélomane et voyeur. Le personnage lui trotte dans la tête. Tant et si bien qu'il décide de se lancer. Yoann Garel – titulaire d'un DUT en communication – mobilise alors une équipe bénévole via Internet et loue à ses frais une caméra professionnelle. Son premier court-métrage s'intitulera Le Sniper. « Après le tournage, j'ai posté la vidéo sur mon site et j'ai envoyé le lien à toutes les sociétés de production de Paris », se souvient le jeune homme. Bingo. L'une d'entre elles lui propose immédiatement une publicité internet. Cela sera la première d'une longue série. Yoann a le statut d'autoentrepreneur. Il tourne quatre ou cinq fois par an. Le reste du temps, il réalise des montages et des effets spéciaux pour des publicités. En tant que réalisateur, son travail consiste à découper l'histoire (le script) transmise par la société de production avec laquelle il travaille. Pour chaque plan, il détaille le cadrage, la lumière ainsi que le mouvement de la caméra. Après avoir déniché l'équipe technique et les acteurs, Yoann part en quête des lieux de tournage et des décors. Le jour J, il dirige les acteurs et cherche des solutions, car rien, c'est bien connu, ne se passe jamais comme prévu. « Je veille à la bonne entente de mon équipe malgré la hiérarchie et les ego », précise Yoann. Et d'ajouter : « Dans mon travail, l'aspect humain est au moins aussi important que l'aspect artistique. »*

SON CONSEIL. *« Les projets personnels – clips, documentaires, films, publicités – ne rapportent pas d'argent mais permettent de faire connaître son travail. Ils sont la carte de visite du jeune réalisateur, généralement au poste d'assistant à la production avant de se voir confier plus de responsabilités. »*

CRÉATION

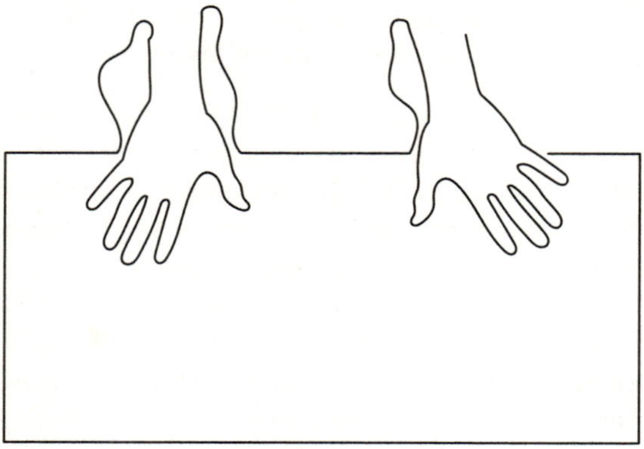

Inventer de nouvelles formes d'expression, de nouveaux objets… Tel est le quotidien des créatifs, quel que soit leur registre. Pour y arriver, il faut beaucoup de curiosité, d'imagination, du talent, mais surtout être en prise avec son époque. Et trouver un moyen de vivre de son art.

ARCHITECTE D'INTÉRIEUR

- **NIVEAU D'ÉTUDES MINIMAL** : bac+4 • **SÉLECTIVITÉ** : forte • **INSERTION** : moyenne
- **SALAIRE** : de 2 000 à 2 500 €

Le plus important, c'est la beauté intérieure. Oui, d'un bâtiment ! L'architecte d'intérieur imagine l'aménagement de maisons, bureaux, musées, commerces… Il détermine l'emplacement du mobilier (et crée parfois lui-même les meubles), choisit les matériaux, couleurs et matières qui habilleront les lieux. Tout cela dans un unique but : rendre l'espace confortable, accueillant, fonctionnel et beau. Car si ce professionnel est un créatif à l'imagination débordante, il n'en reste pas moins un technicien du bâtiment, qui connaît les contraintes techniques et réglementaires du secteur. De plus, il maîtrise sur le bout des doigts les logiciels informatiques spécialisés et dispose d'une excellente culture générale en histoire de l'art. Lorsque son projet est ficelé, il le présente à son client. Ensuite, il sélectionne les entreprises chargées de réaliser les travaux et coordonne la vie du chantier. Il peut être travailleur indépendant ou salarié d'un cabinet.

- **SES COMPÉTENCES :** imaginer, créer, aménager.
- **SA FORMATION :** deux organismes professionnels, l'UNAID (Union nationale des architectes d'intérieur et designers) et le CFAI (Conseil français des architectes d'intérieur), reconnaissent les formations de 15 établissements, publics (ENSAD [École nationale supérieure des arts décoratifs], école Boulle, ENSAAMA [École nationale supérieure des arts appliqués et des métiers d'art], Institut supérieur des arts de Toulouse et ESBA TALM [École supérieure des beaux-arts Tours Angers Le Mans]) comme privés (Camondo, Penninghen, Académie Charpentier, École de design Nantes-Atlantique, EFET, ESAIL [École supérieure d'architecture intérieure de Lyon], École bleue, ESAT [École supérieure des arts et techniques], ESAM Design [École supérieure des arts modernes] et IFAT).

ARTISTE PLASTICIEN(NE)

• **NIVEAU D'ÉTUDES MINIMAL :** aucun diplôme • **SÉLECTIVITÉ :** faible à forte • **INSERTION :** difficile
• **SALAIRE :** variable

L'artiste plasticien base son travail sur des techniques et des matériaux variés, dits plastiques. Sculpture, peinture, gravure… Si les supports changent, le but reste le même : créer, avec passion, et faire connaître (et reconnaître) son art. Il faut néanmoins avouer que vivre de ses œuvres n'a rien d'évident : la notoriété ne vient pas en un claquement de doigts, et le marché de l'art est soumis aux modes, aux tendances. De plus, l'artiste ne peut plus se contenter de créer, seul, dans son atelier. Il doit être un véritable commerçant pour démarcher les galeries, communiquer… et exister ! Le réseau, le charisme et le sens de l'autre sont essentiels aujourd'hui pour réussir, au-delà de la créativité et du talent artistique pur.

- **SES COMPÉTENCES :** imaginer, créer, concevoir.
- **SA FORMATION :** le talent ne s'apprend pas, mais le passage par une école peut être bénéfique pour acquérir certaines techniques et se créer un réseau de contacts. Le bac est le niveau minimal requis. En matière d'écoles d'art, le meilleur côtoie le pire, d'où la nécessité de bien se renseigner, auprès des professionnels, sur la réputation de chaque établissement. Les écoles des Beaux-Arts restent les plus renommées.

CRÉATEUR(TRICE) DE PARFUM

• **NIVEAU D'ÉTUDES MINIMAL :** bac+4 • **SÉLECTIVITÉ :** forte • **INSERTION :** difficile
• **SALAIRE :** de 1 500 à 2 000 €

En voilà un qui doit avoir du « nez » ! Le créateur de parfum, appelé aussi parfumeur, crée des senteurs et des fragrances qui serviront à l'élaboration de parfums, savons, lessives. À partir d'essences naturelles ou de produits de synthèse, il compose et imagine différentes odeurs. Pour cela, il jongle avec des dizaines de molécules, réalise des centaines d'essais, sent. Un peu d'anis, un brin de vanille, quelques gouttes de lavande, rien n'est laissé au hasard. Le parfumeur base son travail sur les indications des services marketing. Dans la grande consommation comme en parfumerie de luxe, les enjeux financiers sont tels que le créateur de parfum doit trouver la senteur qui fera la différence. Entre technicien et artiste, ce créateur peut travailler aussi bien pour les grands noms du luxe, sur des cosmétiques, que pour l'industrie chimique.

- **SES COMPÉTENCES :** sentir, imaginer, créer.
- **SA FORMATION :** l'ISIPCA (Institut supérieur international du parfum, de la cosmétique et de l'aromatique) à Versailles, propose deux licences pro spécialisées en cosmétique ou en parfumerie et arômes alimentaires. L'École supérieure du parfum, à Paris, délivre un bac+5 spécialisé en création et management. Il existe quelques cursus à l'université : le master pro chimie ICAP (ingénierie des cosmétiques, arômes et parfums) à Montpellier ou le master chimie ARPAC (arômes,

parfums, cosmétiques) au Havre. Une licence de chimie ou de biochimie peut ouvrir les portes de ces formations.

DESIGNER(EUSE) INDUSTRIEL(LE)

• **NIVEAU D'ÉTUDES MINIMAL** : bac+4 • **SÉLECTIVITÉ** : forte • **INSERTION** : bonne
• **SALAIRE** : de 1 500 à 2 000 €

Les objets qu'il imagine doivent être aussi beaux qu'utiles. Le designer industriel innove pour répondre à la demande des consommateurs, et pour que son entreprise se démarque de la concurrence. À partir d'un cahier des charges, il imagine un produit innovant, de par sa matière et sa forme, en tenant compte d'exigences fonctionnelles. Nécessairement créatif, le designer doit se tenir informé de l'évolution des concepts, des technologies, des modes. Il peut être salarié d'une agence ou travailler à son compte. Quelques entreprises, notamment les constructeurs automobiles, ont leurs propres équipes en interne.

SES COMPÉTENCES : innover, imaginer, concevoir.
SA FORMATION : l'ENSCI-Les Ateliers (École nationale supérieure de création industrielle) et les Arts-Décos délivrent un diplôme en design de niveau bac+5. Plusieurs écoles privées dispensent aussi des formations spécialisées reconnues. C'est le cas de Rubika ou de l'école de design de Nantes-Atlantique. Un DSAA design, option création industrielle ou produit, est également accessible avec un bac+2. Certaines écoles d'ingénieurs assurent une option design, à l'instar des Mines Nancy, l'UTC ou l'ECE Paris.

ÉTALAGISTE

• **NIVEAU D'ÉTUDES MINIMAL** : bac • **SÉLECTIVITÉ** : faible à moyenne • **INSERTION** : bonne
• **SALAIRE** : de 1 500 à 2 000 €

L'étalagiste met en scène les produits sur leur lieu de vente pour donner envie d'acheter le produit ! En collaboration avec le responsable de magasin ou le service marketing, après avoir pris connaissance des contraintes techniques, budgétaires et réglementaires, il doit concevoir un décor qui mette le produit en valeur. Il peut aussi travailler sur des vitrines, créer des mises en scène, jouer avec les lumières, les textures, les couleurs, voire les sons. Les étalagistes interviennent dans divers secteurs, mais la plupart travaillent pour les grandes enseignes et les centres commerciaux. Parmi les qualités essentielles à ce métier : la créativité, l'écoute du client, mais surtout la débrouillardise.

SES COMPÉTENCES : imaginer, créer, bricoler, communiquer.

SA FORMATION : le bac pro artisanat et métiers d'art option marchandisage visuel ou le bac STD2A constituent un premier niveau de formation. Un DN MADE, avec une mention espace (par exemple spécialité scénographie et communication, ou conception et réhabilitation, espaces éphémères de marques et d'institutions culturelles…) peut être intéressant, jusqu'à bac+3. L'accès à la profession se fait généralement après de nombreux stages, permettant de se faire la main et de peaufiner son réseau. À noter : Itecom Nice propose un bachelor décoration – design, option visuel merchandising scénographier, et le lycée professionnel Abbé-Grégoire (Paris) délivre une formation de visuel merchandising en un an après le bac.

GRAPHISTE

- **NIVEAU D'ÉTUDES MINIMAL :** bac+2 • **SÉLECTIVITÉ :** moyenne • **INSERTION :** bonne
- **SALAIRE :** de 2 000 à 2 500 €

Affiches, brochures, sites, couvertures, emballages… Au cours de leur conception, la plupart des documents écrits passent entre les mains d'un graphiste. Chargé de leur donner une identité visuelle, celui-ci choisit la typographie, les couleurs, le papier. Il positionne les différents éléments (textes, images), conçoit des logos… Le résultat doit être lisible, harmonieux, captivant : le but est d'attirer l'œil du consommateur, qu'il s'agisse d'une boîte de dentifrice ou d'un prospectus. Aujourd'hui, le graphiste passe ses journées les yeux rivés sur son ordinateur. Les logiciels de PAO (publication assistée par ordinateur) ont remplacé les crayons. Autre caractéristique du métier, il faut savoir travailler dans l'urgence, les délais étant souvent serrés. Le graphiste peut exercer en agence, en studio de création ou dans une rédaction de magazine. Il peut aussi être free-lance et travailler à la commande.

- **SES COMPÉTENCES :** imaginer, concevoir, communiquer.
- **SA FORMATION :** le DN MADE mention graphisme est un bon premier pas après le bac. Il peut être complété par un DSAA, par exemple celui de design et création numérique de l'école Estienne, à Paris. Attention, les diplômes délivrés par les écoles d'art sont généralement très prisés, et donc souvent sélectifs. Des masters universitaires (par exemple le master de design parcours design graphique de Toulouse 2) existent. Des écoles privées proposent également des formations, renseignez-vous bien sur la réputation de l'établissement auprès des professionnels, et sur la reconnaissance des cursus.

ILLUSTRATEUR(TRICE)

• **NIVEAU D'ÉTUDES MINIMAL :** bac • **SÉLECTIVITÉ :** faible à forte • **INSERTION :** difficile
• **SALAIRE :** variable

En quelques coups de crayon, il fait passer son message, qu'il conçoive des images pour la pub, la presse ou l'édition. À partir d'indications fournies par ses clients (il travaille le plus souvent en indépendant), l'illustrateur crée un univers graphique à base de personnages, d'atmosphères et de décors originaux. Dans l'édition (livres pour enfants, bandes dessinées), il est souvent à l'origine du projet. Sa liberté d'expression et de ton est illimitée. Mais, face à certains directeurs artistiques ou éditeurs, il faut parfois faire et refaire les crayonnés (croquis) avant d'arriver au résultat escompté. Pour vivre de son travail, cet artiste doit savoir vendre son talent et son originalité. Il est indispensable d'avoir un site internet et d'interagir sur les réseaux sociaux. Certains illustrateurs se tournent vers l'enseignement pour compléter leurs revenus. Qu'il soit polyvalent ou plus spécialisé, il est en tout cas très créatif et à l'écoute de ses clients.

- **SES COMPÉTENCES :** imaginer, dessiner, illustrer.
- **SA FORMATION :** il n'est pas nécessaire d'être diplômé pour exercer cette profession, mais une grande partie des illustrateurs aujourd'hui en activité est passée par une école d'art, type Beaux-Arts ou Penninghen. Pour la BD, une dizaine d'écoles (essentiellement privées) proposent des formations adaptées.

> POUR ALLER + *LOIN SUR LE NET*

designetartsappliques.fr : site national sur le design et les arts appliqués / architectes.org : ordre des architectes / graphiste.com : annuaires et appels d'offres pour graphistes et designers / jeunes.gouv.fr : portail des métiers de l'Internet.

> À LIRE *AUX ÉDITIONS DE L'ETUDIANT*

Les Métiers de la création et du design ; *Bien choisir son école d'art*

MARIE BRETIN | *illustratrice*

« Mon travail est à la fois personnel et très largement diffusé »

SON MÉTIER. *Marie Bretin exerce « dans [sa] bulle », dans le calme de son appartement parisien recouvert de croquis et de dessins. Elle est illustratrice et graphiste indépendante. Titulaire d'un DSAA design option graphisme, elle réalise ses productions au stylo, au crayon à papier ou bien à l'aquarelle. On peut les trouver dans des livres pour enfants et des articles de presse, sur des sacs en toile, des cartes postales ou encore des carnets de notes.*

Marie a par exemple illustré la couverture du livre Il suffirait d'un signe, *publié aux éditions Bayard jeunesse. « L'éditrice m'a contactée pour me demander si elle pouvait utiliser l'un de mes dessins publiés sur Instagram », se souvient la jeune femme. Une démarche courante, d'autant que son compte Instagram est suivi par près de 15 000 abonnés. Une vitrine essentielle pour se faire connaître.*

Le dessin en question représente une adolescente recroquevillée sur elle-même, vêtue d'une culotte rouge et d'un pull noir. Il exprime le mal-être de Mia, le personnage principal du roman. Marie accepte avec enthousiasme la proposition de l'éditrice. Elle reçoit alors un résumé de l'histoire et une demande : réaliser des dizaines de petits motifs, des chats, des fleurs et des milk-shakes. Ils seront disposés tout autour du dessin principal et représenteront l'univers de Mia. « J'étais folle de joie au moment de recevoir le livre », confie la jeune illustratrice, avant de souligner le paradoxe suivant : « Mon travail est à la fois personnel et très largement diffusé. »

SON CONSEIL. *« Il est important d'être présent sur les réseaux sociaux afin de faire connaître son travail. C'est d'ailleurs ainsi que j'ai décroché ma première collaboration. Je consacre chaque jour au moins une heure à mes comptes Instagram, Facebook, Pinterest et Tumblr. »*

MODE, TEXTILE

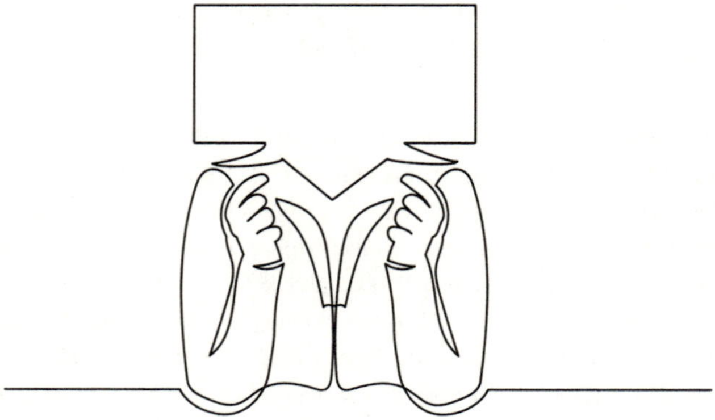

Le secteur de la mode et du textile regroupe à la fois de grandes et prestigieuses maisons de couture (en tête, LVMH, Kering, Chanel, Hermès...), des marques grand public et des créateurs autoentrepreneurs, qui tentent de se faire un nom. De nombreux jeunes rêvent d'y travailler. Le secteur de la mode compte près de 500 000 emplois en France, selon la Direction générale des entreprises. Quant à l'industrie textile, elle compte plus de 2 000 entreprises.

DESIGNER(EUSE) TEXTILE

- **NIVEAU D'ÉTUDES MINIMAL** : bac+4 • **SÉLECTIVITÉ** : moyenne à forte • **INSERTION** : moyenne
- **SALAIRE** : de 1 500 à 2 000 €

Doté d'un bon coup de crayon et d'une imagination débordante, il crée des tissus pour l'habillement, la décoration intérieure ou encore le linge de maison. Il conçoit les textures (laine, coton, lin...), dessine les motifs et définit les coloris. Sa créativité n'a pour limites que les contraintes liées aux matériaux – dont le coût – et aux procédés de fabrication. Ce professionnel collabore étroitement avec les stylistes et les chefs de produit. Le designer textile connaît sur le bout des doigts les tendances du marché, reste à l'écoute de son client et dispose d'un excellent sens de l'esthétisme. Il doit également maîtriser les logiciels de dessin assisté par ordinateur, le numérique étant également très présent dans le secteur. À noter qu'aujourd'hui, la plupart des designers textile travaillent en free-lance.

- **SES COMPÉTENCES :** imaginer, créer, proposer.
- **SA FORMATION :** un DN MADE mention mode. À chacun de choisir la spécialité qui lui conviendra le mieux : matières et matériaux textiles à Cannes, création mode et image et communication à Saint-Pierre, mode, matériaux, volume, savoir-faire et innovation à Tours, recherche et création textile/surface à Lyon, mode et textile à Strasbourg… Ce diplôme bac+3 peut être complété par un DSAA design de mode et innovation textile à l'ENSAAMA (École nationale supérieure des arts appliqués et des métiers d'art) à Paris, la mention mode à l'ESAAT (École supérieure des arts appliqués et du textile) de Roubaix, ou encore par le DSAA design au lycée La Martinière-Diderot, à Lyon. Nouveauté : L'ENSCI-les Ateliers propose un diplôme de grade master de designer textile, accessible désormais à partir du bac. Attention, les candidats sont nombreux pour toutes ces formations, pour un nombre de places limitées. Par exemple, le DN MADE recherche et création textile/surface de La Martinière-Diderot à Lyon affiche un taux d'accès de seulement 18 % sur Parcoursup.

INGÉNIEUR(E) TEXTILE

- **NIVEAU D'ÉTUDES MINIMAL :** bac+5 • **SÉLECTIVITÉ :** forte • **INSERTION :** bonne
- **SALAIRE :** plus de 2 500 €

Qui a dit que le monde du tissu se résumait au coton et à la laine ? Lorsqu'il travaille en bureau d'études, l'ingénieur textile imagine et conçoit de nouveaux matériaux dotés de qualités spécifiques (infroissables, résistants aux températures extrêmes, transparents, etc.). Il définit les procédés de fabrication, réalise les essais préalables à la commercialisation et prépare les demandes de brevet. Mais ce professionnel hautement qualifié peut aussi travailler en atelier de fabrication, où il organise l'activité des techniciens et des ouvriers en fonction des commandes et des délais. Il peut également être responsable du « *sourcing* », l'achat des matières premières. Son rôle est alors commercial. Quel que soit son poste, son exigence reste la même : produire mieux et plus, pour un coût moindre.

- **SES COMPÉTENCES** : chercher, créer, organiser.
- **SA FORMATION** : un diplôme d'ingénieur textile (notamment celui de l'ENSAIT, à Roubaix, l'ITECH à Lyon, HEI à Lille ou de l'ENSISA, à Mulhouse) ou le master professionnel métiers de la mode et du textile à Aix-Marseille Université.

MODÉLISTE

• **NIVEAU D'ÉTUDES MINIMAL** : bac • **SÉLECTIVITÉ** : faible à moyenne • **INSERTION** : moyenne
• **SALAIRE** : de 1 500 à 2 000 €

À partir du croquis réalisé par le styliste, le modéliste élabore un patron et construit le prototype du vêtement. Il travaille sa toile directement sur un buste d'atelier pour trouver le volume et l'aplomb désirés, mais il utilise aussi de plus en plus les logiciels de CFAO (conception et fabrication assistées par ordinateur) pour ajuster les formes après essayages sur mannequin et réaliser les opérations de coupe ou de gradation (c'est-à-dire pour construire différentes tailles de vêtements à partir d'un premier modèle) en vue d'une production en série. La patience est l'une de ses principales qualités, avec le bon maniement des aiguilles, car le styliste peut exiger plusieurs retouches, jusqu'à ce que le modèle « tombe » exactement comme il l'avait imaginé. Ce professionnel doit aussi être minutieux, faire preuve de dextérité et d'écoute. Dans la haute couture et chez les créateurs de mode, la fonction du modéliste est beaucoup plus créative que dans le prêt-à-porter.

- **SES COMPÉTENCES** : fabriquer, coudre, modeler.
- **SA FORMATION** : le DN MADE reste la formation clef pour débuter ses études dans la mode, avec une mention mode,

puis une spécialité au choix (collection vêtements et accessoires à Duperré, modes plurielles, création vêtements à Marseille, création, développement de collection de mode à Tourcoing...). De nombreuses écoles privées proposent également des doubles formations stylisme et modélisme. À bac+3, citons aussi la licence pro métiers de la mode, modélisme industriel délivrée par Créatech à Roanne (42).

MODISTE

• **NIVEAU D'ÉTUDES MINIMAL** : CAP • **SÉLECTIVITÉ** : faible à moyenne • **INSERTION** : difficile
• **SALAIRE** : de 1 500 à 2 000 €

Les chapeaux qu'il confectionne sont souvent des pièces uniques. Ses clients ? Des particuliers, des costumiers, des boutiques... Pour concevoir un nouveau modèle, il dessine un patron puis crée la forme du chapeau à l'aide de moules sur lesquels il applique la matière (paille, feutre), en tenant compte des tendances, de la personnalité de son client, de son physique. Même si, depuis quelques années, les chapeaux reviennent sur le devant de la scène, les débouchés restent limités dans cette profession.

SES COMPÉTENCES : dessiner, concevoir, confectionner.
SA FORMATION : le CAP métiers de la mode option chapelier-modiste permet d'exercer, mais il est possible de le compléter par un DN MADE mention mode. Ces formations sont un premier pas, mais ce qui comptera vraiment : le talent, le sens du client et la capacité à se créer un réseau, notamment d'acheteurs.

STYLISTE

• **NIVEAU D'ÉTUDES MINIMAL** : bac • **SÉLECTIVITÉ** : moyenne à forte • **INSERTION** : difficile
• **SALAIRE** : de 1 500 à 2 000 €

C'est le métier le plus emblématique du secteur ! Le styliste hume l'air du temps et les tendances du moment pour créer des collections qui viendront peupler les magasins quelques mois plus tard. On parle ainsi de « tendanceurs », recherchés par les entreprises. La première étape consiste à dessiner les modèles. Formes, teintes, étoffes, les croquis doivent être originaux mais garder la « patte » de la maison pour laquelle le styliste travaille. Une fois le projet approuvé, le modèle est réalisé sur ordinateur puis confié au modéliste qui réalise un premier prototype. Le styliste garde un œil sur tout et peut demander des réajustements et des modifications. Enfin, il élabore, à l'intention des fabricants, des fiches avec les caractéristiques de chaque vêtement : mesures, couleurs… Le travail du styliste est rythmé par le nombre de collections annuelles. Après plusieurs années de salariat, nombreux sont ceux qui se lancent en free-lance.

SES COMPÉTENCES : imaginer, créer, dessiner.

SA FORMATION : un DN MADE mention mode permet de faire ses premiers pas. Il est possible de poursuivre dans une école de mode ou en DSAA design option mode. À bac+5, le diplôme de l'ENSAD comporte une spécialisation design vêtement.

TECHNICIEN(NE) DE FABRICATION

• **NIVEAU D'ÉTUDES MINIMAL** : bac+2 • **SÉLECTIVITÉ** : moyenne à forte • **INSERTION** : moyenne
• **SALAIRE** : de 1 500 à 2 000 €

Lorsque le prototype quitte les ateliers de création, il est prêt à être réalisé en grand nombre. C'est à ce moment-là qu'intervient le technicien de fabrication : ce professionnel est chargé de lancer la production en série. À partir des patrons réalisés par le modéliste, ainsi que des consignes transmises par le styliste et le chef de produit, il conçoit un manuel technique qui regroupe toutes les informations nécessaires au montage du vêtement. Maîtrisant parfaitement la couture et les processus de production industrielle, il doit alors tenir compte de nombreuses contraintes, par exemple le risque de rétrécissement ou de déformation lors des opérations de presse. Plus le manuel technique est précis, mieux il sera compris par les couturiers qui vont travailler sur la collection… Même s'ils sont à l'autre bout du monde : Chine, Turquie, beaucoup d'usines de fabrication se trouvent à l'étranger. Le technicien de fabrication est donc amené à voyager pour rencontrer ses sous-traitants. La maîtrise de l'anglais est un sacré plus !

- **SES COMPÉTENCES :** analyser, planifier, conseiller.
- **SA FORMATION :** un BTS innovation textile option structures ou traitements (par exemple au lycée la Martinière-Diderot, à Lyon). À bac+3, citons les licences pro création textile et gestion de la production, management et productions textiles, fibres et textiles innovants au Cnam. Pour accéder à un poste d'ingénieur, il faudra passer par une école d'ingénieurs spécialisée comme l'ENSAIT à Roubaix ou l'ITECH Lyon (voir ingénieur textile).

> POUR ALLER + *LOIN SUR LE NET*

fhcm.paris : Fédération de la haute couture et de la mode / lamodefrançaise.org : Union française des industries mode et habillement / pretaporter.com : Fédération française du prêt-à-porter féminin / federation-habillement.fr : Fédération nationale de l'habillement.

Témoignage

CLOTILDE TOUSSAINT | *modiste*

« Chaque modèle est unique et je ne me lasse jamais »

SON MÉTIER. *Une consécration : Clotilde Toussaint a reçu le titre de Meilleure Ouvrière de France. Le fruit d'un an et demi de concours et d'une décennie à imaginer et à fabriquer des chapeaux et autres accessoires de tête (serre-tête, coiffes, voiles de mariée). Humble, la jeune femme rappelle qu'elle est « arrivée au chapeau par hasard ». Après le bac, elle s'inscrit à la fac, en histoire de l'art. Mais très vite, les cours théoriques l'ennuient. Alors elle doute, remet ses études en question et se documente au CIDJ (Centre d'information et de documentation jeunesse de Paris). Clotilde aime l'artisanat, la mode et le spectacle. Elle sera modiste, sa décision est prise ! « Tout est ensuite allé très vite. J'ai trouvé un CAP à l'École de la chambre syndicale de la couture parisienne et une alternance de deux ans chez Christian Dior », raconte la désormais créatrice de chapeaux.*
Le titre de Meilleure Ouvrière de France lui a donné envie de se lancer à son compte. Clotilde reçoit désormais dans son petit atelier, son « univers ». La première étape de son travail consiste à présenter les créations, à écouter et à conseiller. « J'aime particulièrement l'étape suivante, le fait de personnaliser le couvre-chef en fonction de la tenue, de la forme du visage, de la personnalité et des envies de mon client », confie-t-elle avant de préciser : « Chaque modèle est unique et je ne me lasse jamais. »

SON CONSEIL. *« Travailler pour plusieurs maisons avant de créer son atelier. Certaines d'entre elles sont spécialisées dans la fourrure, d'autres dans la paille. J'ai mis plus de dix ans à maîtriser les différents gestes et procédés de fabrication. »*

SPECTACLE, SCÈNE

Tous les métiers de ce secteur peuvent être rassemblés en un seul, celui d'artiste. Cette profession peut débuter à tout âge et s'exercer toute une vie ou juste quelques années. La France compte environ 21 000 entreprises dans le secteur du spectacle vivant, qui peuvent être publiques ou privées (source : Commission paritaire nationale de l'emploi et de la formation du spectacle vivant, en 2017).

COMÉDIEN(NE)

- **NIVEAU D'ÉTUDES MINIMAL** : aucun diplôme • **SÉLECTIVITÉ** : faible à forte • **INSERTION** : difficile
- **SALAIRE** : variable

Théâtre, cinéma et télévision sont les principaux domaines d'activité des comédiens. Pour joindre les deux bouts, beaucoup multiplient les expériences, voire travaillent dans d'autres secteurs (théâtre d'entreprise, doublage, tournages de publicités). Si le talent est primordial, il faut aussi une certaine disposition d'esprit et une extraordinaire persévérance pour enchaîner castings et stages auprès de metteurs en scène et réalisateurs. Car les places sont chères et les candidats nombreux. Autant que le talent, le carnet d'adresses peut se révéler déterminant.

- **SES COMPÉTENCES :** interpréter, jouer, raconter.
- **SA FORMATION :** le CNSAD (Conservatoire national supérieur d'art dramatique) à Paris, l'ESAD-TNS (École supérieure d'art dramatique du Théâtre national de Strasbourg), l'école du TNB (Théâtre national de Bretagne), l'École du Nord à Lille, l'ENSATT (École nationale supérieure des arts et techniques du théâtre) à Lyon ou un conservatoire à rayonnement communal, départemental ou régional. Il existe aussi de nombreuses écoles privées (cours Florent, Simon…) et des formations universitaires, à l'image de la licence arts du spectacle, parcours théâtre à Caen, Paris 8 ou Rennes. Les premières ont un coût : environ 5 000 € l'année pour le cours Florent par exemple. Les licences universitaires, quant à elles, sont publiques et non sélectives.

COSTUMIER(ÈRE)

• **NIVEAU D'ÉTUDES MINIMAL :** DTMS • **SÉLECTIVITÉ :** moyenne à forte • **INSERTION :** moyenne
• **SALAIRE :** de 1 500 à 2 000 €

Au cinéma comme au théâtre, les costumes doivent retranscrire une époque, une émotion, un style. Lorsque le metteur en scène ou le réalisateur crée le spectacle, il s'entretient avec le costumier, lui indique ses envies, ses idées. Ce dernier imagine alors les modèles et les fait fabriquer. Au-delà du style, il doit tenir compte des effets liés aux éclairages et du confort des artistes. Dans les petites productions, il n'est pas rare que le costumier fabrique lui-même chaque costume. La majorité des costumiers disposent du statut d'intermittent du spectacle. Quelques belles maisons, comme l'Opéra de Paris ou la Comédie-Française ont leurs propres costumiers salariés, mais les places sont bien entendu très chères.

- **SES COMPÉTENCES :** fabriquer, coudre, confectionner.
- **SA FORMATION :** le CAP métiers de la mode – vêtement flou ne suffit plus. Mieux vaut poursuivre avec un DN MADE, mention mode, spécialité costumier, ou costumier de spectacles (à Toulouse ou Sartrouville, par exemple), ou mention spectacle,

spécialité costume de scène (à Dole, Cannes, Toulouse), ou de la réalisation de costume à la dramaturgie pour le spectacle vivant (à Paris). Quelques écoles spécialisées dispensent leur propre formation, comme l'ENSATT et l'ESAD-TNS à Strasbourg. L'école Duperré propose une licence pro conception costume de scène et d'écran.

DANSEUR(SE)

• **NIVEAU D'ÉTUDES MINIMAL :** sans le bac • **SÉLECTIVITÉ :** faible à forte • **INSERTION :** difficile
• **SALAIRE :** variable

C'est un métier rigoureux et exigeant. Tel un sportif de haut niveau, le danseur doit entretenir son corps et conserver une hygiène de vie irréprochable. Pour les ballets classiques, l'apprentissage, très long, nécessite de débuter jeune dans un conservatoire de danse. Seuls les plus talentueux parviennent à intégrer le prestigieux Opéra de Paris, berceau des futures étoiles. *Idem* pour la danse contemporaine : les chorégraphes sont exigeants, les répétitions épuisantes, les revenus incertains. Après 40 ans, de nombreux professionnels se reconvertissent, souvent dans l'enseignement, la gestion de troupe ou la chorégraphie.

SES COMPÉTENCES : interpréter, improviser, s'exprimer.
SA FORMATION : le DNSP danseur, diplôme national supérieur professionnel, est préparé par six écoles : le centre national de danse contemporaine à Angers, l'école de danse de l'Opéra de Paris, le conservatoire national supérieur de musique et de danse (Paris et Lyon) et les écoles nationales supérieures de danse de Marseille et de Cannes. Certains centres privés, comme la Manufacture d'Aurillac, offrent aussi des formations dans le domaine. Il existe enfin des masters en danse à Paris 8 ou à l'université Paul-Valéry de Montpellier.

DÉCORATEUR(TRICE)-SCÉNOGRAPHE

- **NIVEAU D'ÉTUDES MINIMAL** : bac+3 • **SÉLECTIVITÉ** : forte • **INSERTION** : difficile
- **SALAIRE** : variable

Appelé scénographe au théâtre et décorateur au cinéma, c'est lui qui aménage l'espace où vont se dérouler les actes de la pièce ou les scènes du film. Selon les besoins de la production, il peut réaliser des maquettes, fabriquer lui-même des éléments de décor, travailler avec ses collègues accessoiristes et éclairagistes... Bref, c'est un touche-à-tout débrouillard, qui commence son travail par des ébauches, posées sur papier. C'est un artiste complet et organisé, qui travaille bien en équipe, maîtrise les logiciels de conception et de dessin assisté par ordinateur, toujours à l'écoute du réalisateur.

SES COMPÉTENCES : créer, mettre en espace, aménager.

SA FORMATION : l'ENSATT à Lyon, l'ENSAD à Paris, l'ESAD-TNS à Strasbourg, la Fémis. Le DNAT (diplôme national des arts et techniques) option design d'espace, la licence pro scénographie théâtrale, création de décor et approche de l'événementiel (Paris 3), le master arts de l'exposition et de la scénographie à l'université de Lorraine après une licence en arts du spectacle et audiovisuel et le mastère scénographie de StudioCréa Paris préparent à ce métier. Certaines écoles d'architecture délivrent un DPEA (diplôme propre aux écoles d'architecture) scénographe en trois ans (une rentrée tous les deux ans).

MUSICIEN(NE), CHANTEUR(SE)

- **NIVEAU D'ÉTUDES MINIMAL** : aucun diplôme • **SÉLECTIVITÉ** : faible à forte • **INSERTION** : difficile
- **SALAIRE** : variable

Le métier de musicien ou de chanteur offre plusieurs perspectives d'emploi. Certains choisissent la scène : ils sont solistes ou instrumentistes dans un orchestre classique ou dans un groupe. D'autres préfèrent les studios et travaillent uniquement pour les œuvres enregistrées telles que les albums, les musiques de film ou la publicité. Pour percer et durer, il ne suffit pas d'avoir une belle voix, ou de savoir jouer d'un instrument, il faut aussi de solides connaissances musicales, de la persévérance et un sens du contact, que ce soit avec le public ou les professionnels du secteur. Certains musiciens complètent leurs revenus en donnant des cours.

- **SES COMPÉTENCES :** créer, inventer, interpréter, composer.
- **SA FORMATION :** il n'y a pas de parcours type. Les écoles et conservatoires de musique à rayonnement communal, départemental ou régional assurent une formation classique. Les meilleurs pourront intégrer l'un des deux conservatoires nationaux supérieurs, à Paris et à Lyon. Il existe aussi des formations professionnelles en jazz et musiques actuelles. L'université Bordeaux-Montaigne propose une licence musiques actuelles, jazz et chanson, mais il est aussi possible de suivre un cursus de musicologie. La pratique d'un instrument dès le plus jeune âge est vivement conseillée.

RÉGISSEUR(EUSE) DE SPECTACLES

• **NIVEAU D'ÉTUDES MINIMAL :** bac+2 • **SÉLECTIVITÉ :** forte • **INSERTION :** difficile
• **SALAIRE :** 1 500 à 2 000 €

Il est indispensable au bon déroulement de tout spectacle ! Le régisseur de spectacles est en charge de la préparation, puis de la coordination, qu'elle soit humaine, matérielle ou technique, d'une représentation artistique. Il a la main sur la régie, évalue les besoins techniques, gère les plannings, les stocks, le matériel, mais aussi le budget. Naturellement, des compétences techniques sont indispensables, tout comme un attrait pour le travail en équipe, omniprésent dans ce métier prenant, mentalement et physiquement. Le régisseur doit être organisé, réactif, disposer d'un certain sang-froid et coordonner efficacement les équipes. Il peut être général, ou spécialisé dans la lumière ou le son.

- **SES COMPÉTENCES :** organiser, coordonner, gérer.
- **SA FORMATION :** un DN MADE mention spectacle, spécialité régie de spectacle, régie son pour le spectacle vivant, régie lumière (Nancy, Marseille, Nantes) peut être un bon premier pas. Il peut être complété par un master arts de la scène et du spectacle vivant (par exemple à Brest, Toulouse, Rennes, Lille, Lyon, Amiens…). L'école d'ingénieurs INSA Lyon propose de plus un mastère spécialisé directeur technique du spectacle vivant, ouvert au bac+5. Des établissements privés proposent également des formations, comme 3iS, avec son bachelor régie générale spectacle et événementiel.

> POUR ALLER + *LOIN SUR LE NET*

profilculture.com : site d'offres d'emploi dans les métiers de la culture et de la communication / culturecommunication.gouv.fr : le site du ministère de la Culture et son répertoire des métiers.

> À LIRE *AUX ÉDITIONS DE L'ETUDIANT*

Les Métiers du cinéma, des effets spéciaux et des jeux vidéo

LOLA RUDRAUF | *danseuse et chorégraphe*

« Le carnet d'adresses est essentiel, autant que le talent »

SON MÉTIER. *L'amour de Lola pour la danse commence à 5 ans. Après avoir lu* Martine, petit rat de l'opéra, *la fillette demande à ses parents de lui faire suivre des cours. Depuis, cette passion ne l'a jamais quittée. Au collège, elle réalise un cursus en section sportive scolaire, puis continue de danser tous les soirs, au lycée. Alors à 18 ans, lorsque chacun choisit son orientation, l'évidence d'en faire son métier est là. Elle commence à passer des auditions. « J'ai décidé de devenir tout de suite danseuse free-lance, j'ai intégré assez rapidement une compagnie. Bien sûr, il faut passer énormément d'auditions, dont beaucoup de ratées, ce qui n'est pas facile, mais cela fait partie du métier. Il ne faut jamais se décourager et continuer d'entraîner son corps tous les jours et de profiter au maximum du moment », décrit la jeune femme, aujourd'hui âgée de 26 ans. Au bout de plusieurs années à danser, Lola décide d'ajouter une corde à son arc et de devenir aussi chorégraphe. « J'ai passé un diplôme de notation du mouvement, au Conservatoire national supérieur de musique et de danse de Paris. La musique se note sur des partitions, et c'est pareil en danse. Cette formation permet de devenir assistant chorégraphe pour des compagnies », explique-t-elle. C'était fin 2019. Depuis, elle a travaillé sur des clips, des publicités et des courts-métrages. « Le carnet d'adresses est essentiel, autant que le talent. Si un tournage se passe bien avec un réalisateur, il me recommande à son entourage, tout fonctionne par le bouche-à-oreille », souligne Lola, qui se réjouit de n'avoir aucune journée type. Sa vie professionnelle se déroule en fait en deux temps : des périodes très intenses, entre tournages et répétitions, pour préparer les chorégraphies, travailler avec les danseurs. Et des moments plus calmes, où elle envoie des mails, prend des rendez-vous, se renseigne sur les réalisateurs et s'occupe de l'administratif (elle a le statut d'intermittent du spectacle). Et bien sûr, elle continue de danser. « Pour réussir, il faut être passionné et ne pas compter ses heures, mais aussi être patient, car la danse est un travail avec son corps, qui demande d'être indulgent avec lui. Si on le brusque trop, il ne pourra pas durer toutes ces années. »*

SON CONSEIL. *« Aller à des spectacles, tous les spectacles possibles, pour se faire un avis critique et trouver son style. La danse contemporaine apprécie l'hybride, alors il ne faut pas hésiter à aller voir du cirque, du théâtre, de tout ! Cette curiosité est importante. Et c'est aussi l'occasion d'aller rencontrer les artistes à la fin du spectacle, d'échanger avec eux, de commencer à se construire un réseau. »*

LANGUES

La mondialisation des échanges implique un besoin croissant de traducteurs et d'interprètes, dans des domaines parfois très techniques. Les langues les plus prisées sont généralement les langues rares.

INTERPRÈTE

- **NIVEAU D'ÉTUDES MINIMAL** : bac+5 • **SÉLECTIVITÉ** : forte • **INSERTION** : moyenne
- **SALAIRE** : variable

C'est un passeur de mots. L'interprète traduit de manière orale un discours d'une langue à une autre. Si la langue est importante, ce professionnel doit savoir avant tout retranscrire avec justesse les nuances, les sous-entendus, les traits d'humour tout en restant neutre et détaché. L'interprète peut travailler en « consécutive » : il écoute un discours, prend des notes, puis le retranscrit dans la langue voulue. Mais, le plus souvent, il est en « simultané » : il traduit le discours en même temps que l'orateur s'exprime (par exemple en conférence ou en direct à la télé). La plupart sont indépendants et maîtrisent au moins deux langues étrangères. Quelques-uns sont salariés d'une grande entreprise ou d'un organisme international, tel que la Commission européenne. Des opportunités se développent aussi dans l'interprétation de la langue des signes française.

- **SES COMPÉTENCES :** écouter, échanger, communiquer.
- **SA FORMATION :** les écoles les plus renommées pour devenir interprète sont l'ESIT (Paris) et l'ISIT (Arcueil), elles recrutent toutes les deux à partir de bac+3, souvent après une licence LEA ou LLCE. Il n'est cependant pas obligatoire de faire des études linguistiques pour y postuler. Autres cursus possibles : l'ESTRI, à Lyon, ou l'Itiri à Strasbourg. La filière universitaire dispose également de bonnes formations, comme la licence pro traduction interprétation à Perpignan.

PROFESSEUR(E) DE LANGUE VIVANTE ÉTRANGÈRE

• **NIVEAU D'ÉTUDES MINIMAL :** bac+5 • **SÉLECTIVITÉ :** forte • **INSERTION :** difficile
• **SALAIRE :** de 1 500 à 2 000 €

« My taylor is rich ? » Dans la mémoire de certains, les cours d'anglais se résument seulement à quelques phrases inutiles, qui ne veulent d'ailleurs pas dire grand-chose ! Mais au-delà de la grammaire et du vocabulaire, le professeur de langues apprend aussi à ses élèves à s'ouvrir à une nouvelle culture, à un nouveau monde. Textes, films, chansons, voyages, tout est bon pour captiver la classe. Ce prof enseigne dans les établissements publics, les écoles privées, les centres de langues ou de formation continue. Ses élèves peuvent être des enfants, des ados, comme des adultes. Pédagogue et patient, il maîtrise naturellement parfaitement la langue dans laquelle il enseigne, à l'écrit comme à l'oral.

- **SES COMPÉTENCES :** enseigner, transmettre, communiquer.
- **SA FORMATION :** un master 1 (bac+4) de préférence MEEF, est nécessaire pour passer le CAPES (certificat d'aptitude au professorat de l'enseignement du second degré) ou l'agrégation (les épreuves d'admissibilité ont lieu en fin de M1 et celles d'admission en fin de M2). À la session 2020, 1 450 places sont offertes au concours externe du CAPES de professeur de langues vivantes étrangères et régionales avec de grandes disparités selon la langue (823 en anglais, 327 en espagnol, 245 en allemand, contre seulement 10 en chinois, 6 en arabe, 3 en japonais…). Pour enseigner à l'université, un doctorat est requis.

TERMINOLOGUE

• **NIVEAU D'ÉTUDES MINIMAL** : bac+5 • **SÉLECTIVITÉ** : moyenne à forte • **INSERTION** : moyenne
• **SALAIRE** : de 1 500 à 2 000 €

Comment traduire « happy hour » en français ? C'est ce genre de question que se pose le terminologue. Ce pro des mots cherche les équivalents français des termes étrangers dans les domaines techniques (contrairement au lexicologue, qui s'occupe des mots courants, que l'on trouve dans les dictionnaires). S'il n'y en a pas, il le crée (« happy hour » est ainsi devenu « la bonne heure »). Pour gagner en efficacité, il est spécialisé dans le domaine qu'il couvre : aéronautique, chimie, informatique… Maîtrisant souvent plusieurs langues, le terminologue est curieux, pédagogue et rigoureux. Ce métier peu connu offre de nombreux débouchés dans les nouvelles technologies.

SES COMPÉTENCES : analyser, traduire, interpréter.

SA FORMATION : une formation en traduction, notamment à l'ESIT ou à l'ISIT (Institut de management et de communication interculturels), peut conduire à ce métier. Certains masters (LEA par exemple) proposent une spécialisation en terminologie (université de Lille, université Lumière-Lyon 2). D'autres sont spécialisés dans un secteur comme le master traduction et terminologie juridiques et financières de l'université Sorbonne Nouvelle.

TRADUCTEUR(TRICE) LITTÉRAIRE

• **NIVEAU D'ÉTUDES MINIMAL** : bac+5 • **SÉLECTIVITÉ** : faible à forte • **INSERTION** : difficile
• **SALAIRE** : variable

Traduire Bret Easton Ellis, Michael Connelly ou encore Stieg Larsson… Un rêve pour les mordus de littérature ! Mais la traduction littéraire est un exercice ardu qui exige de réels talents d'écriture pour faire ressortir tout le « sel » d'un auteur étranger, la musicalité de son écriture, le rythme de son phrasé. D'autant que le traducteur se doit de disparaître derrière l'œuvre, pour faire oublier au lecteur qu'il lit une traduction. Dans le milieu, les places sont rares, mais l'auteur qui traduit brillamment un premier livre d'un auteur à succès est souvent amené à s'occuper des futurs de celui-ci. Les traducteurs littéraires peuvent également travailler pour le cinéma ou la télévision, en sous-titrage ou en doublage. La tâche est alors beaucoup plus technique.

- **SES COMPÉTENCES :** traduire, écrire, transmettre.
- **SA FORMATION :** encore une fois, l'ESIT et l'ISIT sont deux écoles reconnues dans le milieu. Il existe également plusieurs masters adaptés à la traduction littéraire : traduction littéraire et transferts culturels à Aix-Marseille Université, traduction littéraire et édition critique à Lyon 2, études anglophones spécialité traduction littéraire à Paris-Diderot... Pour la traduction audiovisuelle : master pro traduction et interprétation à Strasbourg, master pro traduction, interprétation et médiation linguistique à l'université Jean-Jaurès (Toulouse), master pro traduction anglaise spécialisé à Paris-Nanterre. Les langues dites rares (arménien, cambodgien, malgache, népali, swahili...) sont enseignées à l'Inalco Paris.

TRADUCTEUR(TRICE) TECHNIQUE

• **NIVEAU D'ÉTUDES MINIMAL :** bac+5 • **SÉLECTIVITÉ :** moyenne à forte • **INSERTION :** difficile
• **SALAIRE :** variable

Si la traduction littéraire attire nombre de candidats, la traduction technique reste celle qui offre le plus de perspectives d'emploi. Près des trois quarts des traductions concernent des documents commerciaux, techniques, scientifiques. Spécialisé dans un ou plusieurs des 25 domaines recensés par la SFT (Société française des traducteurs), le traducteur technique apporte une connaissance du sujet au-delà de la simple traduction littérale. Il travaille surtout pour l'édition et pour les entreprises. Quelques rares opportunités existent dans la fonction publique (ministères, Nations unies, Union européenne), où les traductions concernent des documents juridiques, économiques et diplomatiques. Il faut alors détenir une parfaite connaissance des administrations française et internationale et du droit.

- **SES COMPÉTENCES** : traduire, écrire, transmettre.
- **SA FORMATION** : une formation technique complétée par un diplôme d'école de traduction tel que le programme de mobilités européennes en traduction spécialisée de l'ISIT ou le diplôme de chargé de traduction spécialisée et d'interprétation de liaison à l'ESTRI (École supérieure de traduction et relations internationales) ; un master en traduction spécialisée (Grenoble, Paris-Est), traductions scientifiques et techniques (université de Haute-Alsace, à Mulhouse) ou traduction éditoriale, économique et technique à l'ESIT (Paris). Un diplôme de niveau bac+3 permet de se présenter aux concours – sélectifs – de la fonction publique (ministères français et Union européenne).

> POUR ALLER + LOIN SUR LE NET

aiic.net : Association internationale des interprètes de conférence / sft.fr : Syndicat national des traducteurs professionnels.

Anne-Claire Guillaume Rabany | *traductrice*

« En traduisant, il faut être vigilant à tout et bien comprendre à qui l'on adresse »

Témoignage

SON MÉTIER. *Au lycée, Anne-Claire sait qu'elle aime les langues. Partie un mois aux États-Unis dans une famille, elle a envie d'une orientation tournée vers cette matière. Mais quoi ? La bachelière se tourne vers une prépa littéraire. « Mes professeurs d'anglais et d'espagnol ont vu que j'aimais la traduction, ce sont eux qui m'ont parlé des écoles spécialisées dans ce domaine », se souvient-elle. Elle postule à l'ISIT, où elle est admise. « J'en garde un excellent souvenir. J'ai adoré la variété des sujets que l'on était amenés à traduire ! Cela allait des nanotechnologies dans le maquillage aux feux de forêt. »*
Le secteur de la traduction n'est pas réputé facile. Mais Anne-Claire trouve un premier emploi rapidement, grâce à un camarade d'école, en stage dans une entreprise londonienne qui recrute. La jeune diplômée part donc pour deux ans en Angleterre. Elle rentre ensuite en France, où elle est embauchée par un éditeur de logiciel danois, qui veut traduire tout son catalogue en français. Aujourd'hui, elle est traductrice senior chez Sage, un éditeur franco-britannique de logiciels RH. « Concrètement, je traduis les interfaces utilisateurs de nos produits, par exemple les fenêtres, écrans, messages d'erreurs, noms de colonnes, textes du logiciels, documentation, aides en ligne… J'aime cet exercice : on me donne un message et je dois le transformer pour le rendre parfaitement compréhensible et fluide dans une autre langue », se réjouit Anne-Claire, qui déclare « beaucoup s'amuser » dans son métier.
Cette professionnelle des mots met néanmoins en avant la rigueur parmi les qualités essentielles dans ce métier. « Il faut faire très attention, car cela peut provoquer des erreurs graves. En traduisant, il faut vigilant à tout, bien comprendre à qui l'on s'adresse, ne jamais faire de fautes, trouver le bon ton », détaille-t-elle. Elle travaille aussi sur des processus de traduction plus efficaces, dans son entreprise.

SON CONSEIL. *« Ne pas hésiter à se spécialiser dans un domaine précis. Tous les traducteurs en poste ont un domaine de compétences précis, qu'ils maîtrisent parfaitement. La traduction littéraire donne envie à beaucoup, mais il y a peu de travail. »*

SCIENCES HUMAINES ET SOCIALES

Ce secteur regroupe de nombreuses disciplines qui s'apprennent à l'université. Outre l'enseignement, les diplômés peuvent aussi intégrer des organismes publics (mairies, centres de recherche) ou le secteur privé (certaines entreprises sont friandes de ces profils polyvalents et adaptables).

CARTOGRAPHE

- **NIVEAU D'ÉTUDES MINIMAL** : bac+2 • **SÉLECTIVITÉ** : forte • **INSERTION** : moyenne
- **SALAIRE** : de 1 500 à 2 000 €

Il existe deux grandes catégories de cartographes. Le cartographe-topographe travaille notamment à l'IGN (Institut national de l'information géographique et forestière). Grâce à des relevés topographiques et à des prises de vues aériennes, il conçoit des cartes géographiques. Il matérialise les routes et les cours d'eau, mais aussi les reliefs, les forêts… Quant au cartographe-géographe, il est davantage tourné vers la géographie humaine : il réalise des cartes, des images et des schémas sur des sujets précis (répartition de la population, espérance de vie, aménagement…). Il combine données sociales et économiques.

SES COMPÉTENCES : représenter, cartographier, concevoir.

SA FORMATION : un BTS études et travaux géographiques est un premier diplôme qui permet d'intégrer le marché du travail. À bac+3, il est possible d'opter pour une licence pro aménagement du territoire et urbanisme option cartographie ou cartographie, topographie et systèmes d'information géographique à Orléans ou La Rochelle ; une licence pro géomatique et environnement à l'ENSG (École nationale des sciences géographiques). À bac+5, cette école délivre aussi un titre d'ingénieur en trois ans après une prépa scientifique. Il existe enfin plusieurs masters dans la spécialité : géographie, traitement de l'information géographique pour l'aménagement et le développement à Rouen, eau, cartographie et géomatique à Orléans, cartographie des espaces à risques à Nantes…

DÉMOGRAPHE

• **NIVEAU D'ÉTUDES MINIMAL :** bac+5 • **SÉLECTIVITÉ :** moyenne à forte • **INSERTION :** difficile
• **SALAIRE :** de 2 000 à 2 500 €

Le démographe est un statisticien des populations. À partir de ses observations et des données qu'il a recueillies (enquêtes, recensements), il cherche à comprendre comment se constitue, se renouvelle ou se déplace une population. La moyenne d'âge d'une région a augmenté ? Le taux de natalité du pays a chuté ? Autant de données qui lui permettent de prévoir les évolutions d'une ville, d'une région ou d'un pays. Il travaille souvent au sein d'un organisme de recherche, à l'exemple de l'INED (Institut national d'études démographiques). Ce professionnel dispose d'un excellent niveau en mathématiques et en statistiques, mais aussi en sciences économiques et sociologiques. Esprit de synthèse et minutie seront ses forces.

SES COMPÉTENCES : calculer, synthétiser, interpréter.

SA FORMATION : à l'université, il existe quelques bac+5 spécialisés. Quelques exemples : les masters expert démographe, dynamique des populations à l'IDUP (Institut de démographie de l'université Paris 1) ; démographie et données sociales à Amiens ; démographie à Strasbourg… Quelques écoles offrent également des formations reconnues bien que moins spécialisées, comme l'EHESS, Sciences po ou encore l'ENSAI à Rennes.

GÉOGRAPHE

• **NIVEAU D'ÉTUDES MINIMAL** : bac+5 • **SÉLECTIVITÉ** : forte • **INSERTION** : difficile
• **SALAIRE** : de 1 500 à 2 000 €

Un pied dans les sciences de la Terre, l'autre dans les sciences humaines, le géographe observe à la loupe un territoire (ville, région, pays) et tous les facteurs qui influencent son organisation. Il peut s'agir de facteurs naturels (relief, climat) comme de facteurs sociaux et économiques (nouveaux équipements industriels, déplacement des populations). Grâce à cette analyse, il peut conseiller les décideurs (mairies, régions, ministères) quant à leur politique d'aménagement du territoire. Dévier un cours d'eau pour alimenter une usine peut, par exemple, avoir de graves conséquences sur la faune et la flore. Le géographe peut être un enseignant-chercheur, et donc donner des cours, ou être recruté dans le privé, comme expert de l'aménagement du territoire, ou en maîtrise des risques, par exemple. Néanmoins, dans les faits, la majorité de ces professionnels sont aussi des professeurs.

SES COMPÉTENCES : analyser, diagnostiquer, conseiller.

SA FORMATION : à l'université, il existe de nombreux masters en géographie physique ou humaine. L'inscription permet de se présenter aux concours de l'Éducation nationale pour enseigner en collège ou en lycée (CAPES et agrégation). Seules quelques écoles proposent des formations dans le domaine (ENSG à Marne-la-Vallée, IUGA [Institut d'urbanisme et de géographie alpine], à Grenoble). La poursuite vers le doctorat permet d'envisager une carrière d'enseignant-chercheur ou de consultant.

HISTORIEN(NE)

• **NIVEAU D'ÉTUDES MINIMAL** : bac+5 • **SÉLECTIVITÉ** : moyenne à forte • **INSERTION** : difficile
• **SALAIRE** : de 1 500 à 2 000 €

Il enquête, fouille les archives, dévore des milliers de livres… L'historien cherche à comprendre des faits survenus dans notre passé. Pour cela, l'étude du contexte social, économique et politique est primordiale. Il émet des hypothèses, les vérifie, et propose une interprétation des événements. Le métier est passionnant, mais les débouchés sont limités et se trouvent quasiment tous dans l'enseignement et la recherche. Depuis plusieurs années, les nouvelles technologies se sont emparées du secteur. Désormais, les recherches sont facilitées *via* divers outils numériques. L'historien se spécialise dans un domaine, souvent une période bien définie.

SES COMPÉTENCES : chercher, enquêter, comprendre.

SA FORMATION : ceux qui se destinent à l'enseignement suivront la voie classique, de la licence au doctorat, ou des classes préparatoires littéraires suivies de l'ENS (École normale supérieure). Les autres ont à leur disposition de nombreux masters recherche en histoire, par exemple : études médiévales à l'École nationale des chartes ; histoire, civilisations, patrimoine à Aix-en-Provence ; histoire et patrimoine, mondes modernes et contemporains à l'ICES (Institut catholique d'études supérieures) ; histoire et études européennes, spécialité sciences historiques, parcours politique et conflit à Metz…

SOCIOLOGUE

• **NIVEAU D'ÉTUDES MINIMAL** : bac+5 • **SÉLECTIVITÉ** : moyenne à forte • **INSERTION** : difficile
• **SALAIRE** : de 1 500 à 2 000 €

En dehors de l'université et des centres de recherche, on trouve des sociologues au sein de grandes entreprises, de sociétés de marketing, de cabinets d'études de marché… Quel que soit leur environnement de travail, ces professionnels conservent le même objectif : comprendre les mécanismes qui régissent les activités humaines et les rapports entre individus et au sein de groupes de population. Le sociologue est avant tout un professionnel de terrain dont l'activité est basée sur un travail rigoureux : questionnaires, entretiens, observations.

- **SES COMPÉTENCES** : observer, enquêter, interpréter.
- **SA FORMATION** : un passage par l'EHESS (École des hautes études en sciences sociales) après un bac+3 ou après une licence en sociologie, droit, économie, ou mieux une double licence (en particulier sociologie et économie à Lille 1 ou Nice), plusieurs masters ouvrent les portes des entreprises, par exemple : sociologie d'enquête à Paris-Descartes, sociologie et développement des organisations à l'université Lumière-Lyon 2, études et diagnostics sociologiques à Nice, problèmes sociaux et politiques urbaines à Bordeaux... Un master recherches sociologiques permet de poursuivre vers un doctorat et de devenir enseignant-chercheur ou chercheur à l'université, au CNRS (Centre national de la recherche scientifique) ou à l'EHESS.

URBANISTE

- **NIVEAU D'ÉTUDES MINIMAL** : bac+5 • **SÉLECTIVITÉ** : moyenne à forte • **INSERTION** : moyenne
- **SALAIRE** : de 2 000 à 2 500 €

Qu'il participe à la réhabilitation d'un quartier d'habitation ou à la construction d'une zone industrielle, l'urbaniste est un acteur majeur de l'organisation et du développement des villes. Avant d'imaginer les aménagements, il tient compte des contraintes économiques, sociales et politiques, et engage une vaste concertation avec les élus locaux, les représentants des associations et les habitants. Au quotidien, il doit considérer les différentes échelles en anticipant, par exemple, les conséquences de la modification d'un petit quartier sur l'ensemble d'une agglomération. Pour cela, l'urbaniste prend en compte de nombreux paramètres (environnement, logements, déplacement...) et travaille en grande partie sur le terrain.

- **SES COMPÉTENCES :** étudier, imaginer, proposer.
- **SA FORMATION :** il existe une vingtaine de masters en la matière. Certains, comme celui proposé par l'Institut d'urbanisme et de géographie alpine à Grenoble (IUGA), sont disponibles en alternance. Des écoles d'architecture, comme l'ENSAPVS à Paris ou l'ENSAG à Grenoble, et d'ingénieurs, proposent aussi une spécialisation en urbanisme. L'APERAU (Association pour la promotion de l'enseignement et de la recherche en aménagement et urbanisme) accrédite pour sa part un certain nombre de masters appréciés des professionnels.

> POUR ALLER + *LOIN SUR LE NET*

insbs.cnrs.fr : Institut des sciences humaines et sociales du CNRS / scienceshumaines.com : magazine *Sciences humaines* / liens-socio.org : portail d'informations en sciences sociales / apse-asso.fr : Association des professionnels en sociologie de l'entreprise / msh-reseau.fr : réseau national des Maisons des sciences de l'homme.

Témoignage

MORITZ HUNSMANN | *sociologue*

« Le sociologue oscille entre l'enquête de terrain et son bureau »

SON MÉTIER. *« Je choisis des thèmes de recherche qui, d'un point de vue social et politique, posent question. J'espère ainsi contribuer à une meilleure gestion des problèmes sanitaires en améliorant la compréhension que nous en avons », explique Moritz Hunsmann, sociologue au CNRS (Centre national de la recherche scientifique).*
Il a notamment étudié les politiques de lutte contre le sida en Tanzanie. Ce travail l'a amené à rencontrer des décideurs politiques, des ONG (organisations non gouvernementales) et des professionnels de la santé africains. L'activité du sociologue peut, selon lui, être divisée en quatre temps : conception du projet de recherche, réalisation des entretiens ou des questionnaires, traitement des données recueillies, puis publication d'un ouvrage ou d'articles dans des revues scientifiques. « Le sociologue oscille entre l'enquête de terrain et son bureau, entre l'échange, les rencontres et la solitude de l'écriture », prévient Moritz. Le sociologue a toujours aimé changer d'horizon. Après quatre années passées à l'IEP (institut d'études politiques) d'Aix-en-Provence, il intègre le master en sciences sociales de l'EHESS (École des hautes études en sciences sociales), à Paris, et se lance dans une thèse. « J'ai été recruté par le CNRS après deux ans de contrat postdoctoral à l'Institut de recherche interdisciplinaire sur les enjeux sociaux. Beaucoup de chercheurs n'ont pas cette chance au début de leur carrière », préfère-t-il rappeler. Il travaille aujourd'hui sur deux sujets : les programmes sanitaires internationaux et les enjeux de santé environnementale liés aux pollutions industrielles, en Afrique et en France.

SON CONSEIL. *« Choisir un cursus qui permet de faire une petite enquête de terrain avant le master. J'ai eu cette opportunité en deuxième année. »*

Le grand livre des métiers

PARTIE 5

SE CONSACRER AUX AUTRES

SE CONSACRER **AUX** AUTRES

Ces métiers ont un point commun : ils partent d'une passion, d'une véritable vocation. Difficile d'imaginer une carrière dans l'enseignement, le social, ou le soin sous toutes ses formes, sans avoir cette envie de se tourner vers l'autre.

ENSEIGNEMENT

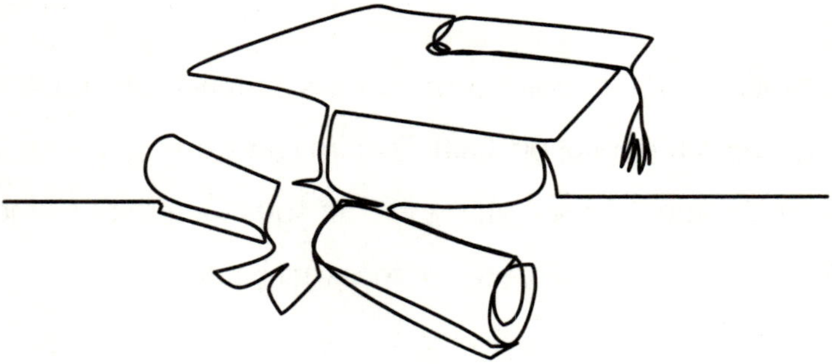

Alors que le nombre d'inscrits aux concours de l'enseignement se réduit, le ministère de l'Éducation nationale tente de relancer les vocations. Les jeunes diplômés sont donc les bienvenus pour devenir professeur. À condition bien sûr d'en avoir la vocation.

CONSEILLER(ÈRE) PRINCIPAL(E) D'ÉDUCATION

- **NIVEAU D'ÉTUDES MINIMAL** : bac+5 • **SÉLECTIVITÉ** : forte • **INSERTION** : difficile
- **SALAIRE** : 2 000 à 2 500 €

Le CPE (conseiller principal d'éducation) est une pièce maîtresse dans le fonctionnement des collèges et des lycées. Il veille à ce que l'ordre règne dans l'établissement et à ce que les élèves soient assidus. Il gère donc les retards et absences et fait appliquer le règlement intérieur. Pour l'assister dans cette mission, il peut compter sur les surveillants. Mais il intervient aussi sur le terrain social et pédagogique. Des élèves veulent créer un journal, monter un club d'échecs ? Il les aide à trouver une salle, un financement… Régulièrement en contact avec les professeurs, les familles et le chef d'établissement, il rend la vie de l'établissement paisible et propice à l'apprentissage. Il est aussi en lien avec les élèves en difficulté et peut être amené à rencontrer leurs familles. Rigoureux, mais humain, il apprécie le contact avec les jeunes.

- **SES COMPÉTENCES :** communiquer, organiser, surveiller.
- **SA FORMATION :** le concours de recrutement des CPE est ouvert aux étudiants inscrits en master MEEF (métiers de l'enseignement, de l'éducation et de la formation) dans une ESPE (école supérieure du professorat et de l'éducation). Les épreuves d'admissibilité ont lieu en fin de M1 et celle d'admission en fin de M2. Les places sont chères : 340 postes offerts au concours externe en 2020, pour plus de 5 600 candidats.

ENSEIGNANT(E) À L'ÉTRANGER

• **NIVEAU D'ÉTUDES MINIMAL** : bac+5 • **SÉLECTIVITÉ** : forte • **INSERTION** : difficile
• **SALAIRE** : variable

De Shanghai à Vienne en passant par Dakar, des centaines d'établissements français recrutent des enseignants dans toutes les disciplines. À l'école, en collège ou en lycée, les attributions de ces expatriés sont proches de celles de leurs collègues restés sur le sol français puisque, au final, ils préparent les élèves aux mêmes examens français (diplôme national du brevet et baccalauréat notamment). Les postes sont attribués pour plusieurs années et le contrat est souvent renouvelable. Selon les cas, la maîtrise de la langue du pays d'accueil est exigée ou fortement recommandée. Quel que soit son statut, l'enseignant à l'étranger ne peut être motivé par le seul goût des voyages ou par des revenus souvent plus attractifs qu'en France : il doit aussi faire preuve d'une grande curiosité pour les autres et pour leur culture.

- **SES COMPÉTENCES :** former, transmettre, communiquer.
- **SA FORMATION :** les enseignants titulaires peuvent postuler après trois ans d'exercice dans la fonction auprès de l'agence pour l'enseignement français à l'étranger, notamment. Les non-titulaires sont recrutés localement sur candidature directement adressée aux établissements convoités. Les établissements privés emploient également des enseignants diplômés.

ENSEIGNANT(E)-CHERCHEUR(SE)

• **NIVEAU D'ÉTUDES MINIMAL** : bac+8 • **SÉLECTIVITÉ** : forte • **INSERTION** : difficile
• **SALAIRE** : de 2 000 à 2 500 €

À l'université, les cours dispensés aux étudiants sont extrêmement spécialisés : civilisation anglaise, histoire médiévale, fission nucléaire… Les professeurs, appelés enseignants-chercheurs, se doivent donc d'être de fins connaisseurs de leur discipline. Pour cela, ils consacrent, en plus des heures d'enseignement, une grande partie de leur temps à la recherche (fondamentale ou appliquée) et à la rédaction de publications. Ils interviennent également auprès d'étudiants, lors des travaux de thèses par exemple. L'enseignant-chercheur n'est donc pas uniquement un érudit passionné par sa discipline, il est aussi un véritable pédagogue. Régulièrement invité à des colloques et conférences, il peut aussi diriger un mémoire ou une thèse, en n'oubliant pas de corriger ses copies.

- **SES COMPÉTENCES** : enseigner, transmettre, chercher, encadrer.
- **SA FORMATION** : titulaire d'une thèse de doctorat, le candidat doit obtenir une HDR (habilitation à diriger des recherches). Pour cela, il s'inscrit sur une liste de qualification. S'il est sélectionné par le Conseil national des universités, il peut passer les concours de recrutement organisés directement par les établissements supérieurs pourvoyeurs de postes. Il passe alors devant un comité de sélection, composé d'enseignants-chercheurs et de membres de l'université. Il est ensuite nommé par le conseil d'administration de l'université. Peu de postes sont ouverts chaque année.

FORMATEUR(TRICE) D'ADULTES

• **NIVEAU D'ÉTUDES MINIMAL** : bac+3 • **SÉLECTIVITÉ** : moyenne à forte • **INSERTION** : bonne
• **SALAIRE** : de 2 000 à 2 500 €

Contrairement à l'enseignant de l'Éducation nationale, ce professionnel s'adresse à un public d'adultes. Salariés, travailleurs indépendants, demandeurs d'emploi, ses élèves cherchent à approfondir leurs connaissances, à se préparer à des examens ou à se reconvertir. Les enseignements dispensés dans le cadre de la formation continue sont très variés. Ils portent sur des disciplines classiques (mathématiques, français, anglais...), des matières professionnelles (comptabilité, nouveaux logiciels...), des « savoir-être » (prendre la parole en public, manager une équipe...). À chacun sa (ou ses) spécialité(s) ! Le formateur d'adultes est le plus souvent employé par un organisme spécialisé dans la formation continue. Il rencontre des profils d'élèves très variés, qui sont avant tout des clients. Certains paient (très) cher pour l'écouter.

- **SES COMPÉTENCES** : transmettre, former, communiquer.
- **SA FORMATION** : de nombreux formateurs sont des autodidactes qui se sont tournés vers la formation après une autre expérience professionnelle. Cependant, aujourd'hui, le nombre de formations initiales spécifiques progresse, à bac+3 (licence pro formateur en milieu professionnel, licence pro formateur d'adultes...) ou à bac+5 (master sciences de l'éducation et de la formation des adultes...).

PROFESSEUR(E) DE COLLÈGE ET DE LYCÉE

• **NIVEAU D'ÉTUDES MINIMAL** : bac+5 • **SÉLECTIVITÉ** : forte • **INSERTION** : moyenne
• **SALAIRE** : de 2 000 à 2 500 €

Grâce à ses connaissances et à ses compétences d'enseignant, le professeur transmet son savoir à ses élèves (collégiens ou lycéens). Mais attention, il doit suivre un canevas, instauré chaque année par l'Éducation nationale : c'est le fameux programme. Dans les établissements de second degré, deux catégories d'enseignants coexistent : les titulaires du CAPES (certificat d'aptitude au professorat de l'enseignement du second degré) et ceux de l'agrégation. Il est également possible d'être contractuel : il n'est pas fonctionnaire, mais dispose d'une sorte de CDD reconductible. Tous exercent le même métier ; les différences concernent le statut, le salaire et le temps de travail. En plus des heures de cours, des réunions et des conseils de classe, les profs doivent consacrer du temps à la préparation des cours et à la correction des copies. Leurs journées sont donc bien chargées !

- **SES COMPÉTENCES :** enseigner, transmettre, écouter.
- **SA FORMATION :** les concours du CAPES, du CAFEP-CAPES (l'équivalent du CAPES pour l'enseignement privé) et de l'agrégation sont accessibles aux étudiants inscrits en master MEEF (métiers de l'enseignement, de l'éducation et de la formation) préparé dans les ESPE (écoles supérieures du professorat et de l'éducation). Les épreuves d'admissibilité se déroulent en fin de M1 et celles d'admission en fin de M2. À l'issue des épreuves écrites, les candidats admissibles se voient proposer un contrat leur permettant d'effectuer des stages en responsabilité sous la forme d'un tiers-temps de service rémunéré avant de passer les épreuves d'admission en juin de l'année suivante. Ils seront accompagnés par un tuteur. En 2020, 5 490 postes ont été ouverts pour le concours externe du CAPES, 1 006 pour le CAFEP-CAPES et 1 555 pour le concours externe de l'agrégation. Cette dernière se prépare notamment dans les ENS (écoles normales supérieures).

PROFESSEUR(E) DE LYCÉE PROFESSIONNEL OU TECHNIQUE

• **NIVEAU D'ÉTUDES MINIMAL** : bac+5 • **SÉLECTIVITÉ** : forte • **INSERTION** : moyenne
• **SALAIRE** : de 2 000 à 2 500 €

Dans les lycées professionnels, les professeurs peuvent enseigner plusieurs disciplines à leurs élèves. S'ils sont chargés des matières générales, ils en choisissent deux (mathématiques-sciences physiques, lettres-histoire). S'ils enseignent une discipline professionnelle, ils se contentent d'une seule (comptabilité, génie mécanique...). Leurs élèves sont inscrits en CAP ou baccalauréat professionnel. Le professeur de lycée technique quant à lui, enseigne dans les classes de première et de terminale STD2A, STI2D, STMG... Ses domaines de compétences sont assez larges car les matières sont très ouvertes (économie et gestion, génie industriel...). En marge de leurs cours, ces professeurs assurent aussi le suivi individuel des élèves en stage.

- **SES COMPÉTENCES :** enseigner, transmettre, écouter.
- **SA FORMATION :** pour exercer en lycée professionnel, il faut décrocher le CAPLP (certificat d'aptitude au professorat de lycée professionnel). En 2020, 1 340 postes étaient proposés au concours externe. Pour enseigner en lycée technique, il est nécessaire d'obtenir le CAPET (certificat d'aptitude au professorat de l'enseignement technique). Ces deux diplômes sont accessibles aux étudiants inscrits en master de préférence MEEF (les épreuves d'admissibilité du concours ont lieu en fin de M1 et celles d'admission en fin de M2). La formation se déroule au sein des ESPE (écoles supérieures du professorat et de l'éducation).

PROFESSEUR(E) DES ÉCOLES

• **NIVEAU D'ÉTUDES MINIMAL :** bac+5 • **SÉLECTIVITÉ :** forte • **INSERTION :** moyenne
• **SALAIRE :** de 2 000 à 2 500 €

Les « maîtres » et « maîtresses » jouent un rôle essentiel dans le développement affectif et intellectuel des enfants. À la maternelle, auprès d'enfants âgés de 3 à 6 ans, ils organisent des activités ludiques (jeux, dessins...) qui renforceront l'apprentissage du langage, de la socialisation et le développement culturel et corporel de l'enfant. À l'école primaire, les enseignants doivent être polyvalents, car ils enseignent une dizaine de matières à des enfants âgés de 6 à 11 ans : français, mathématiques, histoire-géographie, sciences expérimentales, langue vivante, musique, arts plastiques, pratiques artistiques, éducation sportive, culture numérique... Ils sont parfois secondés par des enseignants spécialisés pour certaines disciplines comme la musique. Une fois les heures de cours terminées (vingt-quatre heures par semaine), « l'instit » consacre jusqu'à vingt heures supplémentaires à l'aide aux élèves en difficulté, aux réunions avec les collègues, à la préparation des cours…

- **SES COMPÉTENCES :** enseigner, écouter, transmettre.
- **SA FORMATION :** un master MEEF (métiers de l'enseignement, de l'éducation et de la formation) dans une ESPE, puis un passage obligé par le CRPE (concours de recrutement de professeurs des écoles), où 10 790 postes étaient proposés au concours externe en 2020. Les épreuves d'admissibilité ont lieu en fin de M1 et celles d'admission en fin de M2. En seconde année de master, le futur professionnel fait un stage en responsabilité. Les recrutements les plus importants se font dans les académies de Versailles et Créteil.

> POUR ALLER + LOIN SUR LE NET

education.gouv.fr : ministère de l'Éducation nationale et de la Jeunesse / devenirenseignant.gouv.fr : site du ministère de l'Éducation nationale dédié à la formation des enseignants / enseignement-catholique.fr : Secrétariat général de l'enseignement catholique.

CHARLES BRASART | *enseignant-chercheur*

« Je fais ce métier pour partager mes connaissances, réfléchir à plusieurs »

SON MÉTIER. *« Depuis l'estrade de l'amphithéâtre, j'aime voir les têtes se relever. Ce moment où les étudiants commencent à comprendre et à se poser des questions », confie Charles Brasart. Et d'ajouter : « Je fais ce métier pour partager mes connaissances et réfléchir à plusieurs. »*

Côté pile, le jeune linguiste fait cours à l'université de Nantes. Il consacre entre 7 et 10 heures par semaine à transmettre son savoir à des étudiants en licence ou en master, lors de cours magistraux bondés ou de séminaires intimistes intitulés « initiation à la linguistique » ou « rhétorique dans les discours politiques américains ». Côté face, il dédie une vingtaine d'heures hebdomadaires à la recherche. Cette année, il publie une grammaire et un manuel de prononciation anglaise à destination des étudiants, ainsi que sa thèse sur le bilinguisme dans la vie quotidienne et à travers les âges. « Je n'ai pas d'horaires de bureau, rappelle Charles. Je suis libre de travailler où et quand bon me semble, en dehors des heures de cours. Une liberté qui demande beaucoup de discipline. »

ATER (attaché temporaire d'enseignement et de recherche) pendant son doctorat, Charles a décidé de devenir maître de conférences à la fin de ses études. Son goût pour les langues et les lettres l'a entraîné en classe prépa, à l'ENS (École normale supérieure) Paris-Saclay, puis à l'université Paris-Sorbonne. Des années traversées avec un plaisir qu'il veut transmettre.

SON CONSEIL. *« Pour être enseignant-chercheur, il faut aimer prendre la parole en public. C'est primordial pour maintenir les étudiants éveillés, et donc transmettre le savoir. Le théâtre m'y aide beaucoup. »*

Témoignage

HUMANITAIRE

Aider les autres, ce n'est pas forcément partir au bout du monde. D'autant que ce sont rarement les jeunes sans expérience qui partent loin. Les missions humanitaires à l'étranger sont souvent composées de médecins, d'infirmiers, de logisticiens et de spécialistes dans un domaine correspondant à un besoin local (ingénieur en hydrologie par exemple).

ADMINISTRATEUR(TRICE) DE MISSION

• **NIVEAU D'ÉTUDES MINIMAL** : bac+5 • **SÉLECTIVITÉ** : moyenne • **INSERTION** : moyenne
• **SALAIRE** : variable selon statut

Sur le terrain, aux côtés des volontaires, c'est lui qui gère le portefeuille de l'équipe humanitaire. Lorsqu'une organisation affecte des fonds à une mission, l'administrateur prépare les budgets et répartit l'argent selon les besoins. Il détermine comment et à quel rythme le pécule sera dépensé. Ce « comptable de l'urgence » s'occupe aussi des contrats de travail des personnels et supervise l'organisation logistique de la mission, notamment la gestion du matériel et des hébergements. Il est souvent aidé dans sa tâche par des assistants locaux qu'il a formés. Organisé et au sang-froid sans faille, il est souvent sur le terrain, où il part pour suivre l'ensemble de la mission.

SES COMPÉTENCES : administrer, organiser, budgétiser.

SA FORMATION : mieux vaut viser un bac+5, avec un diplôme d'une école de commerce et de gestion généraliste, ou spécialisée comme l'Institut Bioforce à Vénissieux, l'école 3A (École supérieure de commerce et de développement en Afrique, Amériques, Asie) à Lyon ou l'IFAID (Institut de formation et d'appui aux initiatives de développement) à Bordeaux, ou encore un master management et administration des entreprises (Valenciennes, La Rochelle...). Il faudra souvent quelques années d'expérience avant d'atteindre ce poste à responsabilité. Un parcours en management de la solidarité à l'IRCOM Angers peut aussi mener au métier.

CHEF(FE) DE MISSION

• **NIVEAU D'ÉTUDES MINIMAL :** bac+3 • **SÉLECTIVITÉ :** moyenne • **INSERTION :** moyenne
• **SALAIRE :** variable selon statut

En mission humanitaire, c'est lui le chef ! À la tête d'une équipe réunissant parfois plusieurs dizaines de volontaires et de bénévoles, il organise les opérations comme un chef d'entreprise. Après avoir analysé la situation du pays (contexte politique, humanitaire, social, économique), il propose à son association un plan d'action. Ensuite, le chef de mission coordonne le travail des uns et des autres, participe à la formation du personnel et rencontre régulièrement les autorités locales : sur place, il est le représentant officiel de l'ONG qui l'emploie.

SES COMPÉTENCES : organiser, coordonner, communiquer.

SA FORMATION : à la base, le chef de mission est médecin, ingénieur ou logisticien... Quelques écoles organisent des formations à la coordination de mission (Institut Bioforce, IFAID, etc.). Il existe aussi un master pro opérateur en coopération internationale et développement à Montpellier ; un master RH (ressources humaines) et management responsable des organisations, spécialité économie sociale et solidaire à Aix-Marseille Université, ou migrations internationales

– conception de projet en coopération pour le développement à Poitiers. Quelques années d'expérience et une pratique courante de l'anglais sont souvent requises pour exercer ce métier.

DÉVELOPPEUR(SE) LOCAL(E)

• **NIVEAU D'ÉTUDES MINIMAL** : bac+3 • **SÉLECTIVITÉ** : moyenne à forte • **INSERTION** : bonne
• **SALAIRE** : variable selon statut

Agriculture, santé, éducation... Les champs d'action du développeur local sont variés. Durant une mission, il intervient auprès des populations locales pour les aider à se reconstruire. Si ses collègues interviennent dans l'urgence, lui vise le long terme. Le développeur rural conseille les habitants pour relancer leur production agricole. Le développeur urbain, quant à lui, mène des actions de sensibilisation, de conseil ou de formation en matière de santé, d'enseignement. Chaque situation est différente, et le développeur doit s'adapter aux attentes de ses interlocuteurs. Comprendre la culture et les coutumes du pays reste la base du métier.

SES COMPÉTENCES : conseiller, sensibiliser, aider.

SA FORMATION : licence professionnelle en intervention sociale, diplôme d'une école d'ingénieurs, de commerce avec spécialisation humanitaire, ou master à l'université, notamment en partenariat avec le Gemdev (Groupement d'intérêt scientifique pour l'étude de la mondialisation et du développement). Autres exemples, le master développement local : acteurs, mobilisations et territoires, proposé à l'université Panthéon-Sorbonne, le master pro chargé de développement local à Rennes 1, le master gestion des territoires et développement local à Montpellier ou une formation d'une école spécialisée comme l'IFAID à Bordeaux, Montpellier SupAgro ou Institut Bioforce à Vénissieux.

FUNDRAISER (COLLECTEUR[TRICE] DE FONDS)

• **NIVEAU D'ÉTUDES MINIMAL** : bac+5 • **SÉLECTIVITÉ** : forte • **INSERTION** : bonne
• **SALAIRE** : de 2 000 à 2 500 €

Sans lui, les associations humanitaires ne pourraient agir. Le collecteur de fonds, ou « *fundraiser* », est perpétuellement à la recherche d'argent. Son objectif : assurer le financement des missions sur le terrain. Ce pro du marketing direct gère pour cela les fichiers des donateurs, lance des appels aux dons et sollicite des fonds publics (État) ou privés (entreprises). Il peut aussi organiser des mobilisations citoyennes. Il travaille directement au sein d'une ONG ou pour le compte d'une agence spécialisée.

- **SES COMPÉTENCES** : convaincre, négocier, collecter.
- **SA FORMATION** : il est diplômé d'une école supérieure de commerce, d'un IEP ou d'un troisième cycle universitaire en contrôle de gestion, audit, finance. Ses points forts : le marketing et la maîtrise de l'anglais. À noter : un certificat français du *fundraising* a été créé par l'Association française des *fundraisers,* en partenariat avec l'Essec (École supérieure des sciences économiques et commerciales). La formation, de quinze jours et demi, est dispensée dans le cadre de la formation continue. Les bénéficiaires doivent justifier d'un diplôme de niveau bac+2 ou d'au moins cinq ans d'expérience professionnelle, dont au moins un an en *fundraising* ou en fonction similaire (marketing, communication, développement commercial…).

LOGISTICIEN(NE)

• **NIVEAU D'ÉTUDES MINIMAL** : bac+2 • **SÉLECTIVITÉ** : moyenne à forte • **INSERTION** : moyenne
• **SALAIRE** : variable selon statut

Qu'il s'agisse d'installer un camp de réfugiés ou une antenne médicale, le logisticien organise l'acheminement sur le terrain du matériel et des approvisionnements. Transport des personnes, des médicaments… il supervise la logistique pour que ses collègues puissent intervenir sans se soucier des détails matériels. Selon son profil, il peut être généraliste ou spécialisé.

- **SES COMPÉTENCES :** transporter, livrer, organiser.
- **SA FORMATION :** un BTS transport et prestations logistiques, le DUT gestion logistique et transport ou QLIO (qualité, logistique industrielle et organisation), un diplôme d'ingénieur ou d'école de commerce avec une spécialité en logistique, une formation dispensée par l'Institut Bioforce à Vénissieux ou par l'IFAID à Bordeaux peuvent également vous conduire à ce métier.

PERSONNEL MÉDICAL

• **NIVEAU D'ÉTUDES MINIMAL :** bac+3 • **SÉLECTIVITÉ :** forte • **INSERTION :** bonne
• **SALAIRE :** variable

Ils sont les premiers à se rendre sur le terrain. Médecins généralistes, infirmiers, aides-soignants, psychologues... Les professionnels de santé constituent le gros des troupes humanitaires. Ils soignent, aident, rassurent les populations civiles confrontées à des situations d'urgence. L'exercice de leur métier est souvent périlleux. Outre les soins, ils dispensent des conseils de prévention (maladies sexuellement transmissibles, par exemple) et forment les personnels locaux.

- **SES COMPÉTENCES :** soigner, écouter, aider.
- **SA FORMATION :** diplôme de médecin, de sage-femme, d'infirmier... Les spécialités les plus demandées sont la santé publique, la médecine tropicale, l'épidémiologie et la nutrition.

RESPONSABLE TECHNIQUE

• **NIVEAU D'ÉTUDES MINIMAL** : bac+2 • **SÉLECTIVITÉ** : moyenne à forte • **INSERTION** : difficile
• **SALAIRE** : variable

Dans un bureau au siège d'une ONG, ce salarié épaule les volontaires partis en mission. Il leur apporte une aide technique et règle surtout des problèmes pratiques : épidémie dans un camp de réfugiés, perte de matériel... Le responsable technique est toujours spécialisé dans un domaine : médical, approvisionnement, logistique, télécommunication... Lorsque la situation l'exige, il se rend sur place, pour aider les équipes sur le terrain.

- **SES COMPÉTENCES** : aider, soutenir, conseiller.
- **SA FORMATION** : elle varie selon son domaine d'exercice. Il peut être médecin, ingénieur, logisticien...

> POUR ALLER + **LOIN SUR LE NET**

coordinationsud.org : coordination nationale des ONG françaises de solidarité internationale / portail-solidarite.org : portail de la solidarité / tdf-humanitaire.net : tour de France humanitaire et solidaire.

Témoignage

BÉRENGÈRE LENOIR | *référente technique dans l'humanitaire*

« Je me rends à l'étranger quatre à cinq fois par an pour évaluer l'impact des campagnes »

SON MÉTIER. *Après avoir passé plus de cinq ans à enchaîner les missions pour différentes ONG (organisations non gouvernementales) en Indonésie, au Soudan, au Burkina Faso, en Éthiopie, en République démocratique du Congo…, Bérengère Lenoir a posé ses valises à Lyon, au siège de Handicap International, une ONG qui emploie environ 250 salariés. Depuis deux ans, elle est référente technique, spécialisée dans l'éducation aux risques liés aux armes conventionnelles (mines, restes explosifs de guerre, armes et munitions…).*

« Au quotidien, je suis en relation, par mail ou par Skype, avec une dizaine de chefs de projets Handicap International présents en Afghanistan, en Thaïlande, en Jordanie, au Sénégal… Je les conseille sur les outils et les méthodes de prévention et de communication les plus pertinents en fonction du contexte local. Ils peuvent aussi me joindre quand ils sont confrontés à des problématiques de terrain et, quatre à cinq fois par an, je me rends dans un pays pendant une quinzaine de jours pour travailler avec eux. Sur place, je peux évaluer l'impact de nos campagnes d'information et de sensibilisation ou former du personnel. »

Dès sa sortie de l'école 3A de Lyon, quatre ans après l'obtention de son bac, Bérengère a travaillé dans le secteur de l'humanitaire. Après son stage de fin d'études, effectué chez Handicap International, elle y reste pour une première mission de terrain. « Ensuite, j'ai travaillé pour différentes ONG et passé six mois à l'Institut Bioforce, à côté de Lyon, pour me former à la gestion de projets. Le poste que j'occupe aujourd'hui me plaît par sa variété. Je travaille avec du personnel du terrain, mais aussi avec des responsables d'autres ONG et avec des collègues issus de divers services au siège. Ma langue de travail principale est l'anglais. J'ai un poste idéal, avec des horaires classiques de bureau au siège et des déplacements réguliers à l'étranger. »

SON CONSEIL. *« Il est important d'avoir une idée assez précise de ce que l'on veut faire dans l'humanitaire. La première mission n'est jamais facile à décrocher. L'idéal est de se spécialiser, soit dans un domaine (la gestion financière, la logistique), soit sur le plan technique – dans mon cas, l'éducation aux risques. »*

Léa Gauthier | *cheffe de mission humanitaire*

« Je suis garante de l'utilisation des fonds et de la réalisation des projets »

Témoignage

SON MÉTIER. *Le 8 novembre 2013, le typhon Haiyan s'est abattu sur l'archipel des Philippines. Les vents ont soufflé à plus de 300 km/h et balayé ce pays rural habitué aux phénomènes climatiques extrêmes mais néanmoins mal préparé pour y faire face. L'aide internationale, les autorités et les organisations locales se sont coordonnées rapidement. Dans un premier temps, l'urgence consiste à fournir des soins médicaux, de l'eau potable, de la nourriture et des tentes aux populations sinistrées.*

Léa Gauthier est cheffe de mission pour la Croix-Rouge française. Elle est envoyée aux Philippines quelques mois après la catastrophe, en mai 2014. Haiyan a fait des milliers de victimes et dévasté une partie du territoire. Sa mission consiste alors à superviser la reconstruction d'un village situé au nord de l'île de Cebu. « Quand je suis arrivée, il n'y avait plus d'hôpital, plus d'école et quasiment plus aucune habitation debout. Les outils de travail des pêcheurs et des agriculteurs avaient été totalement détruits », se souvient cette diplômée de l'IEP de Grenoble.

Pour mener sa tâche à bien, Léa commence par évaluer les besoins sur place et constituer une équipe. À cette fin, elle fait notamment appel à un spécialiste de la réduction des risques (typhons, inondations) et à un chef de projet qui sera lui-même chargé de recruter les professionnels qui interviendront sur place, tels que les maçons et les charpentiers. « Tout au long de la mission, je garde un lien permanent avec la Croix-Rouge aux Philippines et le siège de l'organisation, situé à Paris. Je suis garante de l'utilisation des fonds et de la réalisation des projets », précise Léa.

Un important travail de coordination qui aboutira à la construction de 128 maisons en béton et à l'édification de nouvelles installations telles qu'une ferme solaire (alimentée en électricité par un ensemble de panneaux photovoltaïques).

SON CONSEIL. *« Il ne faut pas hésiter à mettre le paquet sur les langues répandues comme l'anglais, l'arabe et l'espagnol. »*

MÉDICAL

L'engouement des bacheliers pour les études de santé ne faiblit pas. D'autant que ces cursus viennent d'être réformés ! Pour en finir avec le numerus clausus national, de nouveaux parcours sont désormais annoncés. Finie la Paces, les médecins en herbe ont désormais deux choix : une licence avec une option « Accès santé », ou le parcours « Accès santé » (ou « PASS »).

ANESTHÉSISTE-RÉANIMATEUR(TRICE)

- **NIVEAU D'ÉTUDES MINIMAL** : bac+11 • **SÉLECTIVITÉ** : forte • **INSERTION** : bonne
- **SALAIRE** : plus de 2 500 €

Endormir un patient pour l'opérer n'est pas une mince affaire. Pour prévoir le produit le mieux adapté, l'anesthésiste reçoit au préalable la personne en consultation, l'ausculte et l'interroge sur ses antécédents, ses allergies, afin d'évaluer son état de santé. Il fait le point avec le patient et le rassure, en lui décrivant la procédure à suivre. Au cours de l'intervention, il surveille l'efficacité du produit. Enfin, il s'assure que le patient se réveille sans difficulté. Dans sa pratique au quotidien, il est assisté par un(e) infirmier(ère) anesthésiste diplômé(e) d'État. Attentif et diplomate, il sait prendre du recul et parler avec tact et précision à ses patients.

- **SES COMPÉTENCES :** analyser, écouter, surveiller.
- **SA FORMATION :** six années d'études communes de médecine, puis cinq ans d'internat (répartis en dix semestres) dans la spécialité anesthésie-réanimation, sanctionnés par un DES (diplôme d'études spécialisées).

CHIRURGIEN(NE)

• **NIVEAU D'ÉTUDES MINIMAL :** bac+11 • **SÉLECTIVITÉ :** forte • **INSERTION :** bonne
• **SALAIRE :** plus de 2 500 €

Il est le maître des salles d'opération. Le chirurgien répare des traumatismes, corrige des malformations, pose des prothèses... Il est secondé par toute une équipe médicale. Car ce métier est extrêmement technique et délicat. Le chirurgien est un excellent scientifique, et il doit également faire preuve de psychologie lorsqu'il s'entretient avec ses patients. Il se spécialise dans un domaine : ORL, urologie, neurologie, pédiatrie... Méticuleux et concentré, ce professionnel a conscience de la grande responsabilité qui est mise entre ses mains. À l'écoute, il sait échanger avec ses patients et les rassurer.

- **SES COMPÉTENCES :** soigner, opérer, être habile de ses mains.
- **SA FORMATION :** après les six années d'études communes à tous les médecins, et la réussite aux ECNi, il passe 10 semestres de spécialisation en chirurgie générale à l'internat, sanctionnés par un DES.

CHIRURGIEN(NE)-DENTISTE

• **NIVEAU D'ÉTUDES MINIMAL :** bac+6 • **SÉLECTIVITÉ :** forte • **INSERTION :** bonne
• **SALAIRE :** plus de 2 500 €

Il faut bien reconnaître que le chirurgien-dentiste est souvent la bête noire des enfants, en particulier des croqueurs de bonbons ! Pourtant, les évolutions technologiques ont rendu les interventions de ce spécialiste quasi indolores. Soigner les dents ne fait plus mal ! Soins médicaux, chirurgie, radiologie ou actes à visée esthétique... Grâce à son savoir-faire et à son équipement, ce professionnel de santé répare, enlève et reconstitue les dents avec minutie. Le métier est donc très complet. Il est également tourné vers la prévention. La majorité de ces praticiens exercent dans leur propre cabinet. Les autres travaillent dans les hôpitaux, les centres de soins ou encore le service de santé des armées.

SES COMPÉTENCES : soigner, conseiller, être habile manuellement.
SA FORMATION : Six années d'études sont indispensables avant de pouvoir s'installer. À la fin de la cinquième année, les futurs dentistes ont le choix entre un cycle court (un an) ou, pour les plus passionnés, approfondir leurs connaissances avec un internat, condition *sine qua non* pour se spécialiser en orthodontie, médecine bucco-dentaire (en trois ans) ou chirurgie orale (en quatre ans). Pour obtenir le DE de docteur en chirurgie dentaire, il faut soutenir une thèse.

DERMATOLOGUE

- **NIVEAU D'ÉTUDES MINIMAL :** bac+10 • **SÉLECTIVITÉ :** forte • **INSERTION :** bonne
- **SALAIRE :** plus de 2 500 €

Spécialisé dans le traitement des maladies de peau, ce médecin exerce plus souvent en libéral qu'à l'hôpital. En cabinet, il traite en général des pathologies « bénignes » (acné, eczéma, verrue, allergie au soleil, etc.) et réalise des gestes chirurgicaux simples. Il peut également effectuer des actes esthétiques, comme le peeling, non remboursés par la Sécurité sociale. Certains problèmes de peau ont une origine psychique : plus que d'autres spécialistes, le dermatologue doit être à l'écoute de ses patients et faire preuve de beaucoup de psychologie. À l'hôpital, il est plus souvent confronté à des pathologies lourdes : cancers de la peau, grands brûlés... Son travail est alors plus « technique ».

SES COMPÉTENCES : soigner, écouter, conseiller.

SA FORMATION : après six années d'études de médecine en tronc commun, il passe les ECN (épreuves classantes nationales). Puis, pendant quatre années d'internat, il apprend sa spécialité dans les hôpitaux, au sein de différents services dermatologiques.

MÉDECIN DE L'ÉDUCATION NATIONALE

• **NIVEAU D'ÉTUDES MINIMAL :** bac+9 • **SÉLECTIVITÉ :** forte • **INSERTION :** difficile
• **SALAIRE :** plus de 2 500 €

Mesure de la taille et du poids, évaluation de la souplesse de la colonne vertébrale, tests d'acuité visuelle et sonore… Le MEN (médecin de l'Éducation nationale), auparavant appelé médecin scolaire, répète les mêmes gestes, les mêmes contrôles sur les élèves des écoles maternelles, primaires, des collèges et lycées. Sa vigilance permet de repérer des déficiences, des troubles psychologiques, des comportements alimentaires dangereux, voire de dénoncer des cas de mauvais traitement. Il est aussi chargé de conseiller le chef d'établissement et de former l'équipe éducative, notamment sur les gestes de premiers soins d'urgence. Pas de soins donc, mais de la prévention avant tout.

SES COMPÉTENCES : examiner, écouter, conseiller.

SA FORMATION : après l'obtention d'un diplôme de médecine (générale, le plus souvent), il faut réussir le concours organisé par l'Éducation nationale et ensuite suivre une formation de 8 à 16 semaines (en fonction de l'expérience professionnelle préalable) à l'EHESP (École des hautes études en santé publique), à Rennes (35).

MÉDECIN DU SPORT

• **NIVEAU D'ÉTUDES MINIMAL** : bac+10 • **SÉLECTIVITÉ** : forte • **INSERTION** : difficile
• **SALAIRE** : plus de 2 500 €

Le médecin du sport veille sur la santé des athlètes de haut niveau et s'assure que leur corps peut répondre aux efforts fournis quotidiennement. Une mauvaise grippe ? Une entorse pendant l'entraînement ? Il soigne tout cela. Ce praticien est avant tout un médecin généraliste, capable de soigner les petits bobos comme de conseiller les sportifs sur leur hygiène de vie, leurs habitudes et leur nutrition. Très disponible, il intervient au moindre appel et doit être sans cesse à l'écoute de ses protégés. S'il est peu souvent reconnu à sa juste valeur, il a la satisfaction de travailler avec des champions et de participer à de grands événements sportifs. La plupart des médecins du sport exercent en libéral et sont attachés à un club, une fédération, une équipe…

- **SES COMPÉTENCES** : soigner, conseiller, préparer.
- **SA FORMATION** : après un parcours de médecin généraliste (neuf années d'études), le futur médecin du sport prépare un DESC (diplôme d'études spécialisées complémentaire) médecine du sport. Les deux premiers semestres de la formation s'effectuent durant la dernière année d'internat. Les deux derniers, après l'obtention du DES.

MÉDECIN DU TRAVAIL

• **NIVEAU D'ÉTUDES MINIMAL** : bac+10 • **SÉLECTIVITÉ** : forte • **INSERTION** : bonne
• **SALAIRE** : plus de 2 500 €

Des rampes d'accès pour les employés handicapés sont-elles prévues ? Les nuisances sonores sont-elles conformes aux normes en vigueur ? Les conditions d'hygiène sont-elles suffisantes ? Le médecin du travail intervient auprès des entreprises et de leurs salariés pour améliorer les conditions de travail et veiller à ce que ces dernières ne nuisent pas à la santé des employés. Il rencontre les salariés lors de consultations obligatoires. Il contrôle en particulier leur aptitude à effectuer certaines tâches propres à leur secteur d'activité. Un employé souffre de problème de vue et passe toutes ses journées face à un ordinateur ? Le médecin du travail peut, par exemple, préconiser un changement de poste. Exerçant une médecine exclusivement préventive, ce professionnel de santé ne dispense pas de soins, sauf en cas d'urgence. Salarié d'un service de santé au travail (établissement public ou association), il se rend dans les entreprises pour contrôler les installations. On lui doit, par exemple, la chasse à l'amiante sur les lieux de travail et plus généralement dans les constructions.

- **SES COMPÉTENCES :** diagnostiquer, surveiller, conseiller.
- **SA FORMATION :** cette profession est accessible après dix années d'études, six de tronc commun en médecine et quatre de spécialité qui débouchent sur un DES.

MÉDECIN GÉNÉRALISTE

- **NIVEAU D'ÉTUDES MINIMAL :** bac+9 • **SÉLECTIVITÉ :** forte • **INSERTION :** bonne
- **SALAIRE :** plus de 2 500 €

Dans son cabinet, il voit défiler des dizaines de patients, dont les pathologies diffèrent : rhumes, ulcères, grippes, gastros, douleurs diverses et variées… Le médecin généraliste est confronté à des cas plus ou moins graves, à des patients qu'il suit depuis des années ou seulement quelques semaines. Il diagnostique, soigne et assure un suivi lorsqu'il s'agit de maladies chroniques. Si le cas du patient nécessite des compétences spécifiques, il l'oriente vers ses collègues spécialistes. La dimension sociale de ce métier est primordiale, notamment auprès des personnes isolées. La plupart des médecins généralistes exercent dans leur propre cabinet.

- **SES COMPÉTENCES :** diagnostiquer, traiter, prévenir.
- **SA FORMATION :** neuf années d'études sont nécessaires avant de pouvoir visser sa plaque pour un cabinet libéral. Le choix de la spécialité médecine généraliste intervient en sixième

année, au moment des ECNi (épreuves classantes nationales informatisées). L'internat dure ensuite trois ans et est constitué, pour l'essentiel, de stages.

MÉDECIN URGENTISTE

• **NIVEAU D'ÉTUDES MINIMAL** : bac+10 • **SÉLECTIVITÉ** : forte • **INSERTION** : bonne
• **SALAIRE** : plus de 2 500 €

Au sein du service des urgences de l'hôpital, le médecin urgentiste reçoit des patients dont l'état de santé nécessite une prise en charge rapide. Infarctus, entorse, les problèmes rencontrés – tout comme la gravité des maux – sont variés. Le praticien examine le patient et doit, en quelques minutes, établir un diagnostic. Aux urgences plus qu'ailleurs, le temps est compté. Lorsqu'il n'exerce pas en hôpital, l'urgentiste travaille au sein d'un SAMU (service d'aide médicale urgente) ou d'un SMUR (service mobile d'urgence et de réanimation) – entités rattachées aux urgences hospitalières –, ou bien dans une structure privée (SOS Médecins, Urgences médicales de Paris…). Il effectue alors des déplacements (avec un véhicule spécialement équipé, parfois en compagnie d'un ambulancier et d'un infirmier anesthésiste) pour porter secours à des personnes malades ou blessées. Sur place, il dispense les premiers soins (réanimation, contention de plaie…) et conduit le patient vers l'hôpital le plus adapté à sa pathologie. Enfin, l'urgentiste peut également occuper des fonctions de médecin régulateur en répondant aux appels des personnes qui composent le 15. En quelques échanges, il doit pouvoir apprécier la situation et décider ou non d'envoyer une équipe médicale sur place.

- **SES COMPÉTENCES** : diagnostiquer, soigner, décider.
- **SA FORMATION** : un cursus de médecin généraliste complété par un DESC (diplôme d'études spécialisées complémentaire) de médecine d'urgence d'une durée de deux ans (dont la première année s'effectue durant la dernière année d'internat), ou une formation de médecin spécialiste en anesthésie-réanimation.

OPHTALMOLOGUE

• **NIVEAU D'ÉTUDES MINIMAL** : bac+11 • **SÉLECTIVITÉ** : forte • **INSERTION** : bonne
• **SALAIRE** : plus de 2 500 €

L'ophtalmologie est la spécialité la plus prisée des étudiants en médecine ! Elle va bien au-delà de la prescription de collyres et de verres correcteurs ! En effet, l'œil est le révélateur de plusieurs maladies (diabète, hypertension, maladies infectieuses) : la veille médicale de l'ophtalmologue est donc primordiale pour une prise en charge rapide et efficace des pathologies. Ce professionnel effectue aussi des tâches plus techniques de mesures et des calculs avec différents appareils électroniques. Son métier exige donc des connaissances pointues dans diverses spécialités (traumatologie, neurologie, diabétologie...). L'ophtalmologue est aussi appelé ophtalmologiste ou oculiste.

- **SES COMPÉTENCES** : prévenir, diagnostiquer, soigner.
- **SA FORMATION** : six années d'études généralistes, puis les ECNi (épreuves classantes nationales informatisées) qui permettent d'accéder aux cinq années de spécialisation de l'internat.

OTO-RHINO-LARYNGOLOGISTE

• **NIVEAU D'ÉTUDES MINIMAL** : bac+11 • **SÉLECTIVITÉ** : forte • **INSERTION** : bonne
• **SALAIRE** : plus de 2 500 €

Praticien spécialiste, l'ORL a un vaste champ d'action. Les amygdales ? C'est lui. Un nez tordu à affiner ou à redresser ? C'est encore lui ! Un cancer de la bouche à enrayer, une ablation du larynx à réaliser, une orbite fracturée à « réparer », c'est toujours lui ! Ses compétences couvrent les pathologies du visage et du cou. Bénignes ou non, ces différentes interventions se font avec l'appui des nouvelles technologies, comme la fibroscopie. L'ORL est souvent amené à opérer : à l'instar du chirurgien, il possède une habileté manuelle remarquable. L'oto-rhino-laryngologie est d'ailleurs une spécialité chirurgicale à part entière.

- **SES COMPÉTENCES :** prévenir, soigner, être habile de ses mains.
- **SA FORMATION :** onze années d'études, dont cinq de spécialité après les ECNi.

PÉDIATRE

- **NIVEAU D'ÉTUDES MINIMAL :** bac+10 • **SÉLECTIVITÉ :** forte • **INSERTION :** bonne
- **SALAIRE :** plus de 2 500 €

De sa naissance à son adolescence, l'enfant est suivi par un seul et unique médecin : le pédiatre. Après la naissance, il s'assure que le bébé va bien. Ensuite, il surveille son développement et soigne les pathologies courantes. Si les problèmes de santé sont plus sérieux, les pédiatres hospitaliers, souvent spécialisés, prennent le relais. Le métier n'est pas facile, car les enfants ne peuvent pas expliquer leur souffrance. Attentif au moindre signe, au moindre symptôme, le pédiatre est aussi là pour informer et rassurer les parents.

- **SES COMPÉTENCES :** écouter, soigner, conseiller.
- **SA FORMATION :** après les six années d'études communes à tous les médecins, il faut réussir les ECNi puis suivre quatre ans de spécialisation pour obtenir le DES qui sera suivi d'une thèse. Certains pédiatres hospitaliers ont une autre spécialité, en relation avec le service au sein duquel ils exercent.

PSYCHIATRE

- **NIVEAU D'ÉTUDES MINIMAL :** bac+10 • **SÉLECTIVITÉ :** forte • **INSERTION :** bonne
- **SALAIRE :** plus de 2 500 €

Le psychiatre diagnostique et traite les maladies mentales et les troubles psychiques. L'écoute est au centre de son travail, qu'il exerce auprès des adultes, des enfants ou des personnes âgées. Certains patients viennent le consulter régulièrement. Pour d'autres, il intervient uniquement en situation de crise et prescrit différents traitements : médicaments, thérapies ou hospitalisation.

Humain et à l'écoute, il reste toujours objectif et neutre, que ce soit face à un individu, jeune ou senior, un couple, une famille…

- **SES COMPÉTENCES :** écouter, interpréter, soigner.
- **SA FORMATION :** après les 6 ans d'études communes à tous les médecins, il faut réussir les ECNi, puis suivre la spécialisation de 4 ans en psychiatrie pour obtenir le DES, lui-même suivi d'une thèse.

SAGE-FEMME (MAÏEUTICIEN[NE])

• **NIVEAU D'ÉTUDES MINIMAL :** bac+5 • **SÉLECTIVITÉ :** forte • **INSERTION :** bonne
• **SALAIRE :** de 1 500 € à 2 000 €

La sage-femme accompagne la future maman jusqu'à la naissance de son enfant. Elle assure le suivi médical de la grossesse (examens, échographies), le suivi psychologique de la future maman et sa préparation à l'accouchement. Le jour J, elle fait naître le bébé. Un médecin l'accompagne en cas de complications, mais elle a des compétences médicales. Après l'accouchement, elle s'assure que la mère et l'enfant vont bien. Les hommes qui exercent cette profession sont des maïeuticiens.

- **SES COMPÉTENCES :** accompagner, examiner, aider.
- **SA FORMATION :** après une première année d'accès aux études de santé (licence LAS ou PASS), il faudra suivre 4 ans de formation dans l'une des 35 écoles agréées par l'État (recrutement sur concours) pour obtenir le diplôme d'État. Le master périnatalité management et pédagogie, à l'université de Bourgogne, remplace le diplôme de cadre sage-femme (sur avis du conseil pédagogique).

> POUR ALLER + LOIN SUR LE NET

solidarites-sante.gouv.fr : le site du ministère des Solidarités et de la Santé propose un annuaire des métiers de la santé / remede.org : site de la communauté médicale et paramédicale indépendante / anemf.org : site officiel des étudiants en médecine / ordre-sages-femmes.fr : Conseil national de l'Ordre des sages-femmes (où se trouve la liste des écoles) / anesf.com/wp : Association nationale des étudiants sages-femmes.

Témoignage

ANNE-LAURE BRETON | *dermatologue*

« Comme pour une enquête, on examine, on décrit, on cherche »

SON MÉTIER. *Les patients d'Anne-Laure Breton ont entre deux mois… et plus de cent ans. « Les problèmes et maladies de peau concernent hommes et femmes de tous âges et de tous milieux », explique-t-elle. Son quotidien ? Recevoir « 15 à 25 patients par jour, sachant que les consultations en dermatologie durent 20 minutes minimum », détaille la jeune femme. Ses patients consultent pour des problèmes de grains de beauté, de lésions éventuellement cancéreuses, d'infections de la peau et de maladies, sans oublier les soucis d'acné. Un quotidien peu glamour qui n'a jamais rebuté la dermatologue.*

« Je me suis inscrite en médecine dans l'idée de devenir chirurgienne, car je suis manuelle. Pendant mon externat, j'ai découvert la dermatologie et j'ai été attirée par le côté visuel de ce métier : le mal dont souffrent les patients n'est pas interne, ils nous le montrent et nous établissons notre diagnostic en discutant avec eux pour comprendre leur mode de vie, sans avoir recours à des examens complémentaires. Et puis, la dermatologie n'implique pas de gardes de nuit ! »

Diplômée en médecine et détentrice de deux diplômes complémentaires (en chirurgie et en dermatologie et médecine interne), Anne-Laure a été cheffe de clinique pendant deux ans. Elle assurait des consultations dans un hôpital et formait des internes. Depuis 2010, elle exerce en libéral, réservant une demi-journée par semaine à des actes de chirurgie médicale en hôpital. Ouvrir son cabinet ? « C'est comme monter une entreprise. On loue ou on achète un local et du matériel. Mais là, on est certain d'avoir du travail. » Préférant la diversité, elle a choisi de remplacer des dermatologues en congés.

SON CONSEIL. *« Un dermatologue est avant tout quelqu'un qui regarde, touche et écoute ses patients. Il exerce un métier humain qui nécessite d'aimer les gens, et aussi de savoir les interroger, un peu comme pour une enquête : on examine, on décrit, on cherche. »*

PARAMÉDICAL

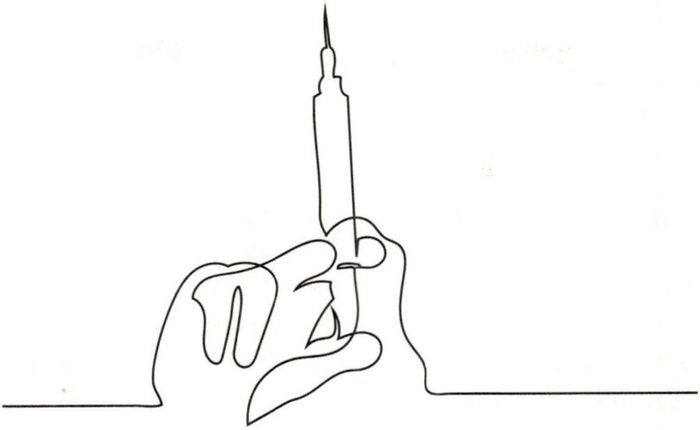

Le vieillissement progressif de la population accroît le besoin en personnel paramédical, avec des profils variés, allant du bac à bac+5. Une fois diplômé, il est possible d'intégrer les hôpitaux de la fonction publique, les cliniques privées, les maisons de retraite, les centres médico-sociaux ou de s'installer à son compte.

AIDE-SOIGNANT(E)

• **NIVEAU D'ÉTUDES MINIMAL** : sans le bac • **SÉLECTIVITÉ** : moyenne • **INSERTION** : bonne
• **SALAIRE** : de 1 500 à 2 000 €

Pour rendre l'hospitalisation un peu moins pénible, l'aide-soignant est aux petits soins avec les patients. Sous l'autorité des infirmiers, il s'occupe de l'hygiène et du confort des malades. Il aide à la toilette, apporte les repas et surveille l'état physique et psychologique de la personne. Sa tâche est peu reconnue, pourtant elle est essentielle. Ce professionnel du paramédical est celui qui est le plus proche du patient, celui à qui il est possible de se confier. Pour certains, les personnes âgées par exemple, il constitue parfois le principal contact avec le monde extérieur, jouant le rôle de soutien psychologique. Il s'occupe de l'hygiène des malades, peut assister l'infirmier dans des tâches telles que la prise de la température ou de la tension. Résistant et empathique, il sait travailler en équipe et rassurer les patients.

- **SES COMPÉTENCES :** soigner, accompagner.
- **SA FORMATION :** le DEAS (diplôme d'État d'aide-soignant) se prépare en une année dans les IFAS (instituts de formation des aides-soignants) qui recrutent sur concours. Il faut avoir 17 ans pour s'y présenter et aucun diplôme n'est requis pour accéder à cette formation. À noter que les titulaires d'un diplôme de niveau bac, d'un bac professionnel ASSP (accompagnement, soins et services à la personne), ainsi que les étudiants ayant effectué une première année en IFSI (Institut de formation en soins infirmiers) sont dispensés de l'épreuve écrite.

AUDIOPROTHÉSISTE

- **NIVEAU D'ÉTUDES MINIMAL :** bac+3 • **SÉLECTIVITÉ :** forte • **INSERTION :** bonne
- **SALAIRE :** de 1 500 à 2 000 €

Lorsqu'on pense à la surdité, on imagine plutôt une personne âgée, mais depuis quelques années, de plus en plus de jeunes sont touchés par cette pathologie. Pour corriger les déficiences auditives de ses patients, l'audioprothésiste, sur prescription d'un ORL, conçoit et adapte les appareils qui viendront se placer dans l'oreille du patient. Avant toute chose, ce praticien réalise des examens pour évaluer le degré de surdité. Ensuite, il prend l'empreinte de l'oreille pour adapter au mieux la prothèse. Une fois celle-ci fabriquée, il procède à sa mise en place et aux essais pour obtenir un confort maximal de port et d'écoute. La décision de se faire appareiller est souvent une étape douloureuse : le métier d'audioprothésiste exige donc patience et diplomatie.

- **SES COMPÉTENCES :** conseiller, fabriquer, soigner.
- **SA FORMATION :** le diplôme d'État d'audioprothésiste, obligatoire pour exercer ce métier, se prépare en trois années après le baccalauréat. La formation s'effectue à l'université, dans le cadre des UFR (unités de formation et de recherche) de

médecine et de pharmacie (Bordeaux, Montpellier, Claude-Bernard à Lyon, Rennes 1, université de Nancy ou Paul-Sabatier à Toulouse), ou dans une école spécialisée comme l'École d'audioprothèse à Fougères ou au Cnam.

DIÉTÉTICIEN(NE)

• **NIVEAU D'ÉTUDES MINIMAL** : bac+2 • **SÉLECTIVITÉ** : moyenne • **INSERTION** : bonne
• **SALAIRE** : de 1 500 à 2 000 €

Si la presse féminine cantonne souvent les diététiciens dans un rôle de coach minceur, leur tâche est en réalité plus étendue et bien plus complexe. Diabétiques, femmes enceintes, personnes âgées, enfants, le diététicien prescrit à chacun de ses patients un régime personnalisé en fonction de ses habitudes et de ses besoins physiologiques : régime sans sel, alimentation pauvre en graisses, en glucides... Pédagogue, il s'attache ensuite à expliquer ses recommandations pour amener la personne à modifier ses habitudes alimentaires. Les deux tiers des diététiciens travaillent en milieu hospitalier, où ils sont chargés d'établir les menus, aussi bien pour les malades que pour le personnel soignant. Au-delà de l'équilibre alimentaire et de la qualité gustative, ces professionnels doivent prendre en compte le coût des repas prescrits. En particulier lorsqu'ils travaillent dans des secteurs comme la restauration collective ou l'industrie agroalimentaire...

SES COMPÉTENCES : conseiller, établir des menus, éduquer.

SA FORMATION : à bac+2, un BTS diététique ou un DUT génie biologique option diététique permettent d'exercer cette profession. Ils peuvent être complétés ensuite par une licence professionnelle (bac+3) nutrition et alimentation humaine, à Montpellier, nutrition appliquée, à Béthune, ou alimentation santé, à Lyon. Il existe également des DU (diplôme d'université) en nutrition.

ERGOTHÉRAPEUTE

• **NIVEAU D'ÉTUDES MINIMAL** : bac+3 • **SÉLECTIVITÉ** : forte • **INSERTION** : bonne
• **SALAIRE** : de 1 500 à 2 000 €

Les ergothérapeutes sont quelques milliers à intervenir dans les hôpitaux ou dans les centres de rééducation auprès de personnes souffrant d'un handicap moteur, sensoriel ou neurologique. Ils les aident à vivre le plus normalement possible avec leur déficience, en essayant de récupérer une autonomie et d'adapter leur cadre de vie. S'habiller, manger, se vêtir, se déplacer, toutes ces tâches quotidiennes peuvent devenir une véritable mission. Grâce à un travail de rééducation et d'apprentissage, l'ergothérapeute aide le patient à reprendre confiance en lui et en ses capacités, et à redevenir aussi mobile et autonome que possible. Pédagogue et créateur, ce professionnel d'une patience infinie conseille et soutient ceux qui font appel à lui.

SES COMPÉTENCES : conseiller, aider, rééduquer.

SA FORMATION : le diplôme d'État d'ergothérapeute se prépare en trois ans dans 25 établissements agréés, après le bac. Certains sont publics, d'autres privés. Il est aussi possible d'accéder à ces cursus à la suite d'une L1 en STAPS, SVT ou « PASS ».

INFIRMIER(ÈRE)

• **NIVEAU D'ÉTUDES MINIMAL** : bac+3 • **SÉLECTIVITÉ** : forte • **INSERTION** : bonne
• **SALAIRE** : de 1 500 à 2 000 €

À l'hôpital, c'est sans doute l'un des métiers les plus connus. Les infirmiers (et plus souvent les infirmières) sont plus de 650 000 en France. Une grande majorité d'entre eux exercent dans le secteur public, mais d'autres travaillent à leur compte en libéral, ou dans le secteur privé. Aux côtés du médecin, l'infirmier réalise toute une batterie de soins et de gestes techniques qui contribuent à la guérison du malade. Chirurgie, cardiologie, maternité, selon le service auquel il appartient, l'infirmier aura des tâches – et finalement un métier – bien différentes. Dans un service de grands brûlés par exemple, son rôle consiste avant tout à surveiller les fonctions vitales des patients et à effectuer les soins des plaies. Alors qu'en hématologie, son quotidien est davantage fait de prélèvements, de transfusions, d'injections, etc. Après quelques années d'exercice et une spécialisation professionnelle, l'infirmier hospitalier peut exercer des fonctions spécifiques : en bloc opératoire (IBODE, infirmier de bloc opératoire diplômé d'État) ou en réanimation (IADE, infirmier anesthésiste diplômé d'État). En dehors de l'hôpital, l'armée, l'Éducation nationale, les collectivités territoriales ou encore les organisations non gouvernementales (Croix-Rouge, Médecins du monde) emploient également du personnel infirmier pour soigner ou mener des actions de prévention. Quant à l'infirmier en libéral, il exerce en cabinet ou directement chez les patients. Quels que soient son statut et son environnement de travail, l'infirmier est là pour rassurer, expliquer, soulager.

- **SES COMPÉTENCES** : soigner, assister, communiquer.
- **SA FORMATION** : les IFSI recrutent les bacheliers *via* Parcoursup, pour une formation en trois ans après le bac. Il est ensuite possible de poursuivre ses études, par exemple en master sciences cliniques infirmières, à Aix-Marseille Université, conjointement avec l'École des hautes études en santé publique, de Rennes.

INFIRMIER(ÈRE)-PUÉRICULTEUR(TRICE)

- **NIVEAU D'ÉTUDES MINIMAL** : bac+4 • **SÉLECTIVITÉ** : forte • **INSERTION** : bonne
- **SALAIRE** : de 1 500 à 2 000 €

Plus souvent appelé puériculteur, cet infirmier est spécialisé dans les soins des bébés et des jeunes enfants, sains ou malades. À l'hôpital, il travaille exclusivement dans les services de maternité et de pédiatrie. Mais il peut également exercer dans les services de PMI (protection maternelle et infantile) ou bien diriger une crèche. Selon son lieu de travail, les tâches qu'il effectue sont bien différentes : prodiguer des soins médicaux, donner des conseils sociaux, assurer la gestion administrative… Néanmoins, dans tous les cas, son objectif reste identique : veiller à la bonne santé et au bien-être de l'enfant ! Pour cela, il travaille en équipe, ou en réseau, aux côtés d'infirmiers, d'éducateurs, de médecins. Les auxiliaires de puériculture, qui les assistent au quotidien, assurent les soins courants des nouveau-nés, préparent les biberons, assurent différentes activités éducatives, habillent les enfants…

- **SES COMPÉTENCES :** soigner, protéger, informer.
- **SA FORMATION :** le diplôme d'État de puériculture se prépare en un an dans des écoles agréées. Le recrutement se fait sur concours, après un diplôme d'État d'infirmier ou de sage-femme. Le diplôme d'État d'auxiliaire de puériculture se prépare en dix-huit mois dans des instituts spécialisés qui recrutent sur concours sans condition de diplôme.

MANIPULATEUR(TRICE) EN ÉLECTRORADIOLOGIE MÉDICALE

• **NIVEAU D'ÉTUDES MINIMAL :** bac+3 • **SÉLECTIVITÉ :** moyenne • **INSERTION :** bonne
• **SALAIRE :** de 1 500 à 2 000 €

Observer une fracture, vérifier la bonne santé des poumons… Tous ces gestes médicaux ne sont possibles que grâce à l'imagerie médicale, les fameuses « radios ». À l'hôpital, c'est le manipulateur en électroradiologie qui réalise ces examens. Son travail commence bien avant l'arrivée du patient : il vérifie le matériel, contrôle les produits nécessaires. Ensuite, il effectue l'examen. De plus en plus sophistiqués, ces instruments d'imagerie médicale exigent d'être à l'aise avec l'informatique. Le manipulateur radio est aussi habilité à réaliser certaines interventions comme l'injection de liquide de contraste, ainsi qu'à prodiguer divers traitements, notamment dans le domaine de la radiothérapie.

- **SES COMPÉTENCES :** informer, écouter, préparer, examiner.
- **SA FORMATION :** un DE (diplôme d'État) de manipulateur d'électroradiologie médicale délivré par des instituts rattachés à un centre hospitalier, ou un DTS (diplôme de technicien

supérieur) en imagerie médicale et radiologie thérapeutique préparé dans des lycées techniques. Dans les deux cas, les études durent trois ans. Le recrutement s'opère sur concours ouvert aux bacheliers (DE) et sur dossier (DTS). Un établissement assure la préparation à ce métier en alternance (l'Adaforss à Levallois-Perret, en deuxième et troisième année). Dix-huit établissements proposent la formation sous statut étudiant. Les deux formations sont reconnues au grade de licence et valident 180 crédits européens (ECTS).

MASSEUR(SE)-KINÉSITHÉRAPEUTE

• **NIVEAU D'ÉTUDES MINIMAL** : bac+3 • **SÉLECTIVITÉ** : forte • **INSERTION** : bonne
• **SALAIRE** : de 1 500 à 2 000 €

Avec douceur ou vigueur, le masseur-kinésithérapeute manipule le corps de ses patients pour soulager une douleur ou rééduquer les personnes souffrant de paralysie ou ayant été victimes d'un accident. Il utilise le massage et peut proposer des exercices de gymnastique ou préférer le soin par les ultrasons, le froid, la chaleur. Quoi qu'il en soit, avant de pratiquer le moindre soin, il étudie la prescription du médecin traitant. La majorité (80 %) des quelque 88 000 masseurs-kinésithérapeutes de France métropolitaine exerce en cabinet libéral. Les autres sont salariés dans un hôpital, un établissement thermal ou encore dans un centre de rééducation. Aujourd'hui, beaucoup de masseurs-kinésithérapeutes ont ajouté une nouvelle corde à leur arc : l'ostéopathie. Cette discipline, qui privilégie une approche globale du corps, peut être pratiquée par toute personne titulaire d'un diplôme national d'ostéopathe.

SES COMPÉTENCES : masser, soulager, rééduquer.

SA FORMATION : les études durent désormais quatre ans dans un IFMK (institut de formation en masso-kinésithérapie) et l'entrée est soumise à un concours (très sélectif). Sont également admis en première année, dans la limite des places disponibles, les étudiants ayant validé une première année de licence en sciences, santé, STAPS (sciences et techniques des activités physiques et sportives) ou technologie. Il est aussi possible de venir d'une licence « PASS » ou option « Accès santé ».

OPTICIEN(NE)-LUNETIER(IÈRE)

• **NIVEAU D'ÉTUDES MINIMAL** : bac+2 • **SÉLECTIVITÉ** : moyenne • **INSERTION** : bonne
• **SALAIRE** : de 1 500 à 2 000 €

La gamme des produits pour la vue ne cesse de s'élargir. L'opticien-lunetier en assure la promotion auprès de sa clientèle. Il apporte des recommandations techniques (types des verres, de traitements) mais aussi esthétiques (choix d'une monture adaptée à la forme du visage, couleur). Mais ce rôle commercial se double de compétences pratiques, car c'est lui également qui taille, calibre et monte les verres. Il doit alors faire preuve d'une grande minutie pour que le verre s'adapte parfaitement à la monture. S'il s'appuie le plus souvent sur la prescription d'un ophtalmologiste, l'opticien-lunetier peut aussi évaluer lui-même l'acuité visuelle grâce à un examen optométrique.

- **SES COMPÉTENCES :** conseiller, fabriquer, vendre.
- **SA FORMATION :** le BTS OL (BTS opticien-lunetier) en deux ans après le bac est indispensable pour exercer ce métier et ouvrir une boutique. Le bac pro optique-lunetterie permet quant à lui de travailler dans un magasin sous la responsabilité d'un opticien diplômé.

ORTHOPHONISTE

• **NIVEAU D'ÉTUDES MINIMAL** : bac+5 • **SÉLECTIVITÉ** : forte • **INSERTION** : bonne
• **SALAIRE** : de 1 500 à 2 000 €

On dénombre 25 000 orthophonistes en France, dont une grande majorité exerce en libéral. Autre caractéristique de cette profession pas tout à fait comme les autres : 96,8 % sont des femmes ! Quoi qu'il en soit, il est le rééducateur des troubles de la parole et du langage. Il travaille en collaboration avec des médecins, des psychologues ou des psychomotriciens qui lui adressent des patients. Il exerce le plus souvent auprès d'enfants (80 % de ses patients) pour des retards d'acquisition du langage, des défauts de prononciation ou des bégaiements. L'orthophoniste intervient également auprès d'adultes, le plus souvent pour traiter les problèmes liés à une déficience ou à un traumatisme. Dans le cadre des séances de rééducation, il utilise des exercices ludiques et techniques.

SES COMPÉTENCES : dépister, rééduquer, conseiller.

SA FORMATION : les études pour devenir orthophoniste viennent d'être réformées (à partir de cette année). Extrêmement sélectif (3 % des candidats étaient retenus), l'ancien concours est désormais remplacé par une sélection sur dossier, puis entretien oral. Il faut désormais passer par Parcoursup pour être admis au certificat de capacité d'orthophoniste, le CCO, qui se prépare en cinq ans, *via* une école spécialisée rattachée à une université. Chacune offre 20 à 35 places.

ORTHOPTISTE

- **NIVEAU D'ÉTUDES MINIMAL :** bac+3 • **SÉLECTIVITÉ :** forte • **INSERTION :** bonne
- **SALAIRE :** de 1 500 à 2 000 €

Les lunettes ne constituent pas un remède à tous les problèmes de vue. Il est parfois nécessaire de passer par une rééducation des yeux. C'est le travail qui est confié à l'orthoptiste, sorte de « kiné de l'œil ». Grâce à des exercices réguliers, certains troubles visuels (tels que le strabisme) peuvent être corrigés. Les patients de ce praticien sont le plus souvent des enfants, car les problèmes visuels se corrigent plus facilement lorsqu'ils sont diagnostiqués et traités tôt. La plupart des orthoptistes (environ 80 %) exercent dans leur cabinet, en libéral.

SES COMPÉTENCES : dépister, rééduquer, conseiller.

SA FORMATION : comme les études d'orthophonie, le parcours pour devenir orthoptiste se transforme. Le certificat de capacité d'orthoptiste, qui se prépare en trois ans après le bac, ne sera plus accessible *via* un concours. Un dossier de candidature et un entretien oral permettront de sélectionner les candidats. Les 14 écoles d'orthoptie sont sur Parcoursup.

PÉDICURE-PODOLOGUE

• **NIVEAU D'ÉTUDES MINIMAL** : bac+3 • **SÉLECTIVITÉ** : forte • **INSERTION** : bonne
• **SALAIRE** : de 1 500 à 2 000 €

Nos pieds nous portent à longueur de journée. Alors parfois, ils faiblissent. Heureusement, le pédicure-podologue est là pour les bichonner ! Il effectue des soins courants (entretien, ponçage) et des soins spécifiques comme le traitement des affections de l'épiderme (cors, durillons) et des ongles (ongles incarnés). Il est également amené à prescrire des semelles orthopédiques pour redresser la position du pied. Selon la complexité de la prothèse à réaliser, il peut la fabriquer lui-même ou bien confier cette tâche à un podo-orthésiste, le spécialiste de l'appareillage du pied.

SES COMPÉTENCES : entretenir, soigner, fabriquer.
SA FORMATION : Onze IFPP (instituts de formation en pédicurie-podologie), dont deux publics, préparent, en trois années après le bac, au diplôme d'État de pédicure-podologue. Ils sont accessibles aux bacheliers *via* Parcoursup. Le diplôme d'État est reconnu au grade licence.

PROTHÉSISTE DENTAIRE

• **NIVEAU D'ÉTUDES MINIMAL** : bac • **SÉLECTIVITÉ** : faible à moyenne • **INSERTION** : moyenne
• **SALAIRE** : de 1 500 à 2 000 €

Derrière un sourire éclatant et charmeur se cache parfois l'œuvre du prothésiste dentaire… Travaillant exclusivement pour les dentistes, ce professionnel réalise un moulage à partir d'une empreinte, puis sculpte, avec des gestes d'une extrême précision, une couronne, un bridge ou un implant qui doit s'ajuster parfaitement à la denture de son futur propriétaire. Certes, le prothésiste dentaire fabrique des dents à longueur de journée, mais la diversité des matériaux travaillés (résine, cire, céramique, métal) rend sa tâche très variée.

- **SES COMPÉTENCES :** observer, fabriquer, réparer.
- **SA FORMATION :** le bac pro prothèse dentaire permet de préparer le BTM (brevet technique des métiers) prothésiste dentaire en un an, puis de poursuivre avec un BTMS (brevet technique des métiers supérieur) en deux ans en alternance ou un BTS prothésiste dentaire.

PSYCHOMOTRICIEN(NE)

• **NIVEAU D'ÉTUDES MINIMAL :** bac+3 • **SÉLECTIVITÉ :** forte • **INSERTION :** bonne
• **SALAIRE :** de 1 500 à 2 000 €

Bégaiement, tics, troubles du comportement… Certaines difficultés psychologiques s'expriment au niveau du corps. Au moyen de techniques de relaxation, d'éducation gestuelle, d'expression corporelle et plastique et par des activités de jeu, de rythme, de coordination, le psychomotricien cherche à corriger ces difficultés d'origine psychique que peuvent rencontrer les adultes et plus encore les enfants. Il exerce surtout à l'hôpital, mais peut aussi travailler en libéral. La France compte environ 12 700 psychomotriciens, très majoritairement des femmes.

- **SES COMPÉTENCES :** diagnostiquer, rééduquer, soigner.
- **SA FORMATION :** le diplôme d'État de psychomotricien se prépare en trois ans après le bac (mais une année de préparation est souvent nécessaire). La formation est accessible sur concours (833 places en 2020), dans 12 établissements (11 en métropole, un à la Réunion). Certains sont rattachés à des universités (par exemple Sorbonne Université, Lyon 1, ou encore Toulouse 3).

VISITEUR(SE) MÉDICAL(E)

• **NIVEAU D'ÉTUDES MINIMAL** : bac+3 • **SÉLECTIVITÉ** : faible • **INSERTION** : difficile
• **SALAIRE** : de 1 500 à 2 000 €

Dans la salle d'attente du médecin, on le repère plutôt facilement : vêtu d'un costume, une mallette à la main, il essaye d'être reçu entre deux rendez-vous ! Chargé de promouvoir les nouveaux produits d'un laboratoire pharmaceutique, le visiteur médical, ou délégué/représentant médical, rencontre en moyenne six ou sept médecins par jour d'un secteur géographique souvent délimité. Clair et concis, il ne dispose que de quelques minutes pour démontrer au médecin les vertus d'un médicament, en décrire la composition, le mode d'emploi, la posologie... Mais depuis deux décennies, le nombre de visiteurs médicaux ne cesse de diminuer : ils sont passés de plus de 23 000 en 2004 à environ 10 000 aujourd'hui, selon les entreprises du médicament.

SES COMPÉTENCES : promouvoir, négocier, vendre.

SA FORMATION : d'une durée de neuf à douze mois, la formation de délégué pharmaceutique est accessible après un diplôme de niveau bac+2 reconnu par le CPNVM (Comité professionnel national de la visite médicale), qui délivre la carte professionnelle. Il peut s'agir d'un BTS négociation et digitalisation de la relation client, d'un DUT techniques de communication ou encore d'un BTS analyse de biologie médicale. Une licence professionnelle spécialité visiteur médical ou un DU visiteur médical sont également des diplômes permettant d'obtenir la carte professionnelle dédiée.

> POUR ALLER + LOIN SUR LE NET

infirmiers.com : portail de professionnels / fnek.fr : Fédération nationale des étudiants en kinésithérapie / ordremk.fr : Ordre des masseurs-kinésithérapeutes / anep-asso.fr : Association nationale des étudiants en psychomotricité / fneo.fr : Fédération nationale des étudiants en orthophonie / aide-soignant.com : portail de professionnels / anfe.fr : Association nationale française des ergothérapeutes / psychomotricite.com : Fédération française des psychomotriciens / unsaf.org : Syndicat national des audioprothésistes / federation-des-orthophonistes-de-france.fr : Fédération des orthophonistes de France / onpp.fr : Ordre national des pédicures-podologues.

FANNY NASTA | *psychomotricienne*

« Créativité et bienveillance sont deux qualités essentielles du métier »

SON MÉTIER. *C'est au cours de sa deuxième et avant-dernière année d'études à l'ISRP (Institut supérieur de rééducation psychomotrice) de Paris que Fanny Nasta découvre le rôle de la psychomotricité auprès d'enfants prématurés. « Je me suis sentie en phase avec les cours sur ce sujet et j'ai choisi d'effectuer mon stage de troisième année dans un service de néonatalogie. » Dès son diplôme obtenu en 2013, Fanny est embauchée, à mi-temps, au centre hospitalier intercommunal Robert-Ballanger à Aulnay-sous-Bois (93). « J'interviens auprès de l'équipe médicale, pour les aider à repositionner les prématurés dans les couveuses. Je propose aussi aux parents dont les enfants vont bientôt sortir des petites activités d'éveil. Le soutien à la parentalité est un aspect de mon métier que j'aime beaucoup. Les parents d'un enfant né prématuré sont souvent désemparés, parce que c'est essentiellement le personnel médical qui s'est occupé de leur bébé. » L'autre mi-temps, Fanny travaille dans un CITL (centre d'initiation au travail et aux loisirs) des Hauts-de-Seine, auprès de jeunes adultes présentant un handicap psychique ou une maladie génétique et/ou une déficience intellectuelle.*

« À la sortie de l'école, les psychomotriciens trouvent facilement du travail, soit dans les maisons de retraite auprès de personnes âgées avec un rôle de prévention des chutes, d'entretien de la mémoire, de bien-être aussi, avec de la relaxation, ou encore auprès d'adultes handicapés. Mais en néonatalogie, c'est moins évident », explique la jeune femme qui, après quatre ans passés à Paris et sa banlieue, s'apprête à retourner dans sa région d'origine, au sein d'un service de pédiatrie d'un hôpital de Carcassonne, pour s'occuper d'enfants de la naissance à 6 ans.

SON CONSEIL. *« Créativité et bienveillance sont deux qualités essentielles chez un psychomotricien. Et si on veut faire ce métier, je conseille d'aller voir un(e) psychomotricien(e) qui exerce en libéral et d'assister, si possible, à une séance, avec des enfants qui ont des difficultés d'écriture par exemple. Il faut aussi avoir conscience que les études sont très scientifiques, pour moitié axées sur la psychologie, et pour l'autre sur le corps humain. »*

Anne Boulangé | *orthophoniste*

« Les progrès sont lents, mais la gratitude des patients est immense »

Témoignage

SON MÉTIER. *La persévérance vient à bout de tout, dit le proverbe. Anne Boulangé en est la preuve. « Je me suis battue pour faire ce métier, précise la jeune femme. Les concours d'entrée aux formations sont difficiles et j'ai été reçue à la troisième tentative. » Anne est orthophoniste et son cabinet, ouvert du lundi matin au samedi midi, ne désemplit pas. Elle rééduque les personnes atteintes de troubles du langage oral, bégaiement, ou encore dyslexie.*
Un père et une mère se présentent au cabinet de la jeune orthophoniste. Leur enfant âgé de 4 ans bute sur les mots. Lors de cette première consultation, Anne écoute les parents, livre des informations sur le bégaiement et établit un « bilan orthophonique » à l'aide notamment d'exercices de prononciation (répéter des mots, raconter une histoire). Elle cherche aussi à déterminer, dans le passé de l'enfant, les causes possibles du problème. Un travail qui porte le nom d'anamnèse. Les séances ont généralement lieu une fois par semaine pendant plusieurs mois. Elles mêlent échanges avec la famille, conseils pratiques et exercices de respiration ou de prononciation. L'orthophonie se situe à la lisière du médical et du social. Le praticien entre dans la vie de celles et ceux qui poussent la porte de son cabinet. La relation de confiance est capitale. « Les progrès sont lents mais la gratitude des patients est immense. Ce métier est très valorisant », précise Anne. Certains de ses anciens camarades de classe ont commencé à travailler quelques jours seulement après l'obtention de leur diplôme. Le taux de chômage dans la profession ne dépasse pas 1 %.

SON CONSEIL. *« J'ai passé les concours en ayant révisé par moi-même et après une classe préparatoire d'une durée de six mois. À mon avis, cette dernière option reste la meilleure. »*

Claire Simon | *infirmière*

« Dans l'esprit des gens notre rôle se cantonne à faire des piqûres »

SON MÉTIER. *Le matin, Claire pousse les portes de l'hôpital parisien Bichat, enfile sa blouse et rejoint ses collègues infirmiers. La « transmission » entre l'équipe de nuit et l'équipe de jour dure une vingtaine de minutes. Elle écoute alors attentivement les événements importants survenus en son absence et le profil des nouveaux patients (âge, pathologie, antécédents médicaux). Claire prend en charge une quinzaine de malades. Le service de médecine interne accueille principalement les patients atteints d'une pathologie rare, non diagnostiquée ou auto-immune.*

« Dans l'esprit des gens, le rôle d'un infirmier se cantonne à faire des piqûres. Ce n'est pas du tout la réalité du métier », rectifie Claire. La jeune femme travaille en équipe : elle collabore avec les médecins, aides-soignants, diététiciens, psychologues et masseurs-kinésithérapeutes de l'hôpital. Elle procède à des « soins techniques » : administration de médicaments, prise de sang, pose de pansements, de perfusions, de sondes urinaires ou naso-gastriques. Les « soins de nursing », très nombreux, consistent à aider les patients à se laver et à se rendre aux toilettes. « Certains malades sont hospitalisés sur une longue durée. D'autres n'ont pas de famille et ne reçoivent aucune visite », raconte la jeune femme. Et de poursuivre : « L'infirmier est aussi une présence quotidienne rassurante, un confident patient et une oreille attentive. »

SON CONSEIL. *« Décrocher un stage ou un job d'été dans un hôpital avant d'entrer en IFSI. Cela permet aux étudiants de valider leur choix d'orientation. »*

Témoignage

PSYCHOLOGIE

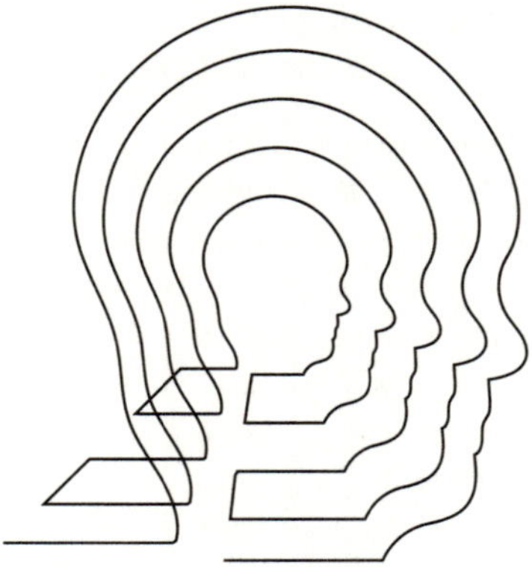

Ils sont environ 65 000 en France. Ses qualités : le psychologue doit savoir écouter, réconforter, soulager, conseiller. Il peut travailler dans son propre cabinet (un tiers d'entre eux sont installés en libéral), mais aussi être salarié d'une entreprise, d'une association ou d'une structure publique. L'Éducation nationale recrute de son côté, chaque année, des psychologues, qui exercent dans les établissements scolaires.

PSYCHOLOGUE CLINICIEN(NE)

- **NIVEAU D'ÉTUDES MINIMAL** : bac+5 • **SÉLECTIVITÉ** : forte • **INSERTION** : difficile
- **SALAIRE** : de 1 500 à 2 000 €

Mal-être, troubles du comportement, stress. Dans l'intimité de son cabinet, il écoute, interroge puis met en place un accompagnement temporaire pour aider le patient à surmonter ses difficultés. À la différence du psychiatre, il ne peut pas prescrire de médicaments : tout passe par la parole… On trouve des psychologues cliniciens surtout dans les hôpitaux, les lieux d'accueil de la petite enfance, les institutions spécialisées, plus rarement en libéral.

- **SES COMPÉTENCES :** écouter, accompagner, soigner.
- **SA FORMATION :** pour exercer en tant que psychologue clinicien, il faut être titulaire d'un master en psychologie : psychologie clinique et psychopathologie à Aix-Marseille Université, psychologie clinique de la santé à l'université Jean-Jaurès (Toulouse) ou à l'université de Nantes, psychologie clinique et gérontologique à Nice... Le diplôme délivré par l'École des psychologues praticiens (Paris et Lyon) est également reconnu.

PSYCHOLOGUE DE L'ÉDUCATION NATIONALE

• **NIVEAU D'ÉTUDES MINIMAL :** bac+5 • **SÉLECTIVITÉ :** forte • **INSERTION :** difficile
• **SALAIRE :** de 2 000 à 2 500 €

Quels que soient sa spécialité et son public, il participe à la réussite des élèves : il peut aider les plus jeunes à mieux vivre leur scolarité et les accompagner pour faire face à un retard de langage, à des troubles du comportement, à des difficultés scolaires... Le psychologue de l'Éducation nationale les reçoit, discute avec eux, écoute, conseille. Il se rend dans les classes pour observer les enfants, recueille les impressions des enseignants et des parents. Lorsque cette phase d'analyse est terminée, le praticien peut proposer des prises en charge adaptées : orthophoniste, psychologue... En collège, lycée ou dans un CIO (centre d'information et d'orientation), il renseigne les élèves sur leur orientation. Il écoute, informe et donne alors des conseils en matière de formation et de métiers.

- **SES COMPÉTENCES :** observer, orienter, épauler, conseiller.
- **SA FORMATION :** après un master en psychologie, les futurs psychologues de l'Éducation nationale peuvent se présenter au concours de recrutement dans la spécialité de leur choix : soit « éducation, développement et apprentissages » pour exercer à l'école et en RASED (Réseau d'aides spécialisées aux élèves en difficulté), soit « éducation, développement et conseil en orientation scolaire et professionnelle » pour travailler en CIO,

en collège ou en lycée. Deux cents places ont été ouvertes en 2020. Une fois reçus au concours, ils sont nommés psychologues stagiaires, affectés à une académie, et suivent durant un an une formation qui s'articule entre un stage et des cours en ESPE (École supérieure du professorat et de l'éducation).

PSYCHOLOGUE DU TRAVAIL

• **NIVEAU D'ÉTUDES MINIMAL** : bac+5 • **SÉLECTIVITÉ** : forte • **INSERTION** : difficile
• **SALAIRE** : de 1 500 à 2 000 €

Dans le monde du travail, on l'appelle rarement « psy » mais plutôt conseiller, coach, coordinateur… Pourtant, son travail reste le même : écouter et conseiller. Lors d'un entretien d'embauche, il peut arriver que le psychologue soit présent pour tenter de mettre au jour la vraie personnalité du candidat. Le psychologue participe aussi, aux côtés du DRH, à la gestion de carrière. En fonction des attentes des salariés, de leurs compétences, il peut alors préconiser une formation, un changement de service… De plus en plus à la mode, les séminaires de motivation sont par exemple organisés par le psy. Pour être efficace dans son travail, il doit bien connaître le monde de l'entreprise et adhérer à ses valeurs.

SES COMPÉTENCES : observer, analyser, conseiller.

SA FORMATION : après une licence en psychologie, un master en psychologie du travail est le meilleur moyen d'accéder à ce métier. Plusieurs universités proposent des cursus adaptés, par exemple : psychologie sociale, psychologie du travail et des organisations à Dijon ; psychologie du travail, des organisations et du personnel à Paris-Descartes. Un master en psychologie sociale est aussi une voie possible, par exemple : psychologie du travail et de la vie sociale à Bordeaux ; psychologie sociale et du travail et ingénierie des ressources humaines à Nice ; psychologie sociale, du travail et des organisations à l'université Jean-Jaurès (Toulouse) ; psychologie sociale et du travail – ressources humaines, santé et risques psychosociaux à Vincennes-Saint-Denis… Enfin, le Cnam (Conservatoire national des arts et métiers) dispense des masters en psychologie du travail et des transitions ou en psychologie de l'orientation et du conseil.

> POUR ALLER + **LOIN SUR LE NET**

psychologues.org : Syndicat national des psychologues / sfpsy.org : Société française de psychologie / jdpsychologues.fr : site du *Journal des psychologues* / education.gouv.fr : pour retrouver la fiche métier du psychologue de l'Éducation nationale.

SOCIAL

Aide et soutien aux familles démunies, aux personnes handicapées ou dépendantes, aux enfants en difficulté, aux exclus… Il y a de la place pour toutes les vocations dans ce secteur, qui compte 1,2 million de travailleurs sociaux, répartis dans tout le pays. Si les salaires ne sont souvent pas extrêmement élevés dans ce domaine, il est néanmoins toujours à la recherche de jeunes motivés, quel que soit leur niveau d'études.

ANIMATEUR(TRICE) SOCIOCULTUREL(LE)

- **NIVEAU D'ÉTUDES MINIMAL** : BAPAAT • **SÉLECTIVITÉ** : faible • **INSERTION** : moyenne
- **SALAIRE** : de 1 500 à 2 000 €

Figure incontournable des maisons de quartier, l'animateur socioculturel est avant tout un professionnel de l'organisation du temps libre. Son credo pourrait être « comment s'occuper intelligemment » ! Pour cela, il organise des jeux, des ateliers, des rencontres sportives. Mais plus qu'un simple organisateur, ce professionnel aide ses « protégés » à mener à bien leurs projets en leur inculquant le sens du respect des autres et d'eux-mêmes. Et il ne travaille pas qu'auprès des jeunes : il intervient aussi dans les maisons de retraite, les prisons, les médiathèques…

- **SES COMPÉTENCES :** animer, écouter, aider.
- **SA FORMATION :** le ministère des Sports a mis en place différents diplômes. Le premier, de niveau BEP, est le BAPAAT (brevet d'aptitude professionnelle d'assistant animateur technicien de la jeunesse et des sports). Les suivants, le BP JEPS (brevet professionnel de la jeunesse, de l'éducation populaire et du sport) animation sociale de niveau bac, et le DEJEPS (diplôme d'État de la jeunesse, de l'éducation populaire et du sport) de niveau bac+2, s'adressent à ceux qui ont déjà une expérience dans l'animation. Le BP JEPS permet aussi d'encadrer des activités sportives. À l'université sont proposés un DUT carrières sociales option animation sociale et socioculturelle ; un DEUST animation et gestion des activités physiques, sportives et culturelles ; des licences pro par exemple animation sociale et socioculturelle, fonction de coordination de projets, à Belfort ; coordination de projet d'animation et de développement social et socioculturel, à Rennes 1…

ASSISTANT(E) DE SERVICE SOCIAL

- **NIVEAU D'ÉTUDES MINIMAL :** bac+3 • **SÉLECTIVITÉ :** forte • **INSERTION :** bonne
- **SALAIRE :** de 1 500 à 2 000 €

Couramment appelé « assistant social » l'assistant de service social est une oreille attentive et une aide précieuse. Ce professionnel, très souvent une femme, intervient auprès des personnes en proie à des difficultés familiales, professionnelles, financières… Il écoute, conseille et apporte un soutien sur tout ce qui touche à la vie quotidienne. Il informe notamment ses interlocuteurs sur leurs droits (RSA, allocation de rentrée…), leur indique les démarches à entreprendre pour envoyer les enfants en centre de vacances à moindres frais, pour faire une demande de logement social… L'assistant social travaille toujours en lien avec d'autres professionnels : médecins, magistrats, éducateurs spécialisés, services administratifs des mairies. Il exerce dans les collectivités territoriales (département, commune), au sein des hôpitaux, des organismes de protection sociale ou encore des associations. Tenu au secret professionnel, il doit faire preuve de discrétion et réussir à instaurer une relation de confiance avec son interlocuteur.

- **SES COMPÉTENCES :** informer, aider, conseiller.
- **SA FORMATION :** le DEASS (diplôme d'État d'assistant de service social) se prépare en trois ans dans une école publique ou privée agréée. Ces établissements accueillent des bacheliers, et des non-bacheliers titulaires d'un DAEU ou ayant réussi l'examen de niveau organisé par les DRJSCS (directions régionales de la Jeunesse, des Sports et de la Cohésion sociale). Les études se déroulent en alternance.

CONSEILLER(ÈRE) EN ÉCONOMIE SOCIALE ET FAMILIALE

• **NIVEAU D'ÉTUDES MINIMAL :** bac+3 • **SÉLECTIVITÉ :** moyenne • **INSERTION :** bonne
• **SALAIRE :** de 1 500 à 2 000 €

Entre les factures d'électricité, les impôts, les courses, il n'est pas toujours facile de tenir le budget de la famille. Le conseiller en économie sociale et familiale aide toutes les personnes qui rencontrent des difficultés à gérer leurs dépenses. Il calcule les différents frais réguliers, puis conseille la personne pour gérer au mieux ses comptes. Ce professionnel travaille en équipe, que ce soit au sein des CAF (caisses d'allocations familiales), des caisses de Sécurité sociale, des hôpitaux, ou encore des CCAS (centres communaux d'action sociale). On compte aujourd'hui quelque 14 000 conseillers.

- **SES COMPÉTENCES :** aider, conseiller, informer.
- **SA FORMATION :** le DECESF (diplôme d'État de conseiller en économie sociale et familiale) se prépare en une année après un BTS économie sociale et familiale. Un DEASS, un DUT carrières sociales, un DEETS, sont aussi des voies d'accès au DECESF. Un programme individualisé est alors mis en place par l'établissement.

CONSEILLER(ÈRE) PÉNITENTIAIRE D'INSERTION ET DE PROBATION

- **NIVEAU D'ÉTUDES MINIMAL :** bac+2 • **SÉLECTIVITÉ :** forte • **INSERTION :** difficile
- **SALAIRE :** 1 500 à 2 000 €

Ce travailleur social est employé par l'administration pénitentiaire. Son rôle : aider les personnes emprisonnées à garder un lien social avec l'extérieur. Lorsqu'un détenu est en passe d'être libéré, le conseiller le rencontre et l'aide à rechercher un emploi, un logement… Il contrôle également le respect de leurs obligations imposées par l'autorité judiciaire (indemnisation, soins…). Ce fonctionnaire peut aussi travailler hors des prisons : il prend alors en charge des personnes bénéficiant, par exemple, d'une libération conditionnelle. Il s'assure que ces dernières respectent les obligations imposées par la justice et les aide à retrouver ou à garder une vie sociale.

SES COMPÉTENCES : prévenir, aider, écouter.

SA FORMATION : si le concours de recrutement est ouvert aux titulaires d'un diplôme de niveau bac+2, les candidats sont généralement plus diplômés, souvent détenteurs d'une licence ou un master 1 de droit. La formation, rémunérée, se déroule en deux ans et se compose de cours à l'ENAP (École nationale d'administration pénitentiaire), à Agen, et de stages sur le terrain.

DIRECTEUR(TRICE) DE STRUCTURE SOCIALE

- **NIVEAU D'ÉTUDES MINIMAL :** bac+3 • **SÉLECTIVITÉ :** moyenne • **INSERTION :** bonne
- **SALAIRE :** de 2 000 à 2 500 €

Instituts médico-éducatifs, maisons de retraite, centres éducatifs fermés… Les structures d'accueil à caractère social ou médico-social emploient aussi des gestionnaires dont le rôle est de faire « tourner la boutique ». Le directeur d'établissement est là pour ça. Il organise les plannings, recrute le personnel, gère les fonds et les dépenses. Aujourd'hui plus qu'hier, ce dirigeant doit aussi répondre à des objectifs de rentabilité et de transparence dans la gestion de son établissement, vis-à-vis des pouvoirs publics comme des familles. Outre les qualités de manager, ce type de poste nécessite une parfaite connaissance des rouages du secteur et une aptitude à travailler en réseau avec de nombreux autres acteurs sociaux.

- **SES COMPÉTENCES :** diriger, organiser, décider.
- **SA FORMATION :** traditionnellement réservés aux élèves de la filière sanitaire et sociale par promotion interne, ces postes d'encadrement s'ouvrent aux universitaires et aux diplômés en gestion, management ou communication. L'université de Bordeaux propose ainsi une licence pro responsable de structures sociales et médico-sociales, il existe également un master pro direction des structures médico-sociales et des services aux personnes à l'Université de Bretagne occidentale et un master management sectoriel à Lille 2.

ÉDUCATEUR(TRICE) DE JEUNES ENFANTS

- **NIVEAU D'ÉTUDES MINIMAL :** bac+3 • **SÉLECTIVITÉ :** forte • **INSERTION :** bonne
- **SALAIRE :** de 1 500 à 2 000 €

Grandir ? Cela s'apprend ! Et pas uniquement à l'école. L'éducateur de jeunes enfants s'occupe des bébés et des enfants, de leurs premiers mois à leur septième anniversaire. À la crèche, au jardin d'enfants ou en halte-garderie, il organise différentes activités destinées à permettre aux bouts de chou de se développer et de s'épanouir. En résumé, il assure quatre fonctions : l'accueil, l'éducation, la prévention et la coordination. L'éducateur de jeunes enfants ne se substitue en rien aux parents, son rôle consiste plutôt à assurer la continuité éducative. À ses côtés, les enfants améliorent leur langage, apprennent les règles de propreté et de vie en communauté. Les communes et les associations sont les principaux employeurs des éducateurs de jeunes enfants, qu'on peut aussi retrouver dans des hôpitaux et des établissements ou services qui accueillent des enfants handicapés ou qui connaissent des difficultés sociales.

SES COMPÉTENCES : animer, éduquer, transmettre.
SA FORMATION : le DEEJE (diplôme d'État d'éducateur de jeunes enfants) se prépare en trois ans après le baccalauréat, en alternant cours et stages (soixante semaines). Les écoles assurant la formation recrutent les bacheliers sur concours.

ÉDUCATEUR(TRICE) DE LA PROTECTION JUDICIAIRE DE LA JEUNESSE

• **NIVEAU D'ÉTUDES MINIMAL :** bac+4 • **SÉLECTIVITÉ :** forte • **INSERTION :** bonne
• **SALAIRE :** 1 500 à 2 000 €

L'éducateur PJJ (protection judiciaire de la jeunesse) s'occupe des jeunes en danger, délinquants ou en grande difficulté. Son travail commence lorsque le juge des enfants a pris une décision : à partir de ce jugement, l'éducateur suit le jeune dans son milieu familial, dans son foyer, mais aussi dans les centres fermés ou même en milieu carcéral... Ensemble, ils construisent des projets. L'éducateur PJJ soutient le jeune, lui fixe des repères et des objectifs. Il élabore, avec lui, son projet éducatif en vue de sa réinsertion sociale, scolaire et/ou professionnelle.

SES COMPÉTENCES : écouter, guider, organiser, soutenir.
SA FORMATION : le concours de recrutement du ministère de la Justice est ouvert aux titulaires d'un bac+3 (dans tous les domaines : SHS, STAPS, droit, numérique...) ou d'un diplôme d'éducateur spécialisé. En 2020, 167 postes sont ouverts, dont 104 au concours externe. La formation, rémunérée, dure ensuite un an et demi.

ÉDUCATEUR(TRICE) SPÉCIALISÉ(E)

• **NIVEAU D'ÉTUDES MINIMAL :** bac+3 • **SÉLECTIVITÉ :** forte • **INSERTION :** moyenne
• **SALAIRE :** de 1 500 à 2 000 €

C'est sans aucun doute le métier le plus emblématique du secteur. L'éducateur spécialisé travaille auprès d'enfants, d'adolescents ou d'adultes confrontés à des difficultés d'ordre physique, psychologique ou social. Il les aide à trouver leur place dans la société et à devenir plus autonomes. Pour cela, il discute, il conseille et il organise de nombreuses activités : sorties culturelles, ateliers de création, soutien scolaire, etc. Il peut travailler dans diverses structures : un foyer d'accueil, un institut médico-éducatif, un centre social… Aujourd'hui, 80 % des éducateurs spécialisés travaillent dans le secteur privé associatif, 20 % dans la fonction publique. Certains professionnels se chargent également de transmettre aux personnes handicapées des compétences professionnelles dans un domaine précis (horticulture, travail du bois, mécanique, cuisine, etc.) : ce sont les éducateurs techniques spécialisés.

SES COMPÉTENCES : écouter, aider, animer.

SA FORMATION : le DEES (diplôme d'État d'éducateur spécialisé) se prépare en trois ans après le baccalauréat (dont soixante semaines de stage pratique), dans plus de 80 établissements en France. L'admission se fait sur concours et examens. Le DEETS (diplôme d'État d'éducateur technique spécialisé) se prépare lui aussi en trois ans, dont cinquante-six semaines de stage. Il est accessible aux professionnels, titulaires d'un diplôme de niveau IV (bac technologique ou professionnel).

> POUR ALLER + LOIN SUR LE NET

solidarites-sante.gouv.fr : les fiches métiers du ministère des Solidarités et de la Santé / metiers.justice.gouv.fr : les métiers du ministère de la Justice.

MATTHIEU MERABLI | *éducateur de jeunes enfants*

« Je suis capable de m'occuper de jeunes enfants, autant qu'une femme »

SON MÉTIER. *Matthieu est un cas à part : il fait partie du 1 % d'hommes qui travaillent dans le secteur de la petite enfance, les 0-3 ans ! « Depuis la fin du collège, j'évolue dans des univers majoritairement féminins, je suis donc très à l'aise avec les filles ! », déclare-t-il. C'est au cours des stages qu'il effectue dans le cadre de son bac pro accompagnement, soins et services à la personne qu'il découvre le monde merveilleux des tout-petits.*
Est-ce une tare d'être un garçon au milieu de filles ? Absolument pas. Cela lui a même porté chance, assure-t-il : « À l'école d'éducateurs, nous n'étions que trois garçons et les enseignants nous chouchoutaient, nous poussaient à nous démarquer et à réussir. Ils ne voulaient pas qu'on abandonne ! » Matthieu ne risque pas de lâcher l'affaire : il se sent parfaitement à sa place.
Diplôme en poche, il postule à la crèche du parc de Passy, à Paris. Et la chance lui sourit : il est persuadé qu'être un garçon est un « plus » (« l'employeur remarque forcément un homme qui souhaite travailler avec des enfants en bas âge ! »). Il faut faire sa place et s'imposer. « Cela peut être compliqué parfois pour des parents qui ne comprennent pas ce que fait un homme dans une crèche, il y a toujours d'énormes a priori. *» Ses réactions sont toujours mesurées et posées, à son image, calme et patient.*

SON CONSEIL. *« Face aux parents un peu méfiants, il faut parfois se justifier. J'explique alors que je suis un professionnel et à ce titre tout à fait capable de m'occuper de jeunes enfants, autant qu'une femme. »*

Témoignage

Témoignage

Claire Ruffin | *directrice insertion professionnelle*

« Lorsqu'on réussit à aider un jeune, on se sent vraiment heureux »

SON MÉTIER. *« S'occuper de personnes éloignées de l'emploi exige un investissement à 200 %, soirs ou week-ends s'il le faut », prévient Claire Ruffin, directrice du programme Job dans la ville au sein de l'association Sport dans la ville. Son quotidien consiste à démarcher des entreprises pour dénicher stages, contrats en alternance ou premiers emplois pour des jeunes âgés de 14 à 22 ans, de milieux défavorisés. Plus largement, l'association Sport dans la ville a pour mission, depuis quinze ans, de créer des liens, par le sport, auprès des habitants des quartiers sensibles, afin d'accompagner les jeunes depuis l'école primaire jusqu'à leurs premiers pas dans la vie active. Claire a en charge le volet insertion professionnelle : « Une partie de mon temps, je démarche, par téléphone et par mail, les services ressources humaines des entreprises. Une autre partie, je vais à leur rencontre, mais également j'accompagne des jeunes, lors de visites d'entreprises, d'ateliers CV et entretiens d'embauche, ou de cafés de l'emploi. Actuellement, l'association s'occupe d'environ 400 jeunes dans l'agglomération de Lyon, Grenoble et Saint-Étienne. »*

Détentrice d'une maîtrise (aujourd'hui master 1) en psychologie de l'université de Lyon, puis d'un diplôme en ressources humaines (aujourd'hui master 2) préparé à l'ESDES, une école de commerce lyonnaise, Claire a d'abord travaillé une dizaine d'années dans le secteur privé avant de rejoindre le milieu associatif. « Mon expérience acquise dans le recrutement, à Manpower notamment, est un avantage : je comprends les attentes des entreprises et je peux traduire leurs besoins aux jeunes. » Son choix a aussi un revers : « J'ai renoncé aux RTT, aux avantages du comité d'entreprise, aux tickets repas… Mais je ne regrette rien parce que ce que je fais a du sens, et que surtout, lorsqu'on réussit à aider un jeune à trouver le chemin de la formation ou de l'emploi, on se sent vraiment heureux. »

SON CONSEIL. *« Dans l'associatif, il faut avoir envie de donner, donner et donner, et savoir aussi que parfois, on peut ne pas réussir à aider quelqu'un qui le mérite… Si on veut faire de la réinsertion par l'emploi, il est préférable d'avoir une expérience préalable, sous la forme de stage ou de premier poste en entreprise. »*

SPORT

Si 45 millions de Français pratiquent, régulièrement ou occasionnellement, un sport, ceux qui réussissent à en faire leur métier sont bien plus rares ! Ceux qui ne pourront devenir sportifs professionnels se tourneront vers l'enseignement, l'encadrement, le management, l'événementiel ou le sponsoring. Mais attention, la concurrence est rude...

AGENT(E) SPORTIF(VE)

- **NIVEAU D'ÉTUDES MINIMAL** : licence de fédération • **SÉLECTIVITÉ** : forte • **INSERTION** : difficile
- **SALAIRE** : commissions

Dans l'ombre de tout grand sportif professionnel se trouve un agent. Véritable manager et médiateur, il travaille main dans la main avec son protégé/employeur, le conseille sur des choix de carrière, négocie ses contrats, ses sponsors, et peut aller jusqu'à gérer le patrimoine et les actifs de l'athlète. Doté d'un excellent carnet d'adresses et de connaissances fines du marketing, du droit, de la fiscalité, et bien sûr des relations publiques, l'agent sportif dispose aussi d'une grande culture sportive. Mais ce métier, qui fait rêver de nombreux jeunes, n'est réservé qu'à quelques élus. Ils ne sont que quelques centaines en France. À noter : sa rémunération ne peut dépasser les 10 % du contrat signé par le sportif.

- **SES COMPÉTENCES :** encadrer, négocier, conseiller.
- **SA FORMATION :** pour devenir agent sportif, il est impératif de disposer d'une licence d'agent, délivrée par chaque fédération. Il doit passer un examen écrit, vérifiant ses connaissances de la législation dans la discipline concernée. Cette habilitation dure trois ans. Quelques écoles privées préparent à cet examen, notamment dans l'univers du football, comme l'École des agents de joueurs de football, ou la Worldwide sport training. Pour plus d'informations, l'idéal est de se tourner directement vers la fédération visée.

COACH SPORTIF, ÉDUCATEUR(TRICE) SPORTIF(VE)

• **NIVEAU D'ÉTUDES MINIMAL :** BP JEPS • **SÉLECTIVITÉ :** moyenne • **INSERTION :** moyenne
• **SALAIRE :** 1 500 à 2 000 €

Qu'il soit à son compte ou salarié d'une structure (privée, associative, publique, éducative...), ce coach a une mission : aider ceux qu'il encadre à atteindre leurs objectifs physiques et sportifs. Pédagogue, patient et avenant, il donne des conseils de nutrition et des exercices adaptés, afin de viser une prise de masse musculaire, une perte de poids ou une préparation aux compétitions. Il travaille souvent dans une salle de fitness, ou directement à domicile, chez ses clients. Au-delà d'une très bonne connaissance du sport et une excellente condition physique, ce professionnel est aussi fin psychologue : il sait motiver la personne face à lui, pour l'aider à se dépasser.

- **SES COMPÉTENCES :** enseigner, encadrer, conseiller.
- **SA FORMATION :** un BP JEPS (brevet professionnel de la jeunesse, de l'éducation populaire et du sport) est recommandé, spécialité éducateur sportif (formation d'environ un an). De nombreuses mentions sont possibles, selon la discipline souhaitée. La majorité des coachs se tournent vers « activités de la forme », avec option « cours collectifs » et/ou « haltérophilie, musculation ». Il est aussi possible de préparer un DE JEPS (diplôme d'État), de niveau bac+2.

Étape suivante : déclarer son activité à la Direction départementale de la cohésion sociale, qui délivre la carte professionnelle d'éducateur sportif.

DIRECTEUR(TRICE) D'ÉQUIPEMENT SPORTIF

• **NIVEAU D'ÉTUDES MINIMAL** : bac+3 • **SÉLECTIVITÉ** : moyenne • **INSERTION** : difficile
• **SALAIRE** : de 1 500 à 2 000 €

Piscine, gymnase, club de remise en forme, golf… Le directeur d'équipement sportif est un gestionnaire, un administrateur et un animateur des lieux, il s'occupe du recrutement du personnel, choisit les équipements et veille au confort de la clientèle. Salarié d'une collectivité ou d'une association, il est le médiateur entre les acteurs locaux qui financent le lieu et les clients.

- **SES COMPÉTENCES** : diriger, encadrer, gérer.
- **SA FORMATION** : des masters aux diplômes d'écoles de commerce ou de gestion, de nombreuses formations préparent au management du sport. Une licence STAPS spécialité management du sport ou, mieux, un master STAPS, option management du sport, peut constituer un bon ticket d'entrée. L'école privée Amos Sport Business School propose également un master manager du sport. Pour exercer dans la fonction publique, il faut passer un concours.

ENTRAÎNEUR(SE)

• **NIVEAU D'ÉTUDES MINIMAL** : bac+2 • **SÉLECTIVITÉ** : moyenne à forte • **INSERTION** : moyenne
• **SALAIRE** : plus de 2 500 €

L'entraîneur a un poste clef au sein d'une équipe. Son objectif : amener ses athlètes au meilleur niveau. Pour cela, il travaille en collaboration avec les préparateurs physiques, les masseurs-kinésithérapeutes, les conseillers techniques. Il connaît parfaitement le sport dans lequel il travaille (il a souvent été distingué dans la discipline). Mais s'il est responsable des victoires, l'entraîneur devient vite le bouc émissaire en cas d'échec. Il doit également savoir gérer à la perfection les relations humaines et manier pédagogie et psychologie.

- **SES COMPÉTENCES :** coacher, conseiller, diriger.
- **SA FORMATION :** les entraîneurs sont souvent d'anciens sportifs de haut niveau. Le DE JEPS en perfectionnement sportif, comme le DESJEPS (diplôme d'État supérieur de la jeunesse, de l'éducation populaire et du sport) sont accessibles après deux ou trois années d'études. Exemple : une licence STAPS (sciences et techniques des activités physiques et sportives) spécialité entraînement sportif. Pour le niveau national, c'est le brevet d'éducateur sportif (3e degré) qui s'impose, ou le master STAPS spécialisation entraînement. Pour les sportifs de haut niveau, l'INSEP (Institut national du sport, de l'expertise et de la performance), à Paris, propose un master entraînement et optimisation de la performance sportive accessible avec une licence ou un diplôme professionnel. Enfin, les fédérations délivrent parfois des diplômes spécifiques. C'est le cas pour le football.

MAÎTRE(SSE)-NAGEUR(SE)-SAUVETEUR(SE)

• **NIVEAU D'ÉTUDES MINIMAL :** aucun diplôme • **SÉLECTIVITÉ :** faible • **INSERTION :** moyenne
• **SALAIRE :** de 1 500 à 2 000 €

La sécurité des nageurs relève de sa seule responsabilité. Il veille au respect des règles dans les piscines et au bord des plages, mais aussi au bon état du matériel aquatique. Ce professionnel, appelé aussi éducateur sportif des activités de la natation, dispense souvent des cours à des enfants ou à des adultes, afin de leur apprendre à nager. Ses principaux employeurs sont les municipalités, même si les structures privées comme les parcs aquatiques ont également des besoins, en particulier l'été. Sang-froid, patience et réactivité sont ses maîtres-mots. Il maîtrise évidemment les gestes de premiers secours.

SES COMPÉTENCES : surveiller, enseigner, encadrer.

SA FORMATION : le BP JEPS activités aquatiques et de la natation est obligatoire pour surveiller les piscines et donner des cours de natation. Certains diplômes de la filière STAPS comprennent une unité d'enseignement sauvetage et sécurité en milieu aquatique : le DEUST animation et gestion des activités physiques et sportives, les licences entraînement sportif... D'autres sont plus spécialisés : licence pro activité aquatique et surveillance à Lille 2, ou animation, gestion et organisation des activités physiques et sportives : activités aquatiques au CFA Descartes, en région parisienne. Si ces diplômes permettent d'exercer à titre rémunéré dans le secteur privé, pour devenir ETAPS (éducateur territorial des activités physiques et sportives), il faut réussir un concours de catégorie B (environ 200 postes chaque année). Le BNSSA (brevet national de sécurité et de sauvetage aquatique), qui se prépare après la classe de troisième, suffit pour surveiller un bassin, mais pas pour enseigner la discipline. *Idem* pour le brevet de surveillant de baignades qui permet d'exercer uniquement dans les centres de vacances et de loisirs.

PROFESSEUR(E) D'EPS

- **NIVEAU D'ÉTUDES MINIMAL :** bac+5 • **SÉLECTIVITÉ :** forte • **INSERTION :** difficile
- **SALAIRE :** de 1 500 à 2 000 €

Il est souvent le professeur préféré des lycéens et des collégiens ! Le professeur d'éducation physique et sportive assure chaque semaine une vingtaine d'heures d'enseignement. Il suit les programmes officiels et prépare ses cours en tenant compte de l'âge des élèves, de leur niveau et de leur motivation. Il est alors responsable de la sécurité des jeunes sous sa supervision. Contrairement à un entraîneur, il doit être généraliste pour pouvoir proposer des ateliers variés, allant du foot à la natation, en passant par la gym.

SES COMPÉTENCES : enseigner, entraîner, transmettre.

SA FORMATION : pour devenir professeur d'EPS, il faut obtenir le CAPEPS. Le concours est ouvert aux titulaires d'une licence STAPS et d'un master (bac+5), de préférence MEEF (métiers de l'enseignement, de l'éducation et de la formation). En 2020, 750 postes étaient ouverts au CAPEPS de l'enseignement public, pour plus de 6 500 candidats. Le taux de réussite oscille entre 10 et 15 % selon les années.

SPORTIF PROFESSIONNEL, SPORTIF DE HAUT NIVEAU

• **NIVEAU D'ÉTUDES MINIMAL** : pas de diplôme spécifique • **SÉLECTIVITÉ** : forte • **INSERTION** : difficile • **SALAIRE** : variable

Voilà une carrière qui fait rêver bien des jeunes ! Mais pour devenir professionnel dans sa discipline, le sportif ne se contente pas de pratiquer pour s'amuser. Dès le plus jeune âge, il doit pratiquer le sport en compétition, avec une hygiène de vie extrêmement stricte, de nombreux sacrifices et des entraînements rigoureux et quotidiens. Persévérant, très motivé et excellent dans son domaine, il a un mental d'acier. Il peut être soit salarié d'une fédération ou d'un club sportif, soit percevoir des aides et primes (c'est le cas dans le judo ou l'équitation par exemple). Souvent, en parallèle de ces montants, il touche de l'argent de la part d'un sponsor, ou réalise des activités rémunérées (conférences, rencontres sportives, cours, démonstrations...). Sa carrière professionnelle dure en moyenne une dizaine d'années, après quoi, il devra se reconvertir.

- **SES COMPÉTENCES** : pratiquer, s'entraîner, préparer.
- **SA FORMATION** : plus tôt le sportif sera « repéré » par sa fédération, plus il aura de chance de faire partie des meilleurs. La mise en place d'un dispositif « sport-études » / « section sportive scolaire » au collège et au lycée permet d'aménager l'emploi du temps du jeune pour pratiquer au maximum. Des cursus spécifiques peuvent être prévus par des fédérations, c'est le cas des structures « pôle espoir » en football, qui forme de jeunes apprentis prometteurs. Les Centres régionaux d'éducation populaire et de sport et l'INSEP (Institut national du sport, de l'expertise et de la performance) proposent également des formations.

RESPONSABLE SPONSORING

- **NIVEAU D'ÉTUDES MINIMAL :** bac+5 • **SÉLECTIVITÉ :** forte • **INSERTION :** difficile
- **SALAIRE :** 1 500 à 2 000 €

C'est bien connu, l'argent est le nerf de la guerre. Alors le rôle de ce professionnel est de le trouver ! Travaillant pour un club ou une fédération, il trouve de nouveaux partenaires et contacte les entreprises sponsors, pour les convaincre d'investir et de financer des projets avec sa structure. Typiquement, dans le football : les sponsors apparaissant sur le maillot des joueurs passent par ce négociateur hors pair. Il peut aussi organiser des événements, ou des rencontres, son objectif étant toujours de valoriser son employeur et de lui rapporter le plus d'argent possible, sans jamais compromettre sa réputation et ses valeurs. Il accompagne également sa structure dans des investissements et optimisations de son épargne, pour la faire prospérer. Il peut être salarié ou indépendant.

SES COMPÉTENCES : négocier, conseiller, convaincre.

SA FORMATION : une formation en commerce, communication ou marketing, avec une spécialisation (ou une coloration à travers des stages ou apprentissage) dans l'univers du sport. De plus en plus d'écoles de commerce proposent des spécialisations ou des diplômes dans le sport business.

> POUR ALLER + ***LOIN SUR LE NET***

profession-sport-loisirs.fr : site de la Fédération nationale profession sports et loisirs / sports.gouv.fr : ministère des Sports / fnmns.org : le site de la Fédération nationale des métiers de la natation et du sport / devenirenseignant.gouv.fr : le site du ministère de l'Éducation nationale pour devenir professeur.

> À LIRE ***AUX ÉDITIONS DE L'ETUDIANT***

J'aime le sport !

Témoignage

JUSTIN CRISTOL | *coach sportif*

« Il ne suffit pas d'aimer le sport, il faut avoir envie de transmettre »

SON MÉTIER. *À 19 ans, Justin est coach sportif à Battling Club, une salle de sport parisienne proposant des cours de boxe et de cross-training. Pourtant, plus jeune, la question de « que faire plus tard ? » n'était pas évidente pour lui. Peu motivé par les cours au lycée, il abandonne en seconde, incertain quant à son orientation. Très sportif, notamment amateur de natation, il décide de passer le BP JEPS (brevet professionnel de la jeunesse, de l'éducation populaire et du sport). « Je suis passé par l'école Trans-Faire, pour me préparer au BP JEPS activités de la forme, option haltérophilie et musculation, avec une quinzaine d'heures de cours par semaine, plus 25 heures de stage, que j'ai réalisées dans ma salle actuelle », explique-t-il.*

Dans sa classe, ils sont une vingtaine. Durant cette année : un peu de pratique, mais surtout de la théorie. Il faut étudier l'anatomie, la nutrition, des théories d'entraînement, les mouvements des muscles… Lors des examens, il doit montrer qu'il maîtrise les gestes, mais surtout qu'il sait les expliquer à des cobayes. Dans sa promotion, la plupart des élèves travaillent désormais dans la salle où ils ont réalisé leur stage. C'est le cas de Justin. « Aujourd'hui, je donne des cours de cross-training, qui durent 45 minutes à une heure, avec de la force, de l'endurance, du cardio. J'ai aussi des fonctions administratives et commerciales : il faut accueillir les adhérents, bien connaître notre offre de cours, s'occuper des abonnements, répondre à leurs questions. Cette partie commerciale m'intéresse au final beaucoup. » De quoi se découvrir de nouvelles appétences, une fois sur le terrain.

SON CONSEIL. *« Je pense qu'il ne suffit pas d'aimer pratiquer le sport, il faut aussi avoir envie de transmettre aux autres, de leur apprendre. Pour cela, la patience est importante ! »*

Richard Sant | *responsable sponsoring*

« Ce n'est pas derrière un bureau que l'on fait du business, encore moins dans le sport ! »

SON MÉTIER. *Au lycée, il se rêve journaliste sportif. Mais, finalement plus attiré par le commerce, il se lance dans un BTS management commercial opérationnel et un bachelor de management, le tout en alternance à Decathlon. Puis un bac+5 en management des organisations sportives, à Amos Sport Business School, en apprentissage chez B'Twin, marque de vélo appartenant (encore) au groupe Decathlon. Après une année passée en Australie, un premier poste de commercial pour la marque de sportswear Craft, puis une aventure entrepreneuriale, Richard est aujourd'hui responsable sponsoring chez Amaury Sport Organisation.*

Spécialisé sur les courses cyclistes du groupe, il s'occupe notamment de courses en Allemagne et en Belgique, mais aussi des grands départs du Tour de France à l'étranger. Son employeur est également connu pour organiser le Dakar et le marathon de Paris. « Concrètement, je négocie et renégocie des partenariats commerciaux, en cherchant de nouveaux acteurs souhaitant s'associer à nos événements sportifs, afin d'améliorer leur image de marque. Au quotidien, je m'occupe de mes clients, j'échange avec eux, je vais à la rencontre de prospects, dans des événements et des salons, nationaux et internationaux. Ce n'est pas derrière un bureau que l'on fait du business, encore moins dans le sport ! », détaille-t-il. Au contraire, il faut aller à la rencontre de la clientèle, l'écouter, en français, mais surtout en anglais. « J'aime la partie business de mon métier, le fait de négocier, d'être proche de mes clients. La relation humaine est très importante. »

SON CONSEIL. *« Le réseau est la clef de la réussite. C'est grâce à cela que j'ai trouvé du travail. Il faut savoir que seulement 60 % des offres se retrouvent sur Internet, le reste passe par cooptation. Disposer d'un compte LinkedIn, être dans l'échange et rester toujours persévérant, tout en associant sa passion à des compétences scolaires et professionnelles, permet de trouver son métier. »*

INDEX DES MÉTIERS

A

B

C

D

E

F

G

R

S

T

U

V

W

Y

Crédits images : Shutterstock/ Burunduk's

Dépôt légal : juillet 2020

ISBN : 978-2-38015-041-4

Achevé d'imprimer en juin 2020
par Normandie Roto Impression s.a.s.
N° d'impression : 2002041

Imprimé en France